5. AUFLAGE

Python

kurz & gut

Mark Lutz

Deutsche Übersetzung von
Stefan Fröhlich

O'REILLY®

Beijing · Cambridge · Farnham · Köln · Sebastopol · Tokyo

Kommentare und Fragen können Sie gerne an uns richten:
O'Reilly Verlag GmbH & Co. KG
Balthasarstr. 81
50670 Köln
E-Mail: kommentar@oreilly.de

1. Auflage 1999
2. Auflage 2002
3. Auflage 2005
4. Auflage 2010
5. Auflage 2014

Die Originalausgabe erschien 2014 unter dem Titel
Python Pocket Reference, Fifth Edition bei O'Reilly Media, Inc.

Bibliografische Information Der Deutschen Nationalbibliothek
Die Deutsche Nationalbibliothek verzeichnet diese Publikation in der Deutschen Nationalbibliografie; detaillierte bibliografische Daten sind im Internet über *http://dnb.d-nb.de* abrufbar.

Übersetzung: Stefan Fröhlich, Berlin
Lektorat: Susanne Gerbert, Köln
Korrektorat: Kathrin Jurgenowski, Köln
Produktion: Karin Driesen, Köln
Umschlaggestaltung: Michael Oreal, Köln
Satz: Reemers Publishing Services GmbH, Krefeld, www.reemers.de,
Druck: fgb freiburger graphische betriebe; www.fgb.de

ISBN: 978-3-95561-770-7

Dieses Buch ist auf 100% chlorfrei gebleichtem Papier gedruckt.

Inhalt

Python – kurz & gut

Einführung

Python ist eine universelle Programmiersprache, die mehrere Programmierparadigmen unterstützt: sowohl objektorientierte, funktionale als auch prozedurale Codestrukturen. Python wird sowohl für eigenständige Programme als auch für Skripten in den verschiedensten Anwendungsbereichen eingesetzt und gilt generell als eine der am weitesten verbreiteten Programmiersprachen der Welt.

Zu den wichtigsten Merkmalen von Python gehören der Fokus auf lesbaren Code und die Verwendung von Bibliotheken sowie ein Design, das die Produktivität der Entwickler, die Qualität der Software, die Portierbarkeit von Programmen und die Integration von Komponenten optimiert. Python-Programme laufen auf den meisten üblichen Plattformen, darunter Unix und Linux, Windows und Macintosh, Java und .NET, Android und iOS und andere.

Diese *Taschenreferenz* fasst Python-Typen und -Anweisungen, spezielle Methodennamen, integrierte Funktionen und Ausnahmen, häufig verwendete Module der Standardbibliothek und andere wichtige Python-Tools zusammen. Sie ist als kompakte Referenz für Entwickler und als Begleiter zu anderen Büchern gedacht, die Tutorien, Code, Beispiele und anderes Lehrmaterial liefern.

Die vorliegende *fünfte Auflage* behandelt gleichermaßen Python 3.X und 2.X. Sie befasst sich in erster Linie mit Python 3.X, dokumentiert aber auch die Unterschiede zu Version 2.X. Diese Auflage wurde auf den Stand der aktuellen Python-Versionen 3.4 und 2.7

aktualisiert. Der Inhalt dieses Buchs gilt aber größtenteils auch für ältere Versionen der Python-Zweige 3.X und 2.X.

Diese Ausgabe bezieht sich außerdem auf alle wichtigen Implementierungen von Python – einschließlich CPython, PyPy, Jython, IronPython und Stackless – und wurde den neuesten Änderungen entsprechend hinsichtlich Sprache, Bibliotheken und bewährten Arbeitsweisen aktualisiert und erweitert. Dazu gehören die neuen Abschnitte zu MRO und `super()`, formalen Vererbungsalgorithmen, Importen, Kontextmanagern, der Einrückung von Codeblöcken sowie häufig verwendeten Bibliotheksmodulen und Tools einschließlich `json`, `timeit`, `random`, `subprocess`, `enum` sowie zum Python Launcher für Windows.

Typografische Konventionen

In diesem Buch werden folgende Auszeichnungskonventionen verwendet:

[]
: Eckige Klammern kennzeichnen in Syntaxformaten optionale Elemente, sind aber soweit angegeben auch Teil der Syntax (z.B. in Listen).

*
: In Syntaxformaten werden Elemente, hinter denen ein Sternchen steht, null oder mehrmals wiederholt. Das Sternchen wird teilweise aber auch in der Syntax von Python verwendet (z.B. für die Multiplikation).

a | *b*
: Alternativen werden in Syntaxformaten mit vertikale Balken gekennzeichnet. Der vertikalen Balken wird teilweise auch in der Syntax von Python verwendet (z.B. für die Vereinigung).

Kursivschrift
: Wird für Dateinamen, URLs und zur Hervorhebung neuer Begriffe verwendet.

`Nichtproportionalschrift`
: Kennzeichnet Code, Befehle, Befehlszeilenoptionen, Namen von Modulen, Funktionen, Attributen, Variablen und Klassen.

`Nichtproportionalschrift kursiv`
: Wird für zu ersetzende Parameternamen in der Syntax für Kommandozeilen, Ausdrücke, Funktionen und Klassen verwendet.

`Funktion()`
: Soweit nicht anders angegeben, werden aufrufbare Funktionen und Klassen mit zwei darauf folgenden runden Klammern gekennzeichnet, um sie von anderen Attributtypen zu unterscheiden.

Siehe »Abschnittsüberschrift«
: Verweise auf andere Abschnitte dieses Buchs werden mit der jeweiligen Abschnitssüberschrift in Anführungszeichen angegeben.

> In diesem Buch bedeuten »3.X« und »2.X«, dass sich ein Thema auf alle gebräuchlichen Versionen des entsprechenden Python-Zweigs bezieht. Genauere Versionsnummern zeigen, dass ein Thema nur für bestimmte Versionen gilt (z.B. bezieht sich »2.7« nur auf Version 2.7). Da sich die Gültigkeit durch Änderungen in künftigen Python-Versionen ändern kann, sollten Sie auch immer einen Blick auf die »What's New«-Dokumente werfen, die momentan für die nach diesem Buch veröffentlichten Pythons unter *http://docs.python.org/3/whatsnew/index.html* gepflegt werden.

Verwendung der Python-Befehlszeile

Mit Befehlszeilen können Sie Python-Programme von einer System-Shell aus starten. Befehlszeilen haben das folgende Format:

```
python [optionen*]
  [ skriptdatei | -c befehl | -m modul | - ] [arg*]
```

In diesem Format steht *python* für die ausführbare Datei des Python-Interpreters – entweder mit dem vollständigen Verzeichnispfad oder nur das Wort `python`, das von der System-Shell ausgelöst wird (z.B. über die `PATH`-Einstellung). Für Python selbst gedachte Befehlszeilenoptionen (*optionen*) stehen vor dem Namen des auszuführenden Programmcodes. Argumente für den auszuführenden Code kommen danach (*arg*).

Python-Optionen

Die Elemente von *optionen* in Befehlszeilen werden von Python selbst verwendet. In Python 3.X gibt es folgende Optionen (siehe Abschnitt »Befehlsoptionen in Python 2.X«, Seite 7 für die Unterschiede zu 2.X):

`-b`
: Setzt eine Warnung ab, wenn `str()`mit einem `bytes`- oder `bytearray`-Objekt, aber ohne Kodierungsargument aufgerufen oder ein `bytes`- oder `bytearray`-Objekt mit einem `str` verglichen wird. Die Option `-bb` meldet stattdessen einen Fehler.

`-B`
: Keine *.pyc*- oder *.pyo*-Bytecode-Dateien für Importe schreiben.

`-d`
: Schaltet die Debugging-Ausgabe für den Parser an (für Entwickler des Python-Core).

`-E`
: Ignoriert die weiter unten beschriebenen Umgebungsvariablen von Python (wie z.B. `PYTHONPATH`).

`-h`
: Gibt eine Hilfemeldung aus und beendet dann die Ausführung.

`-i`
: Wechselt nach der Ausführung eines Skripts in den interaktiven Modus. Tipp: nützlich für die Postmortem-Fehlersuche; siehe

auch `pdb.pm()`, wie in den Python Library-Handbüchern beschrieben.

`-O`
: Optimiert den erzeugten Bytecode (erzeugt und verwendet *.pyo*-Bytecode-Dateien). Bringt momentan eine leichte Leistungssteigerung.

`-OO`
: Wie `-O`, entfernt aber außerdem Docstrings aus dem Bytecode.

`-q`
: Unterdrückt beim interaktiven Start die Ausgabe der Versions- und Urheberrechtsinformationen (ab Python 3.2).

`-s`
: Das User-Siteverzeichnis nicht zum Modulsuchpfad `sys.path` hinzufügen.

`-S`
: Unterdrückt »import site« bei der Initialisierung.

`-u`
: Erzwingt, dass *stdout* und *stderr* ungepuffert und binär arbeiten.

`-v`
: Gibt bei jeder Initialisierung eines Moduls eine Meldung aus, von wo das Modul geladen wurde. Wiederholen Sie diese Option für ausführlichere Meldungen.

`-V`
: Gibt die Python-Versionsnummer aus und beendet die Ausführung (alternativ können Sie auch `--version` eingeben).

`-W` *`arg`*
: Warnungssteuerung: *`arg`* hat die Form *`Aktion`*`:`*`Meldung`*`:`*`Kategorie`*`:`*`Modul`*`:`*`Zeilennummer`*. Siehe auch Abschnitt »Warning Framework«, Seite 182 und Abschnitt »Ausnahmen aus der Kategorie Warnungen«, Seite 181 weiter unten sowie die Dokumentation zum Modul `warnings` in der Python Library Reference (unter *http://www.python.org/doc/*).

-x
: Überspringt die erste Zeile des Quellcodes, wodurch Sie auch Unix-fremde Schreibweisen von `#!`*cmd* verwenden können.

-X *option*
: Legt eine implementationsspezifische Option fest (ab Python 3.2). Zulässige Werte für *option* finden Sie in der Implementierungsdokumentation.

Angabe des Programms

Der auszuführende Code und dafür zu übergebende Befehlszeilenargumente werden in Python-Befehlszeilen folgendermaßen angegeben:

skriptdatei
: Name der Python-Skriptdatei, die als Hauptdatei eines Programms ausgeführt werden soll (z.B. führt *python* `main.py` den Code in `main.py` aus). Der Name des Skripts kann ein absoluter oder relativer Dateipfad sein (relativ zu ».«) und wird in `sys.argv[0]` zur Verfügung gestellt. Auf manchen Plattformen können Sie die Komponente *python* auch weglassen, wenn Sie die Befehlszeile mit dem Namen der Skriptdatei beginnen und keine Optionen an Python selbst übergeben möchten.

-c *befehl*
: Gibt den auszuführenden Python-Code (als String) an (z.B. führt *python* `-c "print('spam' * 8)"` eine print-Anweisung in Python aus). `sys.argv[0]` enthält den Wert `'-c'`.

-m *modul*
: Führt ein Modul als Skript aus: Sucht nach *modul* in `sys.path` und führt dieses als Hauptdatei aus (zum Beispiel führt *python* `-m pdb s.py` das Python-Debugger-Modul `pdb` aus dem Standardbibliotheksverzeichnis mit dem Argument `s.py` aus). *modul* darf auch der Name eines Pakets sein (z.B. `idlelib.idle`). `sys.argv[0]` enthält den vollständigen Pfad des Moduls.

-
: Liest Python-Befehle aus dem Standardeingabestream *stdin* (Standard) und wechselt in den interaktiven Modus, falls es

sich bei *stdin* um ein »tty« (interaktives Gerät) handelt. `sys.argv[0]` erhält den Wert `'-'`.

arg *

Gibt an, dass der Rest der Befehlszeile an die Skriptdatei oder den Befehl übergeben und in der internen String-Liste `sys.argv[1:]` erscheint.

Wenn *skriptdatei*, *befehl* oder *modul* nicht angegeben werden, wechselt Python in den interaktiven Modus, nimmt Befehle vom *stdin* entgegen (unter Verwendung von GNU *readline* für die Eingabe falls installiert) und legt `sys.argv[0]` auf den Wert `''` fest (Leerstring) – außer wenn die in dieser Liste erklärte Option »-« angegeben wird.

Außer über herkömmliche Befehlszeilen an der Eingabeaufforderung einer System-Shell können Sie Python-Programme üblicherweise auch folgendermaßen ausführen: Indem Sie in einem grafischen Dateibrowser auf den jeweiligen Dateinamen klicken; indem Sie Funktionen der Python-Standardbibliothek aufrufen (z.B. `os.popen()`); über Programmstart-Menüoptionen in IDEs wie IDLE, Komodo, Eclipse, NetBeans usw.

Befehlsoptionen in Python 2.X

Python 2.X unterstützt dasselbe Befehlszeilenformat, aber nicht die Option `-b`, die sich auf Änderungen des String-Typs in Python 3.X bezieht, ebenso wenig wie die in 3.X neu hinzugekommenen Optionen `-q` und `-X`. In den Versionen 2.6 und 2.7 werden dagegen zusätzlich folgende Optionen unterstützt (teilweise auch in früheren Versionen):

`-t` und `-tt`

`-t` gibt Warnmeldungen für inkonsistente Mischungen von Tabs und Leerzeichen in Einrückungen aus. Die Option `-tt` gibt statt Warnungen Fehlermeldungen aus. Python 3.X behandelt solche Mischungen immer als Syntaxfehler (siehe auch Abschnitt »Syntaxregeln«, Seite 71).

`-Q`

Divisionsbezogene Optionen: `-Qold` (Standard), `-Qwarn`, `-Qwarnall` und `-Qnew`. Diese Optionen wurden in Python 3.X durch die echte Division subsumiert (siehe auch Abschnitt »Hinweise zum Gebrauch von Operatoren«, Seite 14).

`-3`

Gibt Warnmeldungen für jegliche Python 3.X-Inkompatibilitäten im Code aus, die das Tool *2to3* der Python-Standardinstallation nicht auf einfache Weise beheben kann.

`-R`

Aktiviert ein Pseudozufalls-Salt, um vorhersehbare Hash-Werte verschiedener Typen zwischen separaten Aufrufen des Interpreters zum Schutz vor Denial-of-Service-Angriffen zu verhindern. Neu ab Python 2.6.8. Diese Option gibt es im 3.X-Zweig aus Kompatibilitätsgründen ab Version 3.2.3. Die Zufallserzeugung von Hash-Werten ist ab Version 3.3 Standard.

Umgebungsvariablen in Python

Umgebungsvariablen (auch als *Shell*-Variablen bekannt), sind systemweite, programmübergreifende Einstellungen, die für die globale Konfiguration verwendet werden.

Operationale Variablen

Die folgenden wichtigen, vom Benutzer konfigurierbaren Umgebungsvariablen beeinflussen das Verhalten von Skripten:

`PYTHONPATH`

Erweitert den Standardsuchpfad für importierte Moduldateien. Das Format dieses Variablenwerts ist dasselbe wie für die Shell-Einstellung `PATH`: Verzeichnispfade, die durch Doppelpunkte voneinander getrennt sind (Semikola unter Windows). Wenn diese Umgebungsvariable definiert ist, werden bei Modulimporten die importierten Dateien oder Verzeichnisse von links nach rechts in jedem in `PYTHONPATH` aufgeführten Verzeichnis gesucht. Steht in `sys.path` (dem vollständigen Modulsuchpfad für die am weitesten links stehenden Komponenten in absoluten Importen) nach dem Verzeichnis des Skripts und vor den Verzeichnissen der Standardbibliotheken. Siehe auch `sys.path` im Abschnitt »Modul sys«, Seite 186, und im Abschnitt »Die import-Anweisung«, Seite 95.

`PYTHONSTARTUP`
Wenn diese Variable den Namen einer lesbaren Datei enthält, werden die Python-Befehle in dieser Datei ausgeführt, bevor die erste Eingabeaufforderung im interaktiven Modus angezeigt wird (nützlich für die Definition häufig verwendeter Tools).

`PYTHONHOME`
Wenn dieser Wert festgelegt ist, wird er als alternatives Präfixverzeichnis für die Bibliotheksmodule (oder `sys.prefix`, `sys.exec_prefix`) verwendet. Der Standard-Modulsuchpfad nutzt `sys.prefix/lib`.

`PYTHONCASEOK`
Wenn dieser Wert festgelegt ist, wird die Groß-/Kleinschreibung in import-Anweisungen ignoriert (derzeit nur unter Windows und OS X).

`PYTHONIOENCODING`
Weisen Sie den String *`Kodierung`*`[:`*`Fehler-Handler`*`]` zu, um die standardmäßige Unicode-Kodierung (und einen optionalen Fehler-Handler) für Textübertragungen zu den Streams *stdin*, *stdout* und *stderr* zu überschreiben. Diese Einstellung kann in manchen Shells für Nicht-ASCII-Texte erforderlich sein (versuchen Sie beispielsweise die Einstellung `utf8` oder eine andere, falls die Ausgabe nicht korrekt erfolgt).

`PYTHONHASHSEED`
Bei Angabe von »random« wird beim Seeden der Hash-Werte für `str`-, `bytes`- und `datetime`-Objekte ein Zufallswert verwendet. Als Wert ist auch ein Integer im Bereich `0...4.294.967.295` zulässig, um Hash-Werte mit einem vorhersehbaren Seed zu erhalten (ab Python 3.2.3 bzw. 2.6.8).

`PYTHONFAULTHANDLER`
: Falls diese Variable gesetzt ist, registriert Python beim Start Handler, um bei unbehebbaren Fehlern einen Traceback auszugeben (ab Python 3.3, entspricht `-X faulthandler`).

Befehlszeilen-Optionsvariablen

Die folgenden Umgebungsvariablen sind gleichbedeutend mit einigen Befehlszeilenoptionen von Python (siehe Abschnitt »Python-Optionen«, Seite 4):

`PYTHONDEBUG`
: Wenn nicht leer, gleichbedeutend mit Option `-d`.

`PYTHONDONTWRITEBYTECODE`
: Wenn nicht leer, gleichbedeutend mit Option `-B`.

`PYTHONINSPECT`
: Wenn nicht leer, gleichbedeutend mit Option `-i`.

`PYTHONNOUSERSITE`
: Wenn nicht leer, gleichbedeutend mit Option `-s`.

`PYTHONOPTIMIZE`
: Wenn nicht leer, gleichbedeutend mit Option `-O`.

`PYTHONUNBUFFERED`
: Wenn nicht leer, gleichbedeutend mit Option `-u`.

`PYTHONVERBOSE`
: Wenn nicht leer, gleichbedeutend mit Option `-v`.

`PYTHONWARNINGS`
: Wenn nicht leer, gleichbedeutend mit Option `-W`, selber Wert. Akzeptiert auch einen durch Kommata getrennten String als Äquivalent für mehrere `-W`-Optionen. (Ab Python 3.2 und 2.7.)

Verwendung des Python Launchers unter Windows

Unter Windows (und nur unter Windows), installieren Python 3.3 und spätere Versionen einen Skript-Launcher, der für frühere Versionen auch separat verfügbar ist. Dieser Launcher besteht aus den ausführbaren Dateien py.exe (Konsole) und pyw.exe (Fenster), die ohne PATH-Einstellungen aufgerufen werden können, durch Dateinamenszuordnung für die Ausführung von Python-Dateien registriert sind und drei Möglichkeiten zur Auswahl der Python-Version bieten: mit Unix-artigen »#!«-Direktiven oben im Skript, Befehlszeilenargumenten und konfigurierbaren Standardwerten.

Dateidirektiven des Launchers

Der Launcher erkennt »#!«-Zeilen im oberen Teil von Skriptdateien, die Python-Versionen in einer der folgenden Formen zitieren. Dabei ist * entweder: *leer*, um die Standardversion zu verwenden (aktuell 2, falls installiert, ähnlich wie ohne »#!«-Zeile); eine *Major*-Versionsnummer (z.B. 3), um die neueste installierte Version dieses Zweigs zu starten; oder eine vollständige Versionsangabe von *Major.Minor*, optional gefolgt von -32, falls Sie eine 32-Bit-Installation bevorzugen (z.B. 3.1-32):

```
#!/usr/bin/env python*
#!/usr/bin/python*
#!/usr/local/bin/python*
#!python*
```

Am Zeilenende können Sie beliebige Argumente für Python (python.exe) angeben. Python 3.4 und später suchen unter Umständen in PATH nach »#!«-Zeilen, die python ohne explizite Versionsnummer angeben.

Launcher-Befehlszeilen

Der Launcher kann auch von einer System-Shell aus über Befehlszeilen der folgenden Form aufgerufen werden:

```
py [pyarg] [pythonarg*] skript.py [skriptarg*]
```

Allgemeiner ausgedrückt kann alles, was in einem python-Befehl nach der Komponente *python* stehen kann, auch nach dem optionalen *pyarg* in einem py-Befehl stehen und wird Wort für Wort an das gestartete Python übergeben. Das gilt auch für die Angaben -m,

-c und -, siehe Abschnitt »Verwendung der Python-Befehlszeile«, Seite 3.

Der Launcher akzeptiert für das optionale *pyarg* folgende Argumentformen, die dem Teil mit dem * am Ende der »#!«-Zeile entsprechen:

```
-2          Neueste installierte 2.X-Version starten
-3          Neueste installierte 3.X-Version starten
-X.Y        Angegebene Version starten (X ist 2 oder 3)
-X.Y-32     Angegebene 32-Bit-Version starten
```

Falls beide Angaben vorhanden sind, haben die Befehlszeilenargumente vor anderen, in den »#!«-Zeilen definierten Werten Vorrang. Bei einer Standardinstallation werden »#!«-Zeilen unter Umständen auf mehr Kontexte angewandt (z.B. Klicks auf Symbole).

Launcher-Umgebungsvariablen

Auch der Launcher kennt optionale Umgebungsvariablen, mit deren Hilfe die Versionswahl generell oder in bestimmten Fällen angepasst werden kann (z.B. fehlendes »#!«, nur Major-Angabe oder py-Befehlsargument):

```
PY_PYTHON    Version für Standardfälle (sonst 2)
PY_PYTHON3   Version für 3-Partials (z.B. 3.2)
PY_PYTHON2   Version für 2-Partials (z.B. 2.6)
```

Diese Einstellungen werden nur bei der Ausführung von Dateien über den Launcher verwendet, nicht wenn *python* direkt aufgerufen wird.

Integrierte Typen und Operatoren

Operatoren und Vorrang

Tabelle 1 zeigt die Ausdrucksoperatoren in Python. Die Operatoren in den unteren Zellen dieser Tabelle haben einen höheren Vorrang (also eine stärkere Bindung), wenn sie ohne Klammern mit anderen Operatoren gemischt werden.

Atomare Terme und Dynamische Typisierung

In Tabelle 1 können die ersetzbaren Ausdruckselemente *X*, *Y*, *Z*, *i*, *j* und *k* Folgendes sein:

- *Variablennnamen*, die durch den zuletzt zugewiesenen Wert ersetzt werden
- *Literale*, definiert im Abschnitt »Besondere integrierte Typen«, Seite 22
- *Verschachtelte Ausdrücke* aus einer beliebigen Zeile dieser Tabelle, möglicherweise in Klammern

Python-*Variablen* folgen einem *dynamischen Typisierungsmodell* – sie werden nicht deklariert und erst bei Zuweisung eines Wertes angelegt. Variablen haben Objektverweise als Wert und können auf einem beliebigen Objekttyp verweisen. Außerdem müssen Variablen zugewiesen werden, bevor sie in einem Ausdruck verwendet werden können, und haben keinen Standardwert. Bei Variablennnamen kommt es immer auf die Groß-/Kleinschreibung an (siehe Abschnitt »Namensregeln«, Seite 73). Die *Objekte*, auf die Variablen verweisen, werden automatisch erzeugt und automatisch vom *Garbage Collector* (verwendet Referenzzähler in CPython) von Python zurückgefordert, wenn sie nicht mehr verwendet werden.

Außerdem muss in Tabelle 1 *attr* der literale Name eines Attributs (ohne Anführungszeichen) sein. *args1* ist eine formale Argumentenliste wie im Abschnitt »Die def-Anweisung«, Seite 87, definiert. *args2* ist eine Eingabeargumentliste, wie im Abschnitt »Ausdrucksanweisungen«, Seite 80, definiert. Und das Literal `...` qualifiziert in 3.X (und nur da) als atomarer Ausdruck.

Die Syntax für Komprehensionen und Datenstrukturliterale (Tupel, Liste, Dictionary und Set), die in den letzten drei Zeilen von Tabelle 1 abstrakt dargestellt wird, wird im Abschnitt »Besondere integrierte Typen«, Seite 22, definiert.

Tabelle 1: Python 3.X: Ausdrucksoperatoren und deren Vorrang

Operator	**Beschreibung**
`yield` *X*	Generatorfunktionsergebnis (liefert `send()`-Wert)
`lambda` *args1*`:` *X*	Erzeugt eine anonyme Funktion (liefert beim Aufruf *X* zurück)

Tabelle 1: Python 3.X: Ausdrucksoperatoren und deren Vorrang (Fortsetzung)

Operator	Beschreibung
X if Y else Z	Ternäre Auswahl (X wird nur ausgewertet, wenn Y wahr ist)
X or Y	Logisches OR: Y wird nur ausgewertet, wenn X nicht wahr ist
X and Y	Logisches AND: Y wird nur ausgewertet, wenn X wahr ist
not X	Logische Negation
X in Y, X not in Y	Enthaltensein: iterierbare Objekte, Sets
X is Y, X is not Y	Objektidentität testen
X < Y, X <= Y, X > Y, X >= Y	Größenvergleich, Teilmengen und Obermengen von Sets
X == Y, X != Y	Gleichheitsoperatoren
X | Y	Bitweises OR, Vereinigungsmenge von Sets
X ^ Y	Bitweises exklusives OR, Symmetrische Differenz von Sets
X & Y	Bitweises AND, Schnittmenge von Sets
X << Y, X >> Y	Schiebt X um Y Bits nach links bzw. rechts
X + Y, X – Y	Addition/Verkettung, Subtraktion/Set-Differenz
X * Y, X % Y,X / Y, X // Y	Multiplikation/Wiederholung, Rest/Formatieren, Division, restlose Division
-X, +X	Unäre Negation, Identität
~X	Bitweises NOT-Komplement (Umkehrung)
X ** Y	Potenzierung
X[i]	Indizierung (Sequenzen, Mappings, andere)
X[i:j:k]	Slicing (alle drei Grenzen optional)
X(args2)	Aufruf (Funktion, Methode, Klasse und andere aufrufbare Objekte)
X.attr	Attributreferenz
(....)	Tupel, Ausdruck, Generatorausdruck
[....]	Liste, Listenkomprehension
{....}	Dictionary, Set, Dictionary- und Set-Komprehension

Hinweise zum Gebrauch von Operatoren

- Nur in Python 2.X kann Wertungleichheit entweder als X != Y oder X <> Y geschrieben werden. In Python 3.X wurde die zweite Option wegen Redundanz entfernt.

- Nur in Python 2.X ist ein Ausdruck mit Backticks `` `X` `` gleichbedeutend mit `repr(X)` und wandelt Objekte für die Anzeige in Strings um. In Python 3.X verwenden Sie stattdessen die besser lesbaren integrierten Funktionen `str()` und `repr()`.
- Sowohl in Python 3.X als auch in 2.X schneidet die *restlose Division* `X // Y` die Restbruchteile immer ab und liefert als Ergebnis eine ganze Zahl.
- Der Ausdruck `X / Y` führt in 3.X eine *echte Division* durch (die ein Fließkommaergebnis zurückliefert, wobei der Rest erhalten bleibt). In Python 2.X führt dieser Ausdruck dagegen eine *klassische Division* durch (bei der für ganze Zahlen der Rest abgeschnitten wird), außer die echte Division aus 3.X ist über `from __future__ import division` oder die Python-Option `-Qnew` aktiviert.
- Die Syntax `[....]` wird sowohl für Listenliterale als auch für Listenkomprehensionsausdrücke verwendet. Letztere durchlaufen eine implizite Schleife und sammeln die Ergebnisse der Ausdrücke in einer neuen Liste.
- Die Syntax `(....)` wird für Tupel, Ausdrücke und Generatorausdrücke verwendet – eine Form der Listenkomprehension, die Ergebnisse auf Anfrage liefert, anstatt eine Ergebnisliste aufzubauen. In allen drei Konstruktionen können Klammern manchmal ausgelassen werden.
- Die Syntax `{....}` wird für Dictionary-Literale benutzt. In Python 3.X und 2.7 dient sie auch für Set-Literale und Dictionary- sowie Set-Komprehensionen. In 2.6 und früheren Versionen verwenden Sie `set()` und Schleifenanweisungen..
- `yield` und der ternäre Auswahlausdruck `if/else` stehen ab Python 2.5 zur Verfügung.`yield` liefert `send()`-Argumente in Generatoren. `if/else` ist die Kurzschreibweise für eine mehrzeilige `if`-Anweisung. Für `yield` sind Klammern erforderlich, wenn der Ausdruck auf der rechten Seite einer Zuweisungsanweisungen nicht alleine steht.

- Vergleichsoperatoren können verkettet werden: `X < Y < Z` liefert dieselbe Ergebnis wie `X < Y and Y < Z`, jedoch wird `Y` in der verketteten Form nur einmal ausgewertet.
- Der Slice-Ausdruck `X[i:j:k]` entspricht der Indizierung mit einem Slice-Objekt: `X[slice(i, j, k)]`.
- In Python 2.X sind Größenvergleiche unterschiedlicher Typen zulässig – Zahlen werden in einen gemeinsamen Typ konvertiert, andere gemischte Typen werden nach dem Typnamen geordnet. In Python 3.X sind Größenvergleiche nicht-numerischer gemischter Typen nicht zulässig und lösen Ausnahmen aus, einschließlich der Sortierung über Proxy-Objekte.
- Größenvergleiche für Dictionaries werden in Python 3.X (im Gegensatz zu Gleichheitsprüfungen) nicht mehr unterstützt. Ein möglicher Ersatz in 3.X ist der Vergleich von `sorted(adict.items())`.
- Aufrufausdrücke unterstützen Positions- und Schlüsselwortargumente sowie eine beliebig große Anzahl beider Arten, siehe Abschnitt »Ausdrucksanweisungen«, Seite 80, und Abschnitt »Die def-Anweisung«, Seite 87, für die Aufrufsyntax.
- Python 3.X gestattet die Verwendung von Ellipsen (`...`, intern bekannt unter dem Namen `Ellipsis`) als atomare Ausdrücke an beliebigen Stellen im Quellcode. In manchen Kontexten (z.B. Funktion-Stubs, typenunabhängige Variableninitialisierung) können sie als Alternative zu `pass` oder `None` verwendet werden.
- Es war zwar noch ungewiss, als dieses Buch geschrieben wurde: Es kann aber sein, dass in Python 3.5 oder einer späteren Version *unter Umständen* die Syntax `*X` und `**X` so verallgemeinert wird, so dass sie auch in Datenstrukturliteralen und Komprehensionen verwendet werden kann, um Sammlungen in einzelne Elemente zu entpacken – ähnlich wie derzeit in Funktionsaufrufen. Weitere Informationen dazu finden Sie im Abschnitt »Zuweisungsanweisungen«, Seite 76.

Operationen nach Kategorien

In diesem Abschnitt werden abschließende Klammern der Einfachheit halber bei Methodennamen der Form `__X__` weggelassen. Im Wesentlichen unterstützen alle integrierten Typen die in Tabelle 2 genannten *Vergleichs-* und *Booleschen* Operationen (jedoch unterstützt Python 3.X keine Größenvergleiche für Dictionaries oder gemischte nicht-numerische Typen).

Der Boolesche Wert *true* bedeutet eine beliebige Zahl ungleich null oder ein beliebiges nicht leeres Sammlungsobjekt (Liste, Dictionary etc.). Alle Objekte haben einen Booleschen Wert. Die integrierten Namen `True` und `False` sind den Wahrheitswerten »wahr« und »falsch« zugeordnet und verhalten sich wie die Integer `1` und `0` mit einem eigenen Anzeigeformat. Das besondere Objekt `None` hat den Wert »falsch« und kommt in verschiedenen Python-Kontexten vor.

Vergleiche liefern `True` oder `False` und werden in zusammengesetzten Objekten automatisch rekursiv angewandt, um ein Ergebnis zu ermitteln.

Die Auswertung der Booleschen Operatoren `and` und `or` wird abgebrochen (Kurzschluss), sobald ein Ergebnis bekannt ist, und liefert das Operandenobjekt zurück – der Wert links oder rechts vom Operator – dessen Boolescher Wert zum Ergebnis führt.

Tabelle 2: Vergleiche und Boolesche Operationen

Operator	Beschreibung
X < *Y*	Streng kleiner als[1]
X <= *Y*	Kleiner oder gleich
X > *Y*	Streng größer als
X >= *Y*	Größer oder gleich
X == *Y*	Gleich (gleicher Wert)

1 Für die Implementierung von Vergleichsausdrücken siehe die Klassen für spezielle Vergleiche (z.B. `__lt__` für <) in 3.X und 2.X sowie die Methode `__cmp__` in 2.X für allgemeine Vergleiche im Abschnitt »Methoden zur Operatorüberladung«, Seite 124.

Tabelle 2: Vergleiche und Boolesche Operationen (Fortsetzung)

Operator	Beschreibung
X != *Y*	Ungleich (nur in Python 2.X gleichbedeutend mit *X*<>*Y*)[2]
X is *Y*	Objektgleichheit
X is not *Y*	Negierte Objektgleichheit
X < *Y* < *Z*	Verkettete Vergleiche
not *X*	Wenn *X* falsch ist, dann True; ansonsten False
X or *Y*	Wenn *X* falsch ist *Y*; ansonsten *X*
X and *Y*	Wenn *X* falsch ist *X*; ansonsten *Y*

Die Tabelle 3 mit Tabelle 6 definieren gemeinsame Operationen für die drei wichtigsten Typkategorien – *Sequenz* (positionell geordnet), *Mapping* (Zugriff über Schlüssel) und *Zahl* (alle numerischen Typen) – sowie die für *veränderbare* Typen in Python verfügbaren Operationen. Die meisten Typen exportieren außerdem zusätzliche typenspezifische Operationen (z.B. Klassen), wie im Abschnitt »Besondere integrierte Typen«, Seite 22, beschrieben.

Tabelle 3: Operationen für Sequenzen (Strings, Listen, Tupel, Bytes, Bytearray)

Operation	Beschreibung	Klassenmethode
X in *SX* not in *S*	Enthalten in	__contains__, __iter__, __getitem__[3]
S1 + *S2*	Verkettung	__add__
S * *N*, *N* * *S*	Wiederholung	__mul__
S[*i*]	Indizierung nach Position	__getitem__

2 != und <> bedeuten in 2.X Wertungleichheit. Aber != ist in 2.X die bevorzugte und in 3.X die einzige zulässige Syntax. is führt eine Identitätsprüfung durch, == testet auf Wertgleicheit und ist deshalb in der Regel wesentlich nützlicher.

3 Siehe auch Abschnitt »Das Iterationsprotokoll«, Seite 52, für weitere Informationen zu diesen Methoden und ihrem Zusammenspiel. Wenn __contains__ definiert ist, hat es Vorrang vor __iter__, und __iter__ hat Vorrang vor __getitem__.

Tabelle 3: Operationen für Sequenzen (Strings, Listen, Tupel, Bytes, Bytearray) (Fortsetzung)

Operation	Beschreibung	Klassenmethode
`S[i:j]`, `S[i:j:k]`	Slicing: Elemente in *S* ab Position *i* bis *j*-1 mit optionalen Schritten *k*	`__getitem__` [4]
`len(S)`	Länge	`__len__`
`min(S)`, `max(S)`	Minimum, Maximum der Elemente	`__iter__`, `__getitem__`
`iter(S)`	Iterator-Protokoll	`__iter__`
`for X in S:`, `[expr for X in S]`, `map(func, S)` usw.	Iteration (alle Kontexte)	`__iter__`, `__getitem__`

Tabelle 4: Operationen für veränderbare Sequenzen (Listen, Bytearray)

Operation	Beschreibung	Klassenmethode
`S[i] = X`	Zuweisung am Index: Ändert das Element am Index *i* so, dass es auf *X* verweist.	`__setitem__`
`S[i:j] = I`, `S[i:j:k] = I`	Slice-Zuweisung: *S* wird von *i* bis *j*-1 mit einer optionalen Schrittweite *k* (darf leer sein) durch alle Elemente der interierbaren Sequenz *I* ersetzt.	`__setitem__`
`del S[i]`	Eintrag am Index löschen	`__delitem__`
`del S[i:j]`, `del S[i:j:k]`	Slice löschen	`__delitem__`

Tabelle 5: Operationen mit Mappings (Dictionaries)

Operation	Beschreibung	Klassenmethode
`D[k]`	Indizierung über Schlüssel	`__getitem__`
`D[k] = X`	Zuweisung über Schlüssel: Eintrag für Schlüssel *k* erstellen oder so ändern, dass er auf *X* verweist.	`__setitem__`
`del D[k]`	Eintrag über Schlüssel löschen	`__delitem__`
`len(D)`	Länge (Anzahl der Schlüssel)	`__len__`

4 In Python 2.X können Sie auch `__getslice__`, `__setslice__` und `__delslice__` definieren, um Slicing-Operationen abzuwickeln. In 3.X wurden diese Methoden entfernt. Stattdessen sollen Slice-Objekte an ihre elementbasierten Indizierungsgegenstücke übergeben werden. Slice-Objekte können in Indexausdrücken anstatt der Grenzen `i:j:k` explizit angegeben werden.

Tabelle 5: Operationen mit Mappings (Dictionaries) (Fortsetzung)

Operation	Beschreibung	Klassenmethode
k in *D*	Prüft, ob Schlüssel enthalten ist.[5]	Wie in Tabelle 3
k not in *D*	Umkehrung von *k* in *D*	Wie inTabelle 3
iter(*D*)	Iteratorobjekt für die Schlüssel von *D*	Wie inTabelle 3
for *k* in *D*: usw.	Iteration durch die Schlüssel in *D* (alle Iterationskontexte)	Wie inTabelle 3

Tabelle 6: Numerische Operationen (alle numerischen Typen)

Operation	Beschreibung	Klassenmethode
X + *Y*, *X* – *Y*	Addition, Subtraktion	__add__, __sub__
X * *Y*, *X* / *Y*, *X* // *Y*, *X* % *Y*	Multiplikation, Division, restlose Division, Rest	__mul__, __truediv__[6], __floordiv__, __mod__
-*X*, +*X*	Negativ, Identität	__neg__, __pos__
X | *Y*, *X* & *Y*, *X* ^ *Y*	Bitweises ODER, UND, exklusives ODER (Integer)	__or__, __and__, __xor__
X << *N*, *X* >> *N*	Bitweises Verschieben nach links bzw. rechts (Integer)	__lshift__, __rshift__
~*X*	Bitweises Invertieren (Integer)	__invert__
X ** *Y*	*X* hoch *Y*	__pow__
abs(*X*)	Betrag	__abs__
int(*X*)	Konvertierung in Integer[7]	__int__
float(*X*)	Konvertierung in Float	__float__
complex(*X*), complex(*re*,*im*)	Erstellt einen komplexen Wert	__complex__
divmod(*X*, *Y*)	Tupel: (*X* / *Y*, *X* % *Y*)	__divmod__
pow(*X*, *Y* [,*Z*])	X in die Y. Potenz erheben	__pow__

5 In Python 2.X kann das Vorhandensein von Schlüsseln auch mit *D*.has_key(*k*)programmiert werden. In Python 3.X wurde diese Methode zu Gunsten des in-Ausdrucks entfernt, der auch in 2.X generell vorzuziehen ist. Siehe Abschnitt »Dictionaries«, Seite 55.

6 Der Operator / ruft in Python 3.X __truediv__ auf, in Python 2.X dagegen __div__, außer die echte Division ist aktiviert. Weitere Informationen zur Divisionssemantik finden Sie im Abschnitt »Hinweise zum Gebrauch von Operatoren«, Seite 14.

7 In Python 2.X ruft die integrierte Funktion long() die Klassenmethode __long__ auf. In Python 3.X subsumiert der Typ int den Typ long, weshalb dieser entfernt wurde.

Hinweise zu Operationen für Sequenzen

Beispiele und Hinweise zu ausgewählten Operationen für Sequenzen in Tabelle 3 und Tabelle 4:

Indizierung: S[i]

- Ruft Komponenten an Positionen ab (erstes Element befindet sich an Position `0`).
- Negative Indices werden vom Ende rückwärts gezählt (das letzte Element befindet sich an Position `-1`).
- `S[0]` ruft das erste Element ab, `S[1]` das zweite Element.
- `S[-2]` ruft das vorletzte Element ab (gleichbedeutend mit `S[len(S) - 2]`).

Slicing: S[i:j]

- Extrahiert zusammenhängende Abschnitte aus einer Sequenz, von *i* bis einschließlich *j*`-1`.
- Standardmäßig entsprechen die Slice-Grenzen *i* und *j* dem Wert `0` und der Länge der Sequenz `len(S)`.
- `S[1:3]` ruft den Bereich von `1` bis ausschließlich `3` ab.
- `S[1:]` ruft den Bereich von `1` bis zum Ende (`len(S)-1`) ab.
- `S[:-1]` ruft den Bereich von `0` bis zum Ende ab, allerdings ausschließlich des letzten Elementes.
- `S[:]` erzeugt eine flache Kopie der obersten Ebene des Sequenzobjekts `S`.

Erweitertes Slicing: S[i:j:k]

- Das dritte Element *k* ist die Schrittweite (Standard `1`), die zur Position jedes extrahierten Elementes addiert wird.
- `S[::2]` entspricht jedem zweiten Element der Sequenz `S`.
- `S[::-1]` liefert die Umkehrung der Sequenz `S`.
- `S[4:1:-1]` liefert die Elemente ab Position `4` bis Position `1` (nicht eingeschlossen) in umgekehrter Reihenfolge.

Slice-Zuweisung: S[i:j:k] = I

- Die Slice-Zuweisung funktioniert ähnlich, wie wenn Sie Elemente löschen und anschließend im gelöschten Bereich einfügen.
- Iterierbare Objekte, die einfachen Slices `S[i:j]` zugewiesen werden, müssen nicht die passende Länge haben.
- Iterierbare Objekte, die erweiterten Slices `S[i:j:k]` zugewiesen werden, müssen eine entsprechende Länge haben.

Andere

- Verkettung, Wiederholung und Slicing liefern neue Objekte zurück (bei Tupeln nicht immer).

Besondere integrierte Typen

Dieser Abschnitt beschäftigt sich mit Zahlen, Strings, Listen, Dictionaries, Tupeln, Dateien, Sets und anderen wichtigen integrierten Typen. Die Unterabschnitte gehen auf Gemeinsamkeiten von Python 3.X und 2.X ein. Im Wesentlichen können alle hier behandelten zusammengesetzten Datentypen (z.B. Listen, Dictionaries und Tupel) beliebig tief ineinander verschachtelt werden. Auch Sets können an Verschachtelungen beteiligt sein, dürfen aber nur unveränderbare Objekte enthalten.

Zahlen

Zahlen sind *unveränderbare* Werte, die numerische Operationen unterstützen. Dieser Abschnitt beschäftigt sich mit grundlegenden Zahlentypen (Integer, Fließkommazahlen) sowie mit erweiterten Typen (komplexe Zahlen, Dezimalzahlen und Brüche).

Literale und Erstellung

Zahlen können in einer Vielzahl von Schreibweisen formuliert und durch einige integrierten Operationen erzeugt werden:

`1234, -24, +42, 0`
: Integer (unbeschränkte Genauigkeit).[8]

`1.23, 3.14e-10, 4E210, 4.0e+210, 1., .1`
: Fließkommazahlen (normalerweise in CPython als C-Double implementiert).

`0o177, 0x9ff, 0b1111`
: Oktale, hexadezimale und binäre Literale für Ganzzahlen.[9]

`3+4j, 3.0+4.0j, 3J`
: Komplexe Zahlen.

`decimal.Decimal('1.33'), fractions.Fraction(4, 3)`
: Modulbasierte Typen: Decimal, Fraction.

`int(9.1), int('-9'), int('1111', 2), int('0b1111', 0),float(9), float('1e2'), float('-.1'), complex(3, 4.0)`
: Erstellt Zahlen aus anderen Objekten oder aus Strings mit eventueller Basisumwandlung. Im Gegensatz dazu erzeugen `hex(N)`, `oct(N)` und `bin(N)` Ziffernstrings aus Integer-Werten. Siehe auch Abschnitt »String-Formatierung«, Seite 29, Abschnitt »Typkonvertierung«, Seite 69 und Abschnitt »Integrierte Funktionen«, Seite 143.

---

8 In Python 2.X gibt es einen eigenen Typ mit dem Namen `long` für Integer mit unbeschränkter Genauigkeit. `int` ist für normale Integer gedacht, deren Genauigkeit üblicherweise auf 32 Bit beschränkt ist. long-Objekte können mit einem nachfolgenden »L« geschrieben werden (z.B. `99999L`), obwohl Integer automatisch in Longs umgewandelt werden, wenn die zusätzliche Genauigkeit erforderlich ist. In 3.X bietet der Typ `int` unbeschränkte Genauigkeit und fasst auf diese Weise die beiden 2.X-Typen `int` und `long` zusammen. Die Schreibweise mit »L« wurde in 3.X entfernt.

9 In Python 2.X können oktale Literale auch einfach mit einer vorangestellten 0 geschrieben werden - `0777` und `0o777` sind gleichbedeutend. In 3.X wird nur die zweite Schreibweise unterstützt.

Operationen

Zahlentypen unterstützen alle *numerischen Operationen* (siehe Tabelle 6). In Ausdrücken mit unterschiedlichen Typen konvertiert Python die Operanden in den Typ des Operanden mit dem »höchsten« Typ um, wobei Integer niedriger als Float rangiert, was wiederum niedriger als Complex ist. Ab Python 3.0 und 2.6 verfügen Integer- und Float-Objekte über eine Reihe typenspezifischer *Methoden* und anderer *Attribute*. Weitere Informationen finden Sie in Pythons Library Reference-Handbuch.

```
>>> (2.5).as_integer_ratio()          # float-Attribute
(5, 2)
>>> (2.5).is_integer()
False

>>> (2).numerator, (2).denominator    # int-Attribute
(2, 1)
>>> (255).bit_length(), bin(255)      # 3.1+-Methode
(8, '0b11111111')
```

Decimal und Fraction

Die Module der Python-Standardbibliothek bieten zwei zusätzliche numerische Typen: *Decimal* ist ein eine Fließkommazahl mit fester Genauigkeit, *Fraction* ist ein relationaler Typ, der Zähler und Nenner explizit speichert. Beide können eingesetzt werden, um die Ungenauigkeiten der Fließkommaarithmetik zu umgehen:

```
>>> 0.1 - 0.3
-0.19999999999999998

>>> from decimal import Decimal
>>> Decimal('0.1') - Decimal('0.3')
Decimal('-0.2')

>>> from fractions import Fraction
>>> Fraction(1, 10) - Fraction(3, 10)
Fraction(-1, 5)

>>> Fraction(1, 3) + Fraction(7, 6)
Fraction(3, 2)
```

Fractions kürzen die Ergebnisse automatisch. Aufgrund der festgelegten Genauigkeit und der Unterstützung unterschiedlichster Beschneidungs- und Rundungsprotokolle sind Decimals praktisch für Finanzanwendungen. Weitere Informationen finden Sie in der Python Library Reference.

Andere numerische Typen

Python bietet auch den Typ *Set* (beschrieben im Abschnitt »Sets«, Seite 66). Zusätzliche numerische Typen wie optimierte Vektoren und Matrizen sind als Open Source-Erweiterungen von Drittanbietern erhältlich (z.B. das Paket *NumPy* unter *http://www.numpy.org*). Außerdem finden Sie von Drittanbietern auch Unterstützung für Visualisierungen, statistische Werkzeuge, Fließkommaarithmetik mit erweiterter Genauigkeit und vieles mehr (weitere Informationen finden Sie im Internet).

Strings

Das gewöhnliche String-Objekt `str` ist eine *unveränderbare Sequenz* von Zeichen, auf die Sie über die jeweilige *Position* zugreifen können. Die *Zeichen* entsprechen Codepoint-Ordinalen im zugrunde liegenden Zeichensatz, und die einzelnen Zeichen sind String-Objekte der Länge 1.

Das String-Objektmodell insgesamt variiert in den jeweiligen Python-Zweigen.

In *Python 3.X* gibt es drei String-Typen mit ähnlichen Schnittstellen:

`str`
: Eine unveränderbare Sequenz von Zeichen für alle Arten von Texten – sowohl ASCII als auch Unicode.

`bytes`
: Eine unveränderbare Sequenz von kurzen Integer, die für binäre Bytedaten verwendet wird.

`bytearray`
: Eine veränderbare Variante von bytes.

Python 2.X bietet im Gegensatz dazu zwei String-Typen mit ähnlichen Schnittstellen:

`str`
: Eine unveränderbare Sequenz von Zeichen, sowohl für byteorientierten (8-Bit-) Text als auch für Binärdaten.

`unicode`
: Eine unveränderbare Sequenz von Zeichen für Unicode-Text.

Python 2.X (ab Version 2.6) verfügt außerdem über den Python 3.X-Typ `bytearray` als Back-Port von 3.X, setzt für diesen aber nicht dieselbe scharfe Trennung zwischen Text- und Binärdaten durch. (In 2.X kann dieser Typ beliebig mit Text-Strings gemischt werden)

Weitere Informationen zur Unicode-Unterstützung in 3.X und 2.X finden Sie im Abschnitt »Unicode-Strings«, Seite 44. Der Rest dieses Abschnitts bezieht sich auf alle String-Typen. Weitere Informationen zu `bytes` und `bytearray` finden Sie im Abschnitt »String-Methoden«, Seite 36, im Abschnitt »Unicode-Strings«, Seite 44, und im Abschnitt »Integrierte Funktionen«, Seite 143.

Literale und Erstellung

String-Literale werden als eine Zeichenfolge in Anführungszeichen geschrieben, denen ein optionaler Typindikator vorangestellt werden kann. In allen Formen von String-Literalen wird ein Leerstring mit zwei aufeinanderfolgenden Anführungszeichen geschrieben. Mehrere integrierte Operationen liefern außerdem neue Strings zurück:

`'Python"s', "Python's"`
: Einfache und doppelte Anführungszeichen funktionieren auf dieselbe Weise und können unmaskiert in die jeweils andere Art eingebettet werden.

`"""Das ist ein mehrzeiliger Block"""`
: Blöcke in dreifachen Anführungszeichen fassen mehrere Textzeilen zu einem einzigen String zusammen. Dabei werden zwi-

schen den ursprünglichen Zeilen Zeilenendemarkierungen (`\n`) eingefügt.

`'Python\'s\n'`
: Escape-Sequenzen mit vorangestelltem Backslash (siehe Tabelle 7) werden durch die Codepoint-Werte des Sonderzeichen ersetzt, das sie präsentieren (z.B. ist `'\n'` ein ASCII-Zeichen mit dem dezimalen Codepoint-Wert `10`).

`"Das" "ist" "zusammengesetzt"`
: Nebeneinander stehende String-Konstanten werden zusammengesetzt. Tipp: Diese Form kann mehrere Zeilen umfassen, wenn die Strings in Klammern gesetzt werden.

`r'ein roher\string', R'noch\einer'`
: Raw-Strings: Backslashes bleiben als solche erhalten (außer am Ende eines Strings). Nützlich für reguläre Ausdrücke und für Verzeichnispfade unter Windows (DOS): z.B. `r'c:\dir1\datei'`.

`hex(), oct(), bin()`
: Erstellen aus einem Integer die jeweilige hexadezimale/oktale/binäre String-Repräsentation. Siehe Abschnitt »Zahlen«, Seite 22, und Abschnitt »Integrierte Funktionen«, Seite 143.

Die folgenden Literalformen erzeugen spezielle Strings, die im Abschnitt »Unicode-Strings«, Seite 44, beschrieben werden:

`b'...'`
: `bytes`-String-Literal in Python 3.X: Sequenz von 8 Bit-Bytewerten, die binäre Rohdaten repräsentieren. Aus Kompatibilitätsgründen steht diese Form auch in Python 2.6 und 2.7 zur Verfügung, wo dadurch einfach ein normaler `str`-String erzeugt wird. Siehe Abschnitt »String-Methoden«, Seite 36, Abschnitt »Unicode-Strings«, Seite 44, und Abschnitt »Integrierte Funktionen«, Seite 143.

`bytearray(...)`
: `bytearray`-String: eine veränderbare Variante von `bytes`.Verfügbar in Python 3.X und inPython 2.X ab Version 2.6. Siehe Abschnitt »String-Methoden«, Seite 36, Abschnitt »Unicode-

Strings«, Seite 44, und Abschnitt »Integrierte Funktionen«, Seite 143.

`u'...'`
: Unicode-String-Literal in Python 2.X: Sequenz von Unicode-Codepoints. Für die Kompatibilität mit 2.X steht diese Form auch in Python 3.X ab Version 3.3 zur Verfügung, wo damit ein normaler `str`-String erzeugt wird (herkömmliche String-Literale und `str`-Strings unterstützen in Python 3.X Unicode). Siehe Abschnitt »Unicode-Strings«, Seite 44.

`str()`, `bytes()`, `bytearray()` (und `unicode()`-nur in 2.X)
: Erstellt Strings aus Objekten, mit optionaler Unicode-Kodierung/-Dekodierung in Python 3.X. Siehe Abschnitt »Integrierte Funktionen«, Seite 143.

In String-Literalen dürfen Sie die Escape-Sequenzen in Tabelle 7 für die Darstellung von Sonderzeichen verwenden.

Tabelle 7: Escape-Codes in String-Konstanten

Escape	Bedeutung	Escape	Bedeutung
`\`*newline*	Zeilenende ignorieren	`\t`	Horizontaler Tabulator
`\\`	Backslash (\)	`\v`	Vertikaler Tabulator
`\'`	Einfaches Anführungszeichen (')	`\N{`*id*`}`	Unicode-Datenbank-ID
`\"`	Doppeltes Anführungszeichen (")	`\u`*hhhh*	Unicode 16-Bit, hexadezimal
`\a`	Bell (Glocke)	`\U`*hhhhhhhh*	Unicode 32-Bit, hexadezimal[10]
`\b`	Backspace	`\x`*hh*	Hexadezimal (maximal zwei Stellen)
`\f`	Seitenvorschub	`\`*ooo*	Oktal (maximal drei Stellen)
`\n`	Zeilenvorschub	`\0`	Null (keinen String-Ende)
`\r`	Wagenrücklauf	`\andere`	Kein Escape

10 `\U`*hhhhhhhh* erwartet exakt acht hexadezimale Stellen (h). Sowohl `\u` als auch `\U` können nur in Unicode-String-Literalen verwendet werden.

Operationen

Alle String-Typen unterstützen alle *Operationen für Sequenzen* (siehe Tabelle 3) sowie zusätzliche String-spezifische *Methoden* (im Abschnitt »String-Methoden«, Seite 36, beschrieben). Darüber hinaus unterstützt der Typ `str` die *Formatierung mit* `%`-Ausdrücken und Template-Substitution (wird als nächstes vorgestellt). Der Typ `bytearray` unterstützt die *Operationen für veränderbare Sequenzen* (Tabelle 4 plus zusätzliche listenartige Methoden). Werfen Sie auch einen Blick auf das `re`-Modul für Mustervergleiche mit Strings im Abschnitt »Mustervergleichsmodul re«, Seite 218, und die integrierten Funktionen für Strings im Abschnitt »Integrierte Funktionen«, Seite 143.

String-Formatierung

Sowohl in Python 3.X als auch in 2.X (ab Version 3.0 bzw. 2.6) unterstützen herkömmliche `str`-Strings zwei unterschiedliche Arten der String-Formatierung, bei denen die Objekte anhand von Formatbeschreibungs-Strings formatiert werden:

- den ursprünglichen Ausdruck mit dem `%`-Operator (alle Python-Versionen): *fmt* `%(`*`werte`*`)`
- die neueren Methode (ab 3.0 bzw. 2.6), die mit der Syntax *fmt*`.format(`*`werte`*`)`aufgerufen wird

Beide Varianten erzeugen neue Strings, die eventuell auf typspezifischen Substitutionscodes basieren. Das jeweilige Ergebnis können Sie anzeigen oder zur späteren Verwendung einer Variablen zuweisen:

```
>>> '%s, %s, %.2f' % (42, 'spam', 1 / 3.0)
'42, spam, 0.33'

>>> '{0}, {1}, {2:.2f}'.format(42, 'spam', 1 / 3.0)
'42, spam, 0.33'
```

Obwohl sich der Methodenaufruf in den vergangenen Jahren anscheinend schneller entwickelt hat, wird auch der Ausdruck in vorhandenem Code häufig verwendet. Beide Formen werden immer noch vollständig unterstützt. Und obwohl einige den Methodenaufruf für geringfügig mnemonischer und konsistenter halten, ist der Ausdruck häufig einfacher und prägnanter. Da beide Formen im Wesentlichen nur kleinere Variationen desselben Themas mit deckungsgleicher Funktionalität und Komplexität sind, gibt es derzeit keinen überzeugenden Grund, die eine oder andere vorzuziehen.

String-Formatierungsausdrücke

String- *Formatierungsausdrücke* ersetzen die %-Ziele im String auf der linken Seite des %-Operators durch die Werte auf der rechten Seite des Operators (ähnlich wie `sprintf` in C). Wenn mehrere Werte ersetzt werden sollen, müssen diese rechts vom %-Operator als Tupel geschrieben werden. Soll nur ein Element ersetzt werden, kann dieses als einzelner Wert oder als Tupel mit einem Element geschrieben werden (um ein Tupel selbst zu formatieren, verschachteln Sie Tupel ineinander). Wenn Sie auf der linken Seite Schlüsselnamen verwenden, muss rechts ein Dictionary stehen. Mit * können Breite und Genauigkeit dynamisch übergeben werden:

```
>>> 'The knights who say %s!' % 'Ni'
'The knights who say Ni!'
>>> '%d %s, %d you' % (1, 'spam', 4.0)
'1 spam, 4 you'
>>> '%(n)d named %(x)s' % {'n': 1, 'x': "spam"}
'1 named spam'
>>> '%(n).0E => [%(x)-6s]' % dict(n=100, x='spam')
'1E+02 => [spam  ]'
>>> '%f, %.2f, %+.*f' % (1/3.0, 1/3.0, 4, 1/3.0)
'0.333333, 0.33, +0.3333'
```

Syntax des Formatierungsausdrucks

Im Formatierungs-String links vom %-Operator müssen die Substitutionsziele generell das folgende Format haben, wobei alle Komponenten außer der letzten optional sind (Text außerhalb der Substitutionsziele wird Wort für Wort übernommen):

```
%[(schluesselname)][flags][breite][.genauigkeit]typcode
```

Komponenten für Substitutionsziele:

`schluesselname`
: Verweist auf ein Element im erwarteten Dictionary in Klammern.

`flags`
: Kann - (links ausrichten), + (numerisches Vorzeichen), ein Leerzeichen (Leerzeichen vor einer positiven Zahl, - vor negativen Zahlen) und `0` (mit Nullen füllen) sein.

`breite`
: Minimale Gesamtbreite des Felds (verwenden Sie *, um diese aus den Werten zu lesen).

`genauigkeit`
: Bestimmt die Anzahl der Stellen (Genauigkeit) nach dem ».« (Verwenden Sie *, um diese aus den Werten zu lesen).

`typcode`
: Ein Zeichen aus Tabelle 8.

Sowohl *`breite`* als auch *`genauigkeit`* können mit * angegeben werden, um zu erzwingen, dass deren Werte vom nächsten Element der Werte rechts vom %-Operator verwendet werden, falls die Größen erst zur Laufzeit bekannt sind. Tipp: `%s` konvertiert jedes Objekt in die String-Repräsentation für die Ausgabe.

Tabelle 8: Typcodes für die %-String-Formatierung

Code	Bedeutung	Code	Bedeutung
`s`	String (oder beliebiges Objekt, verwendet `str()`)	`X`	`x` mit Großbuchstaben
`r`	wie `s`, verwendet jedoch `repr()`anstatt `str()`	`e`	Fließkomma-Exponent
`c`	Zeichen (int oder str)	`E`	`e` mit Großbuchstaben
`d`	Dezimal (Integer zur Basis 10)	`f`	Fließkomma dezimal
`i`	Integer	`F`	`f` mit Großbuchstaben
`u`	wie d (obsolet)	`g`	Fließkomma `e` oder `f`
`o`	Oktal (Integer zur Basis 8)	`G`	Fließkomma `E` oder `F`
`x`	Hexadezimal (Integer zur Basis 16)	`%`	Literal \}%\{ (geschrieben als `%%`)

String-Formatierungsmethode

Der Aufruf der *Formatierungsmethode* funktioniert ähnlich wie der Ausdruck im vorhergehenden Abschnitt, wird aber mit der herkömmlichen Syntax für Methodenaufrufe für das Formatierungs-

String-Objekt aufgerufen. Dabei werden die Substitutionsziele mit {} anstatt mit % gekennzeichnet.

Die Substitutionsziele im Format-String können Argumente für den Methodenaufruf über die Position oder einen Schlüsselwortnamen angeben. Sie können auf Argumentattribute, Schlüssel oder Positionen referenzieren, eine Standardformatierung übernehmen oder explizite Typcodes übergeben und die Zielsyntax verschachteln, um Werte aus der Argumentliste zu extrahieren:

```
>>> 'The knights who say {0}!'.format('Ni')
'The knights who say Ni!'
>>> '{0} {1}, {2:.0f} you'.format(1, 'spam', 4.0)
'1 spam, 4 you'
>>> '{n} named {x:s}'.format(n=1, x="spam")
'1 named spam'
>>> '{n:.0E} => [{x:<6s}]'.format( **dict(n=100, x='spam'))
'1E+02 => [spam  ]'
>>> '{:f}, {:.2f}, {:+.{}f}'.format( 1/3.0, 1/3.0, 1/3.0, 4)
'0.333333, 0.33, +0.3333'
```

Für die meisten Anwendungen der format-Methoden gibt es entsprechende Gegenstücke zur Verwendung der im vorangegangenen Abschnitt dargestellten %-Ausdrucksmuster (z.B. Dictionary-Schlüssel und *-Wertreferenzen). Bei der Methode können jedoch manche Operationen direkt in den Format-String geschrieben werden:

```
>>> import sys   # Methode kontra Ausdruck: Attribut, Schlüssel,
Index

>>> fmt = '{0.platform} {1[x]} {2[0]}'
>>> fmt.format(sys, dict(x='ham'), 'AB')
'win32 ham A'

>>> fmt = '%s %s %s'
>>> fmt % (sys.platform, dict(x='ham')['x'], 'AB'[0])
'win32 ham A'
```

Ab Python 3.1 und 2.7 fügt ein »,« (Komma) vor einem Integer oder Float im *Typcode* (formell im Abschnitt »Syntax der Formatierungsmethode«, Seite 33, beschrieben) ein Komma als Tausendertrennzeichen ein. Der *Typcode* % formatiert einen Prozentsatz (diese Tools sind nicht im Formatierungsausdruck selbst vorhanden, können aber einfach als wiederverwendbare Funktionen geschrieben werden):

```
>>> '{0:,d}'.format(1000000)
'1,000,000'
>>> '{0:13,.2f}'.format(1000000)
' 1,000,000.00'
>>> '{0:%} {1:,.2%}'.format(1.23, 1234)
'123.000000% 123,400.00%'
```

Außerdem werden ab Python 3.1 und 2.7 Felder automatisch sequenziell nummeriert, wenn die jeweilige Nummer im *Feldnamen* (ebenfalls im Abschnitt »Syntax der Formatierungsmethode«, Seite 33, beschrieben) ausgelassen wird. Die folgenden drei Zeilen haben denselben Effekt, allerdings sind automatisch nummerierte Felder unter Umständen weniger gut lesbar, wenn mehrere Felder zum Einsatz kommen:

```
>>> '{0}/{1}/{2}'.format('usr', 'home', 'bob')
'usr/home/bob'
>>> '{}/{}/{}'.format('usr', 'home', 'bob')   # Automatisch
'usr/home/bob'
>>> '%s/%s/%s' % ('usr', 'home', 'bob')       # Ausdruck
'usr/home/bob'
```

Ein einzelnes Objekt kann auch mit der integrierten Funktion `format(`*`objekt`*`, `*`formatangabe`*`)`formatiert werden (siehe Abschnitt »Integrierte Funktionen«, Seite 143), die von der String-Methode `format` eingesetzt wird und deren Verhalten über die Operatormethode `__format__` in eigenen Klassen überschrieben werden kann (siehe Abschnitt »Methoden zur Operatorüberladung«, Seite 124).

Syntax der Formatierungsmethode

Substitutionsziele in Strings für die Formatierungsmethode haben im allgemeinen die folgende Form. Alle vier Teile sind optional und müssen ohne Leerzeichen nacheinander stehen (in diesem Beispiel verwenden wir sie nur der Übersichtlichkeit halber):

```
{feldname komponente !konvertierungs-flag :formatangabe}
```

In dieser Syntax für die Substitutionsziele bedeuten:

feldname
: Eine optionale Zahl oder ein Schlüsselwort zur Kennzeichnung eines Arguments, das ab Version 2.7 bzw. 3.1 auch weggelassen werden kann, um die relative Argumentnummerierung zu nutzen.

komponente
: Ein String mit null oder mehr `.`*name*- oder `[`*index*`]`-Verweisen zum Abruf von Attributen bzw. indizierten Werten des Arguments. Dieser kann weggelassen werden, um den gesamten Wert des Arguments zu verwenden.

konvertierungs-flag
: Falls angegeben, beginnt dieses Flag mit einem `!`, gefolgt von `r`, `s` oder `a`, um die integrierte Funktion `repr()`, `str()` oder `ascii()` auf den Wert anzuwenden.

formatangabe
: Falls angegeben, wird diese Option mit einem `:` eingeleitet und besteht aus einem Text, der angibt, wie der Wert dargestellt werden soll. Dazu gehören Einzelheiten wie Feldbreite, Ausrichtung, Padding, dezimale Genauigkeit usw., gefolgt von einem optionalen Datentypcode.

Die verschachtelte Komponente *formatangabe* nach dem Doppelpunkt hat eine eigene Syntax und wird folgendermaßen beschrieben (eckige Klammern sollen optionale Komponenten kennzeichnen und werden nicht wirklich in den Code geschrieben):

```
[[fuellzeichen]ausrichtung][vorzeichen][#][0][breite][,]
[.genauigkeit][typcode]
```

Die verschachtelte Syntax der Komponente *formatangabe*:

fuellzeichen
: Kann ein beliebiges Füllzeichen außer { oder }sein.

ausrichtung
: Kann `<`, `>`, `=` oder `^` sein - für linksbündig, rechtsbündig, Padding nach einem Vorzeichen oder zentriert.

vorzeichen
: Kann +, - oder Leerzeichen sein.

, *(Komma)*
: Verwendet ab Python 3.1 und 2.7 ein Komma als Tausendertrennzeichen.

breite und genauigkeit
: Ähnlich wie im %-Ausdruck. *formatangabe* kann auch verschachtelte {}-Format-Strings enthalten, die nur aus einem *feldnamen* bestehen, um Werte dynamisch aus der Argumentliste abzurufen (ganz ähnlich wie * in Formatausdrücken). Eine 0 vor *breite* aktiviert das vorzeichenabhängige Null-Padding (ähnlich wie *fuellzeichen*) und ein # aktiviert eine alternative Konvertierung (falls verfügbar).

typcode
: Größtenteils identisch wie in %-Ausdrücken und in Tabelle 8 dargestellt. Die format-Methode verfügt jedoch über einen zusätzlichen Typcode b, mit dem Integer im Binärformat angezeigt werden (ähnlich wie die integrierte Funktion bin). Der zusätzliche Typcode % ab Python 3.1 und 2.7 formatiert Prozentsätze. Für Integer der Basis 10 wird nur d genutzt (i und u nicht).

Beachten Sie, dass im Gegensatz zu %s in Ausdrücken der Typcode s des Methodenaufrufs ein *String*-Objekts als Argument erwartet. Wenn Sie den Typcode weglassen, wird in der Methode generell jeder Typ akzeptiert.

Template-String-Substitution

Ab Python 2.4 gibt es eine weitere Form der String-Substitution als Alternative zum Formatierungsausdruck und zur Formatierungsmethode, die in den vorherigen Abschnitten beschrieben wurden. Bei einer umfangreichen Formatierung verwenden Sie für die Substitution wie beschrieben den %-Operators oder die Methode str.format() (alle vier folgenden Varianten liefern '2: PyRef5A'):

```
'%(seite)i: %(buch)s' % {'seite': 2, 'buch': 'PyRef5A'}
'%(seite)i: %(buch)s' % dict(seite=2, buch='PyRef5A')
```

```
'{seite}: {buch}'.format(**dict(seite=2, buch='PyRef5A'))
'{seite}: {buch}'.format(seite=2, buch='PyRef5A')
```

Für einfachere Substitutionsaufgaben wurde eine `Template`-Klasse zu `string` hinzugefügt, in der Substitutionen mit $ gekennzeichnet werden:

```
>>> import string
>>> t = string.Template('$seite: $buch')
>>> t.substitute({'seite': 2, 'buch': 'PyRef5A'})
'2: PyRef5A'
```

Substitutionswerte können als Schlüsselwortargumente oder Dictionary-Schlüssel angegeben werden:

```
>>> s = string.Template('$wer mag $was')
>>> s.substitute(wer='bob', was=3.14)
'bob mag 3.14'
>>> s.substitute(dict(wer='bob', was='kuchen'))
'bob mag kuchen'
```

Die Methode `safe_substitute` ignoriert fehlende Schlüssel und löst keine Ausnahme aus:

```
>>> t = string.Template('$seite: $buch')
>>> t.safe_substitute({'seite': 3})
'3: $buch'
```

String-Methoden

Zusätzlich zur bereits beschriebenen `format()`-Methode gibt es weitere String-Methoden, die über String-Ausdrücke hinaus erweiterte Tools zur Textverarbeitung bieten. Tabelle 9 zeigt verfügbare String-Methoden. In dieser Tabelle steht `S` für ein beliebiges String-Objekt (technisch gesehen ein 3.X-`str`). String-Methoden, die Text verändern, liefern immer einen neuen String zurück und verändern niemals das ursprüngliche Objekt (Strings sind unveränderbar).

Für weitere Einzelheiten zu den Methoden in der Tabelle lesen Sie die nachfolgenden, nach Funktionsbereichen geordneten Abschnitte, oder geben Sie `help(str.`*`method`*`)` ein. Tipp: Die Liste kann je nach Python-Version variieren. So können Sie Ihre anzeigen:

```
sorted(x for x in dir(str) if not x.startswith('__'))
```

Siehe auch das re-Modul im Abschnitt »Mustervergleichsmodul re«, Seite 218, für Informationen zu musterbasierten Gegenstücken für einige der String-Methoden.

Tabelle 9: String-Methoden in Python 3.X

`S.capitalize()`

`S.casefold()` **(ab Python 3.3)**

`S.center(`*`breite`*`, [, `*`fuellzeichen`*`])`

`S.count(`*`sub`*` [, `*`start`*` [, `*`ende`*`]])`

`S.encode([`*`kodierung`*` [, `*`fehler`*`]])`

`S.endswith(`*`suffix`*` [, `*`start`*` [, `*`ende`*`]])`

`S.expandtabs([`*`tabgroesse`*`])`

`S.find(`*`sub`*` [, `*`start`*` [, `*`ende`*`]])`

`S.format(`*`*args`*`, `*`**kwargs`*`)`

`S.format_map(`*`mapping`*`)` **(ab Python 3.2)**

`S.index(`*`sub`*` [, `*`start`*` [, `*`ende`*`]])`

`S.isalnum()`

`S.isalpha()`

`S.isdecimal()`

`S.isdigit()`

`S.isidentifier()`

`S.islower()`

`S.isnumeric()`

`S.isprintable()`

`S.isspace()`

`S.istitle()`

`S.isupper()`

`S.join(`*`iterierbar`*`)`

`S.ljust(`*`breite`*` [, `*`fuellzeichen`*`])`

`S.lower()`

`S.lstrip([`*`zeichen`*`])`

`S.maketrans(`*`x`*` [, `*`y`*` [, `*`z`*`]])`

`S.partition(`*`sep`*`)`

`S.replace(`*`alt`*`, `*`neu`*` [, `*`anzahl`*`])`

`S.rfind(`*`sub`*` [, `*`start`*` [, `*`ende`*`]])`

`S.rindex(`*`sub`*` [, `*`start`*` [, `*`ende`*`]])`

Tabelle 9: String-Methoden in Python 3.X (Fortsetzung)

`S.rjust(breite [, fuellzeichen])`
`S.rpartition(sep)`
`S.rsplit([sep [, maxsplit]])`
`S.rstrip([zeichen])`
`S.split([sep [, maxsplit]])`
`S.splitlines([zeilenende_erhalten])`
`S.startswith(prefix [, start [, ende]])`
`S.strip([zeichen])`
`S.swapcase()`
`S.title()`
`S.translate(mapping)`
`S.upper()`
`S.zfill(breite)`

byte- und bytearray Methoden

In Python 3.X verfügen die String-Typen bytes und bytearray über ähnliche Methoden wie der im vorherigen Abschnitt beschriebene str-Typ. Aufgrund unterschiedlicher Rollen überschneiden sich diese jedoch nicht. (str wird für Unicode-Text, bytes für binäre Rohdaten verwendet, bytearray is veränderbar.) In den folgenden Beispielen berechnet set(dir(*X*)) - set(dir(*Y*)) unter Python 3.3 jene Attribute, über die nur *X* verfügt:

```
>>> set(dir(str)) - set(dir(bytes))
{'__rmod__', 'encode', 'isnumeric', 'format',
'isidentifier', 'isprintable', 'isdecimal',
'format_map', '__mod__', 'casefold'}

>>> set(dir(bytes)) - set(dir(str))
{'decode', 'fromhex'}

>>> set(dir(bytearray)) - set(dir(bytes))
{'extend', 'remove', 'insert', 'append', 'pop',
'__iadd__', 'reverse', 'clear', '__imul__',
'copy', '__setitem__', '__alloc__', '__delitem__'}
```

Beachten Sie Folgendes:

- `str` unterstützt keine Unicode-*Dekodierung* (da es sich bereits um dekodierten Text handelt), kann eventuell aber in `bytes` *kodiert* werden.
- `bytes` und `bytearray` unterstützen keine Unicode-*Dekodierung* (sie repräsentieren rohe Bytes, einschließlich Medien und bereits kodierten Text), können aber zu `str` *dekodiert* werden.
- `bytes` und `bytearray` unterstützen keine String-*Formatierung* (implementiert durch `str.format` und `__mod__` und `__rmod__` des `%`-Operators).
- `bytearray` verfügt ähnlich wie `list` über Methoden und Operatoren (z.B. `append`, `+=`), die das Objekt selbst verändern.

Weitere Informationen über byte-String-Operationen finden Sie im Abschnitt »bytes- und bytearray-Strings«, Seite 46. Mehr über String-Typmodelle finden Sie im Abschnitt »Unicode-Strings«, Seite 44, weitere Informationen zu Konstruktionsaufrufen können Sie im Abschnitt »Integrierte Funktionen«, Seite 143, nachlesen.

> Die in *Python 2.X* verfügbaren String-Methoden sind geringfügig anders (z.B. gibt es eine `decode`-Methode für das andere Unicode-Typmodell in 2.X). Die Schnittstelle des `unicode`-String-Typs ist in Python 2.X beinahe identisch mit der von `str`-Objekten in 2.X. Für weitere Informationen werfen Sie einen Blick in die Python 2.X Library Reference, oder geben Sie im interaktiven Modus `dir(str)` bzw. `help(str.`*`method`*`)` ein.

Die nächsten Abschnitte gehen ausführlicher auf einige der in Tabelle 9 aufgeführten Methoden ein, nach Funktionsbereichen zusammengefasst. Bei allen genannten Aufrufen, die ein String-Ergebnis zurückliefern, handelt es sich bei dem Ergebnis um einen *neuen String* (da Strings unveränderbar sind, werden die ursprünglichen Strings nie selbst geändert.) Leerraum (Whitespace) umfasst in diesem Teil Leerzeichen, Tabulatoren und Zeilenendezeichen (alles in `string.whitespace` enthalten).

Suchmethoden

`S.find(`*sub* `[,` *start* `[,` *end* `e]])`

Gibt die Position des ersten Vorkommens des Strings *sub* in *S* zwischen den Positionen *start* und *ende* zurück (mit den Standardwerten `0` und `len(S)`für den gesamten String). Liefert `-1`, wenn der Teilstring nicht gefunden wurde.Tipp: Siehe auch den `in`-Operator, der prüft, ob ein Element in einer Sammlung enthalten ist und (in Tabelle 3) mit dem Sie ebenfalls prüfen können, ob ein Substring Teil eines anderen Strings ist.

`S.rfind(`*sub* `[,` *start* `[,` *ende* `]])`

Wie `find`, sucht jedoch vom Ende aus (von rechts nach links).

`S.index(`*sub* `[,` *start* `[,` *ende* `]])`

Wie `find`, löst aber einen `ValueError` aus, falls nichts gefunden wird (anstatt `-1` zurückzugeben).

`S.rindex(`*sub* `[,` *start* `[,` *ende* `]])`

Wie `rfind`, löst aber einen `ValueError` aus, falls nichts gefunden wird (anstatt `-1` zurückzugeben).

`S.count(`*sub* `[,` *start* `[,` *ende* `]])`

Ermittelt die Anzahl nicht-überlappender Vorkommen von *sub* in *S* zwischen *start* und *ende* (Standardwerte: `0`, `len(S)`).

`S.startswith(`*sub* `[,` *start* `[,` *ende* `]])`

`True`, wenn *S* mit dem Substring *sub* beginnt. *start* und *ende* bestimmen die optionalen Anfangs- und Endpositionen für die Suche nach *sub*.

`S.endswith(`*sub* `[,` *start* `[,` *ende* `]])`

`True`, wenn *S* mit dem Substring *sub* endet. *start* und *ende* bestimmen die optionalen Anfangs- und Endpositionen für die Suche nach *sub*.

Methoden zum Aufteilen und Zusammenfügen

`S.split([` *sep* `[,` *maxsplit* `]])`

Gibt eine Liste der Wörter in String *S* zurück, wobei *sep* als Trenn-String verwendet wird. Wird *maxsplit* angegeben, werden maximal *maxsplit* Aufteilungen vorgenommen. Falls *sep* nicht angegeben wird oder `None` ist, wird beliebiger Whitespace als Trennzeichen verwendet. `'a*b'.split('*')` ergibt `['a','b']`. Tipp: Verwenden Sie `list(S)`, um einen String in eine Liste von Zeichen umzuwandeln (z.B. `['a','*','b']`).

`S.join(`*`iterierbar`*`)`
: Fügt ein iterierbares Objekt (z.B. Liste or Tupel) mit Strings zu einem einzigen String zusammen, wobei zwischen den Elementen jeweils *S* eingefügt wird. *S* kann '' (ein Leerstring) sein, um ein iterierbares Objekt mit Zeichen in einen String umzuwandeln (`'*'.join(['a','b'])` ergibt `'a*b'`).

`S.replace(`*`alt`*`, `*`neu`*` [, `*`anzahl`*` ])`
: Gibt eine Kopie des Strings *S* zurück, in der alle Vorkommen des Substrings *alt* durch *neu* ersetzt wurden. Falls *anzahl* angegeben wird, werden nur die ersten *anzahl* Vorkommen ersetzt. Funktioniert wie eine Kombination aus `x=S.split(`*`alt`*`)` und *neu*`.join(x)`.

`S.splitlines([ `*`zeilenende_erhalten`*` ])`
: Teilt den String *S* an den Zeilenenden und liefert eine Liste der Zeilen zurück. Das Ergebnis enthält keine Zeilenendezeichen, außer wenn *zeilenende_erhalten* den Wert true hat.

Formatierungsmethoden

`S.format(*`*`args`*`, **`*`kwargs`*`)`, `S.format_map(`*`mapping`*`)`
: Siehe Abschnitt »String-Formatierung«, Seite 29. Ab Python 3.2 funktioniert `S.format_map(M)` wie `S.format(**M)`, allerdings wird *M* dabei nicht kopiert.

`S.capitalize()`
: Wandelt das erste Zeichen des Strings *S* in einen Großbuchstaben und die übrigen Zeichen in Kleinbuchstaben um.

`S.expandtabs([ `*`tabgroesse`*` ])`
: Ersetzt Tabulatoren im String *S* durch *tabgroesse* Leerzeichen (Standardwert ist 8).

`S.strip([ `*`zeichen`*` ])`
: Entfernt Whitespace am Anfang und Ende des Strings *S* (bzw. die Zeichen in *zeichen*, falls angegeben).

`S.lstrip([ zeichen ])`
: Entfernt Whitespace am Anfang des Strings `S` (bzw. die Zeichen in *`zeichen`*, falls angegeben).

`S.rstrip([ zeichen ])`
: Entfernt Whitespace am Ende des Strings `S` (bzw. die Zeichen in *`zeichen`*, falls angegeben).

`S.swapcase()`
: Konvertiert alle Kleinbuchstaben in Großbuchstaben und umgekehrt.

`S.upper()`
: Konvertiert alle Buchstaben in Großbuchstaben.

`S.lower()`
: Konvertiert alle Buchstaben in Kleinbuchstaben.

`S.casefold()`
: Liefert ab Python 3.3 eine Version von `S` zurück, die für Vergleiche geeignet ist, bei denen nicht zwischen Groß-/Kleinschreibung unterschieden wird. Wie `S.lower()`, wandelt aber auf intelligente Weise auch einige Unicode-Zeichen in Kleinbuchstaben um.

`S.ljust(breite [, fuellzeichen ])`
: Richtet den String `S` in einem Feld mit der angegebenen *`breite`* linksbündig aus und füllt rechts davon mit dem *`fuellzeichen`* auf (standardmäßig ein Leerzeichen). Der Formatierungsausdruck und die Methode können ähnliche Ergebnisse liefern.

`S.rjust(breite [, fuellzeichen ])`
: Richtet den String `S` in einem Feld mit der angegebenen *`breite`* rechtsbündig aus und füllt links davon mit dem *`fuellzeichen`* auf (standardmäßig ein Leerzeichen). Der Formatierungsausdruck und die Methode können ähnliche Ergebnisse liefern.

`S.center(breite [, fuellzeichen ])`
: Zentriert den String `S` in einem Feld mit der angegebenen *`breite`* und füllt links und rechts davon mit dem *`fuellzeichen`* auf (standardmäßig ein Leerzeichen). Die String-Formatierung kann zu einem ähnlichen Ergebnis führen.

`S.zfill(breite)`
: Füllt den String `S` links mit Nullen auf, um einen String der gewünschten *`breite`* zu erhalten (kann man auch durch String-Formatierung erreichen).

`S.translate(tabelle [, zu_loeschende_zeichen ])`
: Löscht alle Zeichen aus dem String `S`, die in *`zu_loeschende_zeichen`* enthalten sind (falls vorhanden), und übersetzt anschließend die Zeichen mit *`tabelle`*, einem String mit 256 Zeichen, der für jedes Zeichen an der Position seiner Ordnungszahl ein Ersetzungszeichen enthält.

`S.title()`
: Gibt eine Version des Strings zurück, der englischen Überschriften entspricht: Alle Wörter beginnen mit einem Großbuchstaben, alle übrigen Zeichen werden kleingeschrieben.

Inhaltsprüfungen

`S.is*()`
: Die Booleschen Testfunktionen `is*()` funktionieren mit Strings beliebiger Länge. Sie untersuchen den Inhalt von Strings auf verschiedene Kategorien (und geben für Leerstrings immer `False` zurück).

Ursprüngliches string-Modul

Seit Python 2.0 sind die meisten der zuvor im Standardmodul `string` enthaltenen Funktionen auch als Methoden von String-Objekten verfügbar. Wenn `X` auf ein String-Objekt verweist, ist der Aufruf einer Funktion im Modul `string` wie der folgende:

```
import string
res = string.replace(X, 'span', 'spam')
```

in Python 2.0 üblicherweise identisch mit dem Aufruf der String-Methode:

```
res = X.replace('span', 'spam')
```

Der Aufruf der String-Methode ist die bevorzugte und schnellere Form und erfordert keine Modulimporte. Beachten Sie dabei, dass die Operation `string.join(iterierbar, trennzeichen)` zur Methode des Strings `trennzeichen.join(iterierbar)`wird. Alle diese Funktionen wurden in Python 3.X aus dem string-Modul entfernt. Verwenden Sie stattdessen die entsprechenden String-Objektmethoden. Siehe Abschnitt »Modul string«, Seite 195 für den verbleibenden Inhalt dieses Moduls.

Unicode-Strings

Jeder Text ist Unicode-Text, einschließlich jener Texte, die mit nur einem Zeichen pro Byte (8 Bits) im ASCII-Schema kodiert sind. Python unterstützt umfangreichere Zeichensätze und Kodierungsschemata durch *Unicode* – Strings, die unter Umständen mehrere Bytes nutzen, um Zeichen im Speicher abzubilden, und Text in Dateien mit verschiedenen Kodierungen übersetzen können. Die Unterstützung variiert je nach Python-Zweig. Python 3.X behandelt Text immer als Unicode und bildet Binärdaten separat ab. Python 2.X unterscheidet dagegen zwischen 8-Bit-Text (und Daten) bzw. möglicherweise umfangreicherem Unicode-Text:

In *Python 3.X*

Der herkömmliche Typ `str` und das `'ccc'`-Literal repräsentieren alle Textformen, sowohl 8-Bit als auch den umfangreicheren Unicode. `str` ist eine unveränderbare Sequenz von *Zeichen* – dekodierten Unicode-Codepoints (Ordinalkennzeichen) im Speicher.

Ein eigener `bytes`-Typ und das `b'ccc'`-Literal repräsentieren binäre Datenbytewerte, einschließlich Medien und kodiertem Unicode-Text. `bytes` ist eine unveränderbare Sequenz kleiner *Integer* (Bytewerte mit 8 Bit), unterstützt aber die meisten Operationen von `str` und gibt Inhalte soweit möglich als ASCII-Zeichen aus. Zusätzlich gibt es den Typ `bytearray`, eine veränderbare Variante von `bytes` mit zusätzlichen listenartigen Methoden, die das jeweilige Objekt selbst verändern.

Außerdem implizieren in 3.X herkömmliche, mit `open()` erstellte *Dateien* `str`- und `bytes`-Objekte für Inhalte im Text- bzw. Binärmodus. Im Textmodus werden Dateien bei der Ausgabe automatisch kodiert, bei der Eingabe automatisch dekodiert.

Ab Python 3.3 wird die Unicode-Literalform `u'ccc'` aus 2.X zugunsten der Abwärtskompatibilität mit 2.X-Code ebenfalls unterstützt (und erzeugt einen 3.X-`str`).

In *Python 2.X*
: Der herkömmliche Typ `str` und das `'ccc'`-Literal repräsentieren sowohl 8-Bit-Text als auch Binärdaten, während ein separater `unicode`-Typ und das `u'ccc'`-Literal die Codepoints von möglicherweise umfangreicherem Unicode-Text abbilden. Beide Stringtypen sind unveränderbare Sequenzen und verfügen über beinahe identische Operationen.

  Auch in 2.X sind herkömmliche, über `open()` erstellte *Dateien* byte-orientiert. Und `codecs.open()` unterstützt die Kodierung und Dekodierung beim Lesen bzw. Schreiben von Dateien, die Unicode-Text enthalten.

  Ab Python 2.6 wird aus Gründen der Aufwärtskompatibilität das 3.X-Byte-Literal `b'ccc'` unterstützt (und erstellt einen 2.X-`str`). Auch das veränderbare `bytearray` aus 3.X ist vertreten, wenn auch weniger typspezifisch.

Unicode-Unterstützung in Python 3.X

Python 3.X unterstützt die Kodierung von Nicht-ASCII-Zeichen in Strings mit hexadezimalen (`\x`) und 16- bzw. 32-Bit-Unicode-Escape-Sequenzen (`\u`, `\U`). Darüber hinaus unterstützt `chr()` Unicode-Zeichencodes:

```
>>> 'A\xE4B'
'AäB'
>>> 'A\u00E4B'
'AäB'
>>> 'A\U000000E4B'
'AäB'
>>> chr(0xe4)
'ä'
```

Herkömmliche Strings können in Roh-Bytes kodiert werden, und Roh-Bytes können in herkömmliche Strings dekodiert werden. Dabei kommt entweder eine Standardkodierung oder eine explizit angegebene Kodierung zum Einsatz (und eine optionale Fehlerrichtlinie: siehe `str()` im Abschnitt »Integrierte Funktionen«, Seite 143):

```
>>> 'A\xE4B'.encode('latin-1')
b'A\xe4B'
>>> 'A\xE4B'.encode()
b'A\xc3\xa4B'
>>> 'A\xE4B'.encode('utf-8')
b'A\xc3\xa4B'

>>> b'A\xC3\xA4B'.decode('utf-8')
'AäB'
```

Auch Dateiobjekte im Textmodus (nicht in Binärmodus) kodieren automatisch bei der Ausgabe, dekodieren bei der Eingabe und akzeptieren den Namen einer Kodierung, um die Standardkodierung zu überschreiben (siehe open() im Abschnitt »Integrierte Funktionen«, Seite 143):

```
>>> S = 'A\xE4B'
>>> open('uni.txt', 'w', encoding='utf-8').write(S)
3
>>> open('uni.txt', 'rb').read()
b'A\xc3\xa4B'
>>>
>>> open('uni.txt', 'r', encoding='utf-8').read()
'AäB'
```

Ab Version 3.3 unterstützt Python 3.X zur Abwärtskompatibilität auch die Unicode-Literalform u'ccc' aus 2.X. Dabei handelt es sich jedoch um ein Synonym für 'ccc', das einen normalen 3.X-str erzeugt.

Sowohl in 3.X als auch in 2.X können Sie außerdem Unicode-Inhalte in Quelldateien von Programmen direkt einbetten. Wenn Sie die standardmäßige UTF-8-Kodierung von Python überschreiben möchten, fügen Sie dazu eine Zeile der folgenden Form als erste oder zweite Zeile in Ihre Datei ein:

```
# -*- coding: latin-1 -*-
```

bytes- und bytearray-Strings

In Python 3.X repräsentieren bytes- und bytearray-String-Objekte 8-Bit-Binärdaten (einschließlich kodiertem Unicode-Text. Soweit möglich werden sie als ASCII-Text ausgegeben und unterstützen die meisten Operationen herkömmlicher str-Strings einschließlich

Methoden und Operationen für Sequenzen (aber keine String-Formatierung):

```
>>> B = b'spam'
>>> B
b'spam'
>>> B[0]                    # Operationen für Sequenzen
115
>>> B + b'abc'
b'spamabc'
>>> B.split(b'a')           # Methoden
[b'sp', b'm']
>>> list(B)                 # Sequenz mit int
[115, 112, 97, 109]
```

bytearray unterstützt außerdem listenähnliche, verändernde Operationen:

```
>>> BA = bytearray(b'spam')
>>> BA
bytearray(b'spam')
>>> BA[0]
115
>>> BA + b'abc'
bytearray(b'spamabc')
>>> BA[0] = 116             # Veränderbarkeit
>>> BA.append(115)          # Listenmethoden
>>> BA
bytearray(b'tpams')
```

Formal unterstützen sowohl bytes als auch bytearray *Operationen für Sequenzen* (siehe Tabelle 3), ebenso wie typenspezifische *Methoden*, die bereits im Abschnitt »byte- und bytearray Methoden«, Seite 38, beschrieben wurden. bytearray unterstützt darüber hinaus *verändernde Operationen für Sequenzen* (siehe Tabelle 4). Siehe auch Typkonstruktoraufrufe im Abschnitt »Integrierte Funktionen«, Seite 143.

Python 2.6 und 2.7 unterstützen bytearray, aber nicht bytes. b'ccc' aus 3.X wird aus Gründen der Aufwärtskompatibilität unterstützt, es handelt sich aber lediglich um ein Synonym für 'ccc' und erzeugt einen herkömmlichen 2.X-str-String.

Unicode-Unterstützung in Python 2.X

In Python 2.X werden Unicode-Strings als `u'ccc'` geschrieben, wodurch ein Objekt vom Typ `unicode` erzeugt wird. (In Python 3.X verwenden Sie den herkömmlichen String-Typ und das gewöhnliche String-Literal für Unicode). Mit der speziellen Escape-Sequenz `\uHHHH` können Sie beliebige Unicode-Zeichen schreiben, wobei `HHHH` eine Hexadezimalzahl zwischen `0000` und `FFFF` ist. Die traditionelle Escape-Sequenz `\x`*`HH`* kann ebenfalls verwendet werden, ebenso wie oktale Escape-Sequenzen für Zeichen bis zu `+01FF`, was als `\777` dargestellt wird.

`unicode` unterstützt sowohl String-Methoden als auch *Operationen für Sequenzen* (siehe Tabelle 3). Herkömmliche und Unicode-Stringobjekte können in Python 2.X gemischt werden. Eine Kombination aus 8-Bit- und Unicode-Strings liefert immer einen Unicode-String, wobei die Standard-ASCII-Kodierung verwendet wird (z.B. ist das Ergebnis von `'a' + u'bc'` gleich `u'abc'`). Operationen mit gemischten Typen gehen davon aus, dass der 8-Bit-String 7-Bit-US-ASCII-Daten enthält (und lösen bei Nicht-ASCII-Zeichen einen Fehler aus). Mit den integrierten Funktionen `str()` und `unicode()` können Sie zwischen normalen und Unicode-Strings konvertieren. Die Stringmethoden `encode()` und `decode()` kodieren bzw. dekodieren Unicode-Schemata.

Unter den entsprechenden Modulen und integrierten Funktionen findet sich die Funktion `codecs.open()`, deren Dateien beim Datentransfer Unicode-Kodierungen übersetzen, ganz ähnlich wie die Dateien der integrierten `open()`-Funktion in 3.X.

Listen

Listen sind *veränderbare Sequenzen* von Objektreferenzen, auf die Sie über *Indices* (positionen) zugreifen können.

Literale und Erstellung

Listenliterale werden als durch Kommata getrennte Werte in eckigen Klammern geschrieben. Außerdem können Listen durch eine Vielzahl von Operationen dynamisch generiert werden:

`[]`
: Eine leere Liste.

`[0, 1, 2, 3]`
: Eine Liste mit vier Elementen: Indices `0` bis `3`.

`L = ['spam', [42, 3.1415], 1.23, {}]`
: Verschachtelte Unterlisten: `L[1][0]` ruft das Element 42 ab.

`L = list('spam')`
: Erstellt eine Liste aller Elemente in einem beliebigen iterierbaren Objekt durch Aufruf der Typkonstruktorfunktion.

`L = [x ** 2 for x in range(9)]`
: Erstellt eine Liste durch Sammlung von Ausdrucksergebnissen während der Iteration (Listenkomprehension).

Operationen

Die Operationen umfassen alle *Operationen für Sequenzen* (siehe Tabelle 3), alle *Operationen für veränderbare Sequenzen* (siehe Tabelle 4) sowie die folgenden listenspezifischen *Methoden* (*L* steht in der Übersicht für ein beliebiges Listenobjekt):

L`.append(`*X*`)`
: Fügt das einzelne Objekt *X* am Ende von *L* ein und ändert die Liste selbst.

L`.extend(`*I*`)`
: Fügt jedes Element eines beliebigen iterierbaren Objekts *I* am Ende von *L* ein und ändert die Liste (wie ein + mit Änderung). Ähnlich wie *L*`[len(`*L*`):] =` *I*. Tipp: Verwenden Sie *L* `[:0] =` *I* , um alle Elemente in *I* am Anfang einzufügen.

L`.sort(key=None, reverse=False)`
: Sortiert und ändert *L*, standardmäßig in aufsteigender Reihenfolge. Falls angegeben, übergibt `key` eine Funktion mit einem Argument, über die für jedes Listenelement ein Vergleichswert extrahiert oder berechnet werden kann. Wenn Sie für `reverse` den Wert `true` angeben, werden die Elemente sortiert, als ob jeder Vergleich umgekehrt würde. Beispiel: *L*`.sort(key=str.low-`

er, reverse=True). Siehe auch `sorted()` im Abschnitt »Integrierte Funktionen«, Seite 143.

`L.reverse()`
: Kehrt die Reihenfolge der Elemente in *L* im Objekt selbst um. Siehe auch `reversed()` im Abschnitt »Integrierte Funktionen«, Seite 143.

`L.index(X [, i [, j ]])`
: Liefert den Index des ersten Vorkommens des Objekts *X* in *L* und löst eine Ausnahme aus, falls dieses nicht gefunden wird. Es handelt sich um eine Suchmethode. Falls *i* und eventuell *j* übergeben werden, liefert die Methode das kleinste `k`, für das gilt: `L[k] == X` und `i <= k < j`, wobei *j* standardmäßig `len(L)`ist.

`L.insert(i, X)`
: Fügt ein einzelnes Objekt *X* in *L* an der Position *i* ein (wie `L[i:i] = [X]`, für positive oder negative Werte von *i*). Tipp: Verwenden Sie `L[i:i] = I`, um alle Elemente eines beliebigen iterierbaren Objekts *I* an Position *i* einzufügen.

`L.count(X)`
: Liefert die Anzahl der Vorkommen von *X* in *L*.

`L.remove(X)`
: Löscht das erste Vorkommen von *X* aus *L*. Löst eine Ausnahme aus, falls das Objekt nicht gefunden wird. Wie `del L[L.index(X)]`.

`L.pop([ i ])`
: Löscht das letzte Element (oder das an Position *i*) aus *L* und liefert dieses zurück. Nützlich in Verbindung mit `append()`, um Stacks zu implementieren. Dieselbe wie `x=L[i]; del L[i]; return x`. Der Standardwert für *i* ist `-1`, was dem letzten Element entspricht.

`L.clear()`
: Entfernt alle Elemente aus *L*. Nur in 3.X ab Version 3.3 verfügbar.

`L.copy()`
: Flache Kopie der obersten Ebene von `L` erstellen. Nur in 3.X ab Version 3.3 verfügbar.

> In Python 2.X lautet die Signatur der `sort`-Methode für Listen:
>
> ```
> L.sort(cmp=None, key=None, reverse=False)
> ```
>
> Dabei ist `cmp` eine Vergleichsfunktion mit zwei Argumenten, die einen Rückgabewert kleiner, gleich oder größer null liefert, um als Vergleichsergebnis als kleiner, gleich oder größer zu kennzeichnen. Diese Vergleichsfunktion wurde in 3.X entfernt, weil sie üblicherweise genutzt wurde, um Sortierwerte zuzuordnen und die Sortierreihenfolge umzukehren – Anwendungsfälle, die die beiden anderen Argumente bereits unterstützen.

Listenkomprehensionsausdrücke

Ein Listenliteral in eckigen Klammern (`[...]`) kann eine einfache Liste von Ausdrücken oder ein Listenkomprehensionenausdruck der folgenden Form sein:

```
[ausdruck for ziel1 in iterierbar1 [if bedingung1]
          for ziel2 in iterierbar2 [if bedingung2] ...
          for zielN in iterierbarN [if bedingungN] ]
```

Listenkomprehensionen erzeugen Ergebnislisten: Sie sammeln alle Werte von *`ausdruck`* für alle Iterationen über alle verschachtelten `for`-Schleifen, für die jede optionale *`bedingung`* wahr ist. Die zweite bis *n-te* `for` -Schleife und alle `if`-Teile sind optional. *`ausdruck`* und jede *`bedingung`* können Variablen enthalten, die in verschachtelten `for`-Schleifen zugewiesen werden. Namen, die innerhalb einer Listenkomprehension gebunden (zugewiesen) werden, werden in 2.X in dem Gültigkeitsbereich erzeugt, der die Listenkomprehension umschließt, sind in 3.X jedoch auf die Komprehension beschränkt. Komprehensionen können beliebig verschachtelt werden.

Komprehensionen sind der integrierten Funktion map() ähnlich (nur in 3.X setzt map() die Funktion list() voraus, um die Erzeugung der Ergebnisse für die Anzeige zu erzwingen, weil sie sowohl iteriert als auch selbst iterierbar ist; in 2.X liefert map() eine Liste):

```
>>> [ord(x) for x in 'spam']
[115, 112, 97, 109]
>>> list(map(ord, 'spam'))        # list() in 3.X
[115, 112, 97, 109]
```

Listenkomprehensionen können jedoch häufig eine temporäre Hilfsfunktion überflüssig machen:

```
>>> [x ** 2 for x in range(5)]
[0, 1, 4, 9, 16]
>>> list(map((lambda x: x ** 2), range(5)))
[0, 1, 4, 9, 16]
```

Komprehensionen mit Bedingungen verhalten sich ähnlich wie filter() (ebenso iterierbar, nur in 3.X):

```
>>> [x for x in range(5) if x % 2 == 0]
[0, 2, 4]
>>> list(filter((lambda x: x % 2 == 0), range(5)))
[0, 2, 4]
```

Komprehensionen mit verschachtelten for-Schleifen funktionieren ähnlich wie eine herkömmliche for-Anweisung:

```
>>> [x + y for x in range(3) for y in [10, 20, 30]]
[10, 20, 30, 11, 21, 31, 12, 22, 32]

>>> res = []
>>> for x in range(3):
...     for y in [10, 20, 30]:
...         res.append(x + y)
...
>>> res
[10, 20, 30, 11, 21, 31, 12, 22, 32]
```

Das Iterationsprotokoll

Das *Iterationsprotokoll* definiert eine Reihe von Objekten und Methoden, die von allen *Iterationskontexten* – einschließlich Komprehensionen, for-Anweisungen und integrierten Funktionen wie map() und filter() – eingesetzt werden, um die Elemente in Sammlungen oder Ergebnissen bei Bedarf zu durchlaufen. Die Iteration funktioniert folgendermaßen:

- Iterationskontexte arbeiten mit einem *iterierbaren Objekt* – einem Objekt mit der Methode `__iter__()`.
- Beim Aufruf gibt die Methode `__iter__()` des iterierbaren Objekts einen *Iterator* zurück – ein Objekt mit der Methode `__next__()` (möglicherweise dasselbe Objekt).
- Beim Aufruf gibt die Methode `__next__()` des Iterators das nächste Element der Iteration zurück oder löst die Ausnahme `StopIteration` aus, um die Iteration zu beenden.

Darüber hinaus ruft die integrierte Funktion `iter(`*X*`)` die Methode *X*`.__iter__()` eines iterierbaren Objekts auf, und die integrierte Funktion `next(`*I*`)` ruft die Methode *I*`.__next__()` eines Iterators auf – beides, um die manuelle Iteration von Schleifen zu vereinfachen und als Portierbarkeitsschicht. Einige Tools, wie etwa die integrierte Funktion `map()`und der *Generatorausdruck*, sind sowohl ein Iterationskontext (für ihr Subjekt) als auch ein iterierbares Objekt (für ihre Ergebnisse), siehe vorheriger und nächster Abschnitt.

Klassen können die Methode `__iter__()` bereitstellen, um die integrierte Operation `iter(`*X*`)` abzufangen. Wenn diese Methode definiert ist, hat das Ergebnis eine `__next__()`-Methode, um die Ergebnisse in Iterationskontexten schrittweise zu durchlaufen. Wenn `__iter__()` nicht definiert ist, wird die Indizierungsmethode `__getitem__()` als Ausweichlösung verwendet, bis die Iteration einen `IndexError` erzeugt.

In Python 2.X heißt die Methode *I*`.__next__()` des Iteratorobjekts *I*`.next()`, ansonsten funktioniert die Iteration genauso. Die integrierte Funktion `next(`*I*`)` ruft in 2.6 und 2.7 *I*`.next()` anstatt von *I*`.__next__()` auf, was die Kompatibilität von 3.X und 2.X erleichtert.

Generatorausdrücke

Ab Python 2.4 erzielen Generatorausdrücke ähnliche Ergebnisse wie Listenkomprehensionen, jedoch ohne eine physikalische Liste für alle Ergebnisse zu erzeugen. Generatorausdrücke definieren eine

Reihe von Ergebnissen, erzeugen aber nicht die gesamte Liste, um Speicher zu sparen. Stattdessen erzeugen sie ein *Generatorobjekt*, das in Iterationskontexten die Elemente einzeln liefert, indem es automatisch das im vorhergehenden Abschnitt beschriebene *Iterationsprotokoll* unterstützt. Beispiel:

```
ords = (ord(x) for x in aString if x not in skipStr)
for o in ords:
    ...
```

Generatorausdrücke sind Komprehensionen, die statt in eckigen Klammern in runden geschrieben werden, unterstützen aber ansonsten die gesamte Syntax von Listenkomprehensionen. Zum Erstellen eines Iterators, der an eine Funktion übergeben wird, genügen die runden Klammern einer Funktion mit einem einzigen Argument:

```
sum(ord(x) for x in aString)
```

Die Schleifenvariablen eines Generatorausdrucks (`x` im vorangehenden Beispiel) sind außerhalb des Generatorausdrucks weder in Python 2.X noch in 3.X zugänglich. In 2.X behält die Schleifenvariable in Listenkomprehensionen den zuletzt zugewiesenen Wert, alle anderen Komprehensionen begrenzen die Variable auf den Ausdruck. In Python 3.X werden die Schleifenvariablen in allen Komprehensionsformen auf den Ausdruck begrenzt.

Wenn Sie die Ergebnisse außerhalb eines Iterationskontexts wie etwa einer `for`-Schleife durchlaufen möchten, verwenden Sie entweder in 3.X die Methode `I.__next__()` des Iterationsprotokolls, in Python 2.X die entsprechende Methode `I.next()`oder die integrierte Funktion `next(I)` (sowohl in Python 2.X als auch in 3.X), die die jeweils entsprechende Methode aufruft. Falls erforderlich, können Sie `list()` aufrufen, um alle (verbleibenden) Ergebnisse auf einmal abzurufen (da Generatoren über eigene Iteratoren verfügen, schadet der Aufruf von `__iter__()` zwar nicht, ist aber nicht erforderlich):

```
>>> quadrate = (x ** 2 for x in range(5))
>>> quadrate
<generator object <genexpr> at 0x027C1AF8>

>>> iter(quadrate) is quadrate # __iter__() optional
True
```

```
>>> quadrate.__next__()         # Methode (.next in 2.X)
0
>>> next(quadrate)              # Integrierte Funktion (3.X, 2.6+)
1
>>> list(quadrate)              # Bis StopIteration
[4, 9, 16]
```

Weitere Informationen über den von Generatorausdrücken verwendeten Mechanismus finden Sie im Abschnitt »Das Iterationsprotokoll«, Seite 52. Zur *Generatorfunktion*, die auch ein Generatorobjekt erzeugt, siehe Abschnitt »Die yield-Anweisung«, Seite 92.

Andere Komprehensionsausdrücke

Lesen Sie auch die Abschnitte über Dictionary- und Set-Komprehensionen in diesem Buch (Abschnitt »Dictionaries«, Seite 55 und Abschnitt »Sets«, Seite 66). Dabei handelt es sich um ähnliche Ausdrücke, die Dictionaries und Sets auf einmal erzeugen. Sie unterstützen dieselbe Syntax wie Listenkomprehensionen und Generatorausdrücke, werden aber innerhalb von {} geschrieben. Dictionary-Komprehensionen beginnen mit einem *schluessel*:*wert*-Paar:

```
>>> [x * x for x in range(10)]       # Listenkomprehension
[0, 1, 4, 9, 16, 25, 36, 49, 64, 81]

>>> (x * x for x in range(10))       # Generatorausdruck
<generator object <genexpr> at 0x009E7328>

>>> {x * x for x in range(10)}       # Set: 3.X, 2.7
{0, 1, 4, 81, 64, 9, 16, 49, 25, 36}

>>> {x: x * x for x in range(10)}    # Dict: 3.X, 2.7
{0: 0, 1: 1, 2: 4, 3: 9, 4: 16, 5: 25, 6: 36, 7: 49,
8: 64, 9: 81}
```

Dictionaries

Dictionaries sind *veränderbare Mappings* von Objektreferenzen, auf die man über *Schlüssel* zugreift (nicht über die Position). Dictionaries sind ungeordnete Tabellen, die Schlüssel auf Werte abbilden und intern als dynamisch erweiterbare Hashtabellen implementiert sind. Dictionaries haben sich in Python 3.X grundlegend verändert:

- In Python 2.X geben die Methoden `keys()/values()/items()` Listen zurück. Es gibt eine `has_key()`-Suchmethode sowie die eigenen Iteratormethoden`iterkeys()/itervalues()/iteritems()`. Dictionaries können direkt verglichen werden. Ab Python 2.7 sind die Dictionary-Komprehensionen aus 3.X als Back-Port verfügbar, 3.X-Views werden durch die Methoden `viewkeys()/viewvalues()/viewitems()`unterstützt.
- In *Python 3.X* liefern die Methoden `keys()/values()/items()` iterierbare *View*-Objekte anstatt von Listen zurück. `has_key()` wurde zu Gunsten von `in`-Ausdrücken entfernt. Die Iteratormethoden von Python 2.X wurden zu Gunsten der *View*-Objekt-Iteration entfernt. Dictionaries können nicht direkt miteinander verglichen werden, dafür aber `sorted(D.items())`. Außerdem gibt es einen neuen Dictionary-Komprehensionsausdruck.
- Die *View*-Objekte in Python 3.X erzeugen ihre Ergebnisse auf Anfrage, behalten die ursprüngliche Reihenfolge im Dictionary bei, spiegeln künftige Directory-Änderungen und können *Set*-Operationen unterstützen. Schlüssel-Views sind immer wie Sets, Wert-Views dagegen nie und Element-Views nur dann, wenn alle Elemente eindeutig und hashbar (unveränderbar) sind. Im Abschnitt »Sets«, Seite 66, finden Sie Ausdrücke, die auf einige Views angewendet werden können. Übergeben Sie Views an einen `list()`-Aufruf, um die sofortige Erzeugung aller Ergebnisse zu erzwingen (z.B. zum Anzeigen, oder für `L.sort()`).

Literale und Erstellung

Dictionary-Literale werden als kommaseparierte Folge von *`schluessel:wert`*-Paaren in geschweiften Klammern angegeben, die integrierte Funktion `dict()` unterstützt andere Erstellungsmuster. Dictionary-Komprehensionen nutzen in Python 3.X und 2.7 die Iteration. Die Zuweisung zu neuen Schlüsseln erzeugt neue Einträge.

Jedes *unveränderbare* Objekt kann ein Dictionary-Schlüssel sein (z.B. String, Zahl, Tupel). Klasseninstanzen können Schlüssel sein, wenn sie die Methoden des Hashing-Protokolls erben (siehe `__hash__` im Abschnitt »Methoden zur Operatorüberladung«, Seite 124). Tupel-Schlüssel unterstützen zusammengesetzte Werte (z.B. `eindict[(M,D,Y)]`, wobei die Klammern optional sind):

`{}`
: Ein leeres Dictionary (kein Set).

`{'spam': 2, 'eggs': 3}`
: Ein Dictionary mit zwei Elementen: Schlüssel `'spam'` und `'eggs'`, Werte `2` und `3`.

`D = {'info': {42: 1, type(''): 2}, 'spam': []}`
: Verschachtelte Dictionaries: `D['info'][42]` ergibt `1`.

`D = dict(name='Bob', alter=45, job=('mgr', 'dev'))`
: Erstellt ein Dictionary durch Übergabe von Schlüsselwortargumenten an den Typkonstruktor.

`D = dict(zip('abc', [1, 2, 3]))`
: Erstellt ein Dictionary durch Übergabe von Schlüssel-/Wert-Tupel-Paaren an den Typkonstruktor.

`D = dict([['a', 1], ['b', 2], ['c', 3]])`
: Bewirkt dieselbe wie die vorangehende Zeile: Akzeptiert beliebige iterierbare Objekte mit Schlüsseln und Werten.

`D = {c.upper(): ord(c) for c in 'spam'}`
: Dictionary-Komprehensionsausdruck (in Python 3.X und 2.7). Siehe Abschnitt »Listenkomprehensionsausdrücke«, Seite 51 für die vollständige Syntax.

Operationen

Dictionaries unterstützen alle *Operationen von Mappings* (siehe Tabelle 5) sowie die folgenden Dictionary-spezifischen *Methoden* (*D* steht für ein beliebiges Dictionary-Objekt):

D`.keys()`
: Alle Schlüssel in *D*. Liefert in Python 2.X eine Liste zurück, in Python 3.X dagegen das zuvor beschriebene iterierbare View-Objekt. `for` *K* `in` *D* unterstützt außerdem implizit die Iteration über Schlüssel.

`D.values()`
: Alle in *D* gespeicherten Werte. Liefert in Python 2.X eine Liste zurück, in Python 3.X dagegen das zuvor beschriebene iterierbare View-Objekt.

`D.items()`
: Tupelpaare (*schluessel*, *wert*), eines für jeden Eintrag in *D*. Liefert in Python 2.X eine Liste zurück, in Python 3.X dagegen das zuvor beschriebene iterierbare View-Objekt.

`D.clear()`
: Entfernt alle Elemente aus *D*.

`D.copy()`
: Liefert eine flache Kopie der obersten Ebene von *D*.

`D.update(D2)`
: Fügt alle Einträge aus *D2* in *D* ein und ändert das Objekt, ähnlich wie `for (k, v) in D2.items(): D[k] = v`. Akzeptiert ab Python 2.4 auch ein iterierbares Objekts mit Schlüssel-/Wert-Paaren, ebenso wie Schlüsselwortargumente. (z.B. `D.update(k1=v1, k2=v2)`).

`D.get(K [, standard ])`
: Ähnlich wie `D[K]` für Schlüssel *K*. Liefert aber *standard* (oder `None`, falls kein *standard*), wenn *K* nicht in *D* gefunden wurde, anstatt eine Ausnahme auszulösen.

`D.setdefault(K , [, standard ])`
: Das Gleiche wie `D.get(K, standard)`, weist aber *K* den Wert *standard* zu, falls dieser nicht in *D* enthalten ist.

`D.popitem()`
: Löscht beliebiges Tupelpaar (*schluessel*, *wert*)und liefert es zurück.

`D.pop(K [, standard ])`
: Wenn Schlüssel *K* in *D* enthaltend ist, wird `D[K]` zurückgeliefert und *K* entfernt. Ansonsten wird *standard* zurückgegeben, falls vorhanden, oder ein `KeyError` ausgelöst, wenn kein Standardwert angegeben wurde.

`dict.fromkeys(`*I* `[`, *wert* `])`
: Erstellt ein neues Dictionary mit den Schlüsseln aus dem iterierbaren Objekt *I* und legt jeweils den angegebenen *wert* fest (standardmäßig `None`). Aufrufbar für eine Instanz von *D* oder den Typnamen `dict`.

Die folgenden Methoden stehen nur in *Python 2.X* zur Verfügung:

D`.has_key(`*K*`)`
: Liefert `True`, wenn *D* den Schlüssel *K* enthält, ansonsten `False`. In Python 2.X ist diese Methode gleichbedeutend mit *K* `in` *D*, jedoch nicht empfehlenswert, da sie in Python 3.X entfernt wurde.

D`.iteritems()`, *D*`.iterkeys()`, *D*`.itervalues()`
: Liefern einen Iterator über Schlüssel-/Wert-Paare bzw. Schlüssel bzw. Werte. In Python 3.X wurden diese Methoden entfernt: `items()`, `keys()` und `values()` liefern iterierbare View-Objekte zurück.

D`.viewitems()`, *D*`.viewkeys()`, *D*`.viewvalues()`
: Diese Methoden stehen ab Version 2.7 zur Verfügung und liefern iterierbare View-Objekte für Schlüssel-/Wert-Paare bzw. Schlüssel bzw. Werte zurück, um die in 3.X von `items()`, `keys()` und `values()`gelieferten View-Objekte zu emulieren.

Die folgenden Operationen werden in Tabelle 5 beschrieben, beziehen sich aber auf die oben aufgeführten Methoden:

K `in` *D*
: Liefert `True`, wenn *D* den Schlüssel *K* enthält, ansonsten `False`. Ersetzt `has_key()` in Python 3.X.

`for` *K* `in` *D*
: Iteriert über alle Schlüssel *K* in *D* (alle Iterationskontexte). Dictionaries unterstützen die direkte Iteration: `for` *K* `in` *D* ähnelt `for` *K* `in` *D*`.keys()`. Letztere Variante nutzt den Schlüsseliterator des Dictionary-Objekts. In Python 2.X liefert `keys()` eine neue Liste, die einen gewissen Overhead mit sich bringt. In Python 3.X liefert `keys()` ein iterierbares View-Objekt anstatt einer physikalisch gespeicherten Liste, wodurch beide Formen äquivalent sind.

Tupel

Tupel sind *unveränderbare Sequenzen* von Objektreferenzen, auf die Sie über einen *Index* zugreifen.

Literale und Erstellung

Tupel-Literale werden als eine kommaseparierte Reihe von Werten in Klammern geschrieben, wobei die Klammern manchmal auch weggelassen werden können (z.B. im Header von `for`-Schleifen und Zuweisungen mit `=`):

`()`
: Ein leeres Tupel.

`(0,)`
: Tupel mit einem Element (kein einzelner Ausdruck).

`(0, 1, 2, 3)`
: Tupel mit vier Elementen.

`0, 1, 2, 3`
: Noch ein Tupel mit vier Elementen (gleichbedeutend mit der vorherigen Zeile). Nicht gültig, wo Komma oder Klammern eine anderweitige Bedeutung haben (z.B. in Funktionsargumenten, print-Anweisungen in 2.X).

`T = ('spam', (42, 'eggs'))`
: Verschachtelte Tupel: `T[1][1]` ergibt `'eggs'`.

`T = tuple('spam')`
: Erstellt ein Tupel mit allen Elementen eines beliebigen iterierbaren Objekts durch Aufruf der Typkonstruktorfunktion.

Operationen

Tupel unterstützen alle *Operationen für Sequenzen* (siehe Tabelle 3) sowie ab Python 2.6 und 3.0 die folgenden Tupel-spezifischen *Methoden*:

`T.index(X [, i [, j ]])`
: Liefert den Index des ersten Vorkommens von Objekt *X* in Tupel *T*. Löst eine Ausnahme aus, falls das Objekt nicht gefun-

den wird. Eine Suchmethode. Wenn *i* und eventuell *j* übergeben werden, gibt die Methode das kleinste `k` zurück, für das `T[k] == X` und `i <= k < j` gelten, wobei *j* den Standardwert `len(T)`hat.

`T.count(X)`
: Liefert die Anzahl der Vorkommen von *X* in Tupel T.

Dateien

Die integrierte Funktion `open()` erstellt ein *Dateiobjekt*, die gebräuchlichste Schnittstelle für externe Dateien. Dateiobjekte exportieren die in den folgenden Abschnitten dargestellten Datentransfermethoden, in denen die Dateiinhalte als Python-Strings repräsentiert werden. Die Liste ist nicht abschließend: Seltener benutzte Aufrufe und Attribute finden Sie in den Python-Handbüchern.

Lediglich in Python 2.X kann der Name `file()` bei der Erstellung eines Dateiobjekts als Synonym für `open()` verwendet werden. `open()` ist jedoch generell als Formulierung vorzuziehen. In Python 3.X gibt es `file()`nicht mehr. (Die Klassen des `io`-Moduls werden für die Anpassung von Dateien verwendet.)

Ausführlichere Informationen zur Erstellung von Dateien finden Sie unter der `open()`-Funktion im Abschnitt »Integrierte Funktionen«, Seite 143. Siehe auch Abschnitt »Unicode-Strings«, Seite 44 für eine Unterscheidung zwischen Text- und Binärdateien und die dadurch bedingten Unterschiede bei den String-Typen für Inhalte in Python 3.X.

Verwandte dateiähnliche Tools werden weiter hinten in diesem Buch behandelt: siehe die Module `dbm`, `shelve` und `pickle` im Abschnitt »Module für die Persistenz von Objekten«, Seite 225, außerdem die deskriptorbasierten Dateifunktionen des `os`-Moduls und die Verzeichnispfadwerkzeuge von `os.path` im Abschnitt »Systemmodul os«, Seite 197, sowie die JSON-Dateispeicherung im Abschnitt »Modul json«, Seite 244 und die Verwendung von SQL-Datenbanken im Abschnitt »Pythons SQL-Datenbank-API«, Seite 248.

In den Python-Handbücher erfahren Sie außerdem, wie Sie mit `socketobj.makefile()` einen Socket in ein dateiähnliches Objekt konvertieren und wie Sie mit `io.StringIO(`*str*`)` und `io.BytesIO(`*bytes*`)` (`StringIO.StringIO(`*str*`)` in Python 2.X) einen String in ein dateiähnliches Objekt konvertieren, das mit den APIs kompatibel ist, die die hier beschriebene Schnittstelle des Dateiobjekts erwarten.

Eingabedateien

eingabedatei`= open(`*dateiname*`, 'r')`
: Erstellt ein Dateiobjekt für die Eingabe, das mit der angegebenen externen Datei verbunden ist. *dateiname* ist normalerweise ein String (z.B. `'data.txt'`) und bezieht sich auf das aktuelle Arbeitsverzeichnis, solange dieser keinen Verzeichnispfad als Präfix enthält (z.B. `r'c:\dir\data.txt'`). Das zweite Argument bestimmt den *Dateimodus*: `'r'` liest Text, `'rb'` liest Binärdaten, ohne Zeilenenden zu interpretieren. Der Modus ist optional und hat den Standardwert `'r'`. In Python 3.X akzeptiert `open()` im Textmodus außerdem den optionalen Namen einer Unicode-Kodierung. In 2.X bietet `codecs.open()` ähnliche Tools.

eingabedatei`.read()`
: Liest eine Datei vollständig ein und gibt den Inhalt als einen einzigen String zurück. Im Textmodus (`'r'`) werden Zeilenenden standardmäßig in `'\n'` übersetzt. Im Binärmodus kann der gelesene String (`'rb'`) nicht-druckbare Zeichen enthalten (z.B. `'\0'`). Im Textmodus von Python 3.X wird Unicode-Text in einen `str`-String *dekodiert*, im Binärmodus wird dagegen der unveränderte Inhalt in einem `bytes`-String zurückgeliefert.

eingabedatei`.read(`*N*`)`
: Liest maximal *N* weitere Bytes (1 oder mehr), leer am Dateiende.

eingabedatei`.readline()`
: Liest die nächste Zeile (einschließlich Zeilenendezeichen) ein, leer am Dateiende.

eingabedatei`.readlines()`
: Liest die gesamte Datei als Liste von Zeilenstrings ein. Siehe auch die Alternative mit dem Zeileniterator des Dateiobjekts, der im nächsten Unterpunkt vorgestellt wird

`for` *`zeile`* `in` *`eingabedatei`*
: Verwendet den *Zeileniterator* des Dateiobjekts *`eingabedatei`*, um die Zeilen der Datei automatisch zu durchlaufen. Verfügbar in allen Iterationskontexten, einschließlich `for`-Schleifen, `map()` und Komprehensionen (z.B. `[line.rstrip() for zeile in open('`*`dateiname`*`')]`). Die Iteration `for` *`zeile`* `in` *`eingabedatei`* hat einen ähnlichen Effekt wie `for` *`zeile`* `in` *`eingabedatei`*`.readlines()`, aber die Fassung mit dem Zeileniterator gibt die Zeilen auf Anfrage zurück, anstatt die gesamte Datei in den Speicher zu laden, und arbeitet somit effizienter.

Ausgabedateien

`ausgabedatei``= open(`*`dateiname`* `, 'w')`
: Erzeugt ein Dateiobjekt für die Ausgabe, das mit der externen Dateien mit dem Namen *`dateiname`* verbunden ist (im vorherigen Abschnitt erklärt). Modus `'w'` schreibt Text, `'wb'` schreibt Binärdaten, ohne Zeilenenden zu interpretieren. In Python 3.X akzeptiert `open()` im Textmodus außerdem den optionalen Namen einer Unicode-Kodierung. In 2.X bietet `codecs.open()` ähnliche Tools.

`ausgabedatei``.write(`*`S`*`)`
: Schreibt den gesamten Inhalt des Strings *`S`* ohne jegliche Formatierung in die Datei. Im Textmodus wird `'\n'` standardmäßig in die plattformspezifische Zeilenendesequenz übersetzt. Im Binärmodus kann der String nicht druckbare Bytes enthalten (z.B. `'a\0b\0c'`, um fünf Bytes zu schreiben, von denen zwei binär null). In Python 3.X werden im Textmodus `str`-Unicode-Strings erwartet, die beim Schreiben *kodiert* werden. Der Binärmodus erwartet dagegen `bytes`-Strings und schreibt diese unverändert.

`ausgabedatei``.writelines(`*`I`*`)`
: Schreibt alle Strings im iterierbaren Objekt *I* in die Datei, wobei keine Zeilenendezeichen automatisch hinzugefügt werden.

Alle Dateien

datei.close()
: Schließt die Datei manuell, um Ressourcen freizugeben (obwohl CPython aktuell Dateien automatisch schließt, wenn Sie bei der Garbage Collection noch geöffnet sind). Siehe auch die Informationen zum Kontextmanager des Dateiobjekts im Abschnitt »Dateikontextmanager«, Seite 65.

datei.tell()
: Liefert die aktuelle Position in der Datei.

datei.seek(*verschiebung* [, *von_wo*])
: Verschiebt die aktuelle Position innerhalb der Datei für wahlfreien Zugriff um *verschiebung*. *von_wo* kann 0 sein (Verschiebung vom Dateianfang aus), 1 (Verschiebung +/- relativ zur aktuellen Position) oder 2 (Verschiebung vom Dateiende aus). *von_wo* hat den Standardwert 0.

datei.isatty()
: Liefert True, wenn die Datei mit einem konsolenähnlichen interaktiven Gerät (tty) verbunden ist, ansonsten False (kann in älteren Python-Versionen auch 1 oder 0 zurückgeben).

datei.flush()
: Lehrt den stdio-Puffer der Datei. Nützlich für gepufferte Pipes, wenn ein anderer Prozess (oder Mensch) daraus liest. Ebenfalls nützlich bei Dateien, die innerhalb desselben Prozesses erstellt und gelesen werden.

datei.truncate([*groesse*])
: Schneidet die Datei bei maximal *groesse* Bytes ab (oder an der aktuellen Position, wenn keine Größe angegeben wird). Nicht auf allen Plattformen verfügbar

datei.fileno()
: Gibt die Dateinummer (Integer des Dateideskriptors) der Datei zurück. Dadurch werden Dateiobjekte annähernd in Dateideskriptoren umgewandelt, die Sie an die Tools im os-Modul übergeben können. Tipp: Verwenden Sie os.fdopen() oder in 3.X open(), um einen Dateideskriptor in ein Dateiobjekt zu konvertieren.

Andere file-Attribute (manche nur lesbar)

datei.closed
: True, wenn Datei geschlossen wurde.

datei.mode
: Modus-String (z.B. 'r'), der an die open()-Funktion übergeben wird.

datei.name
: String mit dem Namen der entsprechenden externen Datei.

Dateikontextmanager

In Standard-Python (CPython), schließen sich Dateiobjekte normalerweise selbst, wenn sie bei der Garbage Collection noch geöffnet sind. Deshalb müssen temporäre Dateien (z.B. open('name').read()) nicht explizit geschlossen werden, da das Dateiobjekt unmittelbar zurückgefordert und geschlossen wird. Andere Python-Implementierungen (z.B. Jython) sammeln dagegen unter Umständen Dateien und sind eventuell weniger deterministisch beim Schließen.

Um sicherzustellen, dass eine Datei nach der Beendigung eines Codeblocks geschlossen wird – unabhängig davon, ob dieser eine Ausnahme auslöst – können Sie die Anweisung try/finally verwenden und die Datei manuell schließen:

```
datei = open(r'C:\misc\script', 'w')
try:
    ...Datei verwenden...
finally:
    datei().close
```

Oder nutzen Sie die ab Version 2.6 und 3.0 verfügbare Anweisung with/as:

```
with open(r'C:\misc\script', 'w') as datei:
    ...Datei verwenden...
```

Im ersten Beispiel wird der close()-Aufruf als Abschlussaktion eingesetzt. Das zweite Beispiel verwendet einen *Kontextmanager* für Dateiobjekte. Dieser gewährleistet, dass eine Datei automatisch geschlossen wird, wenn der untergeordnete Codeblock beendet wird. Siehe die Anweisungen `try` und `with` im Abschnitt »Anweisungen und Syntax«, Seite 70.

Hinweise zur Verwendung von Dateien

- Einige Modi zum Öffnen von Dateien (z.B. `'r+'`) bieten die Möglichkeit, eine Datei sowohl zur Eingabe als auch zur Ausgabe zu verwenden. Andere (z.B. `'rb'`) übertragen die Daten im Binärmodus, um die Umwandlung von Zeilenendezeichen zu unterdrücken (in Python 3.X auch Unicode-Kodierungen). Siehe `open()` im Abschnitt »Integrierte Funktionen«, Seite 143.
- Dateioperationen erfolgen an der aktuellen Dateiposition. Durch Aufruf der Methode `seek()` wird die Datei für den wahlfreien Zugriff neu positioniert.
- Dateiübertragungen können *ungepuffert* vorgenommen werden: siehe die Argumente für `open()` in Abschnitt »Integrierte Funktionen«, Seite 143 und das Befehlszeilenflag `-u` im Abschnitt »Python-Optionen«, Seite 4.
- Python 2.X bietet für Dateiobjekte außerdem die Methode `xreadlines()`, die genauso funktioniert wie der automatische Zeileniterator des Dateiobjekts und aufgrund ihrer Redundanz in Python 3.X entfernt wurde.

Sets

Sets sind *veränderbare* und ungeordnete Sammlungen *eindeutiger und unveränderbarer* Objekte. Sets unterstützen mathematische Mengenoperationen wie etwa Vereinigungsmengen und Schnittmengen. Es handelt sich nicht um Sequenzen (da Sie ungeordnet sind) und keine Mappings (da sie nicht Werte auf Schlüssel abbilden). Sets unterstützen aber die Iteration und funktionieren ganz ähnlich wie Dictionaries – allerdings ohne Werte (mit Schlüsseln).

Literale und Erstellung

In Python 2.X und 3.X können Sie Sets erstellen, indem Sie die integrierte Funktion `set()` aufrufen und dieser ein iterierbares Objekt übergeben, dessen Elemente zu den Mitgliedern des daraus resultierenden Sets werden. In Python 3.X und 2.7 können Sets außerdem mit einem Set-Literal `{...}` und der Komprehensionsausdruckssyntax für Sets erstellt werden, obwohl `set()` weiterhin dazu verwendet wird, ein leeres Set zu erstellen (`{}` ist ein leeres Dictionary) sowie Sets aus existierenden Objekten zu erzeugen.

Sets sind veränderbar, aber die Elemente eines Sets müssen unveränderbar sein. Die integrierte Methode `frozenset()` erstellt ein unveränderbares Set, das Sie in ein anderes Set verschachteln können:

`set()`
: Ein leeres Set (`{}` ist ein leeres Dictionary).

`S = set('spam')`
: Ein Set mit vier Elementen mit den Werten `'s'`, `'p'`, `'a'`, `'m'` (akzeptiert ein beliebiges iterierbares Objekt).

`S = {'s', 'p', 'a', 'm'}`
: Ein Set mit vier Elementen, gleichbedeutend mit der vorherigen Zeile (in Python 3.X und 2.7).

`S = {ord(c) for c in 'spam'}`
: Set-Komprehensionsausdruck (in Python 3.X und 2.7), siehe Abschnitt »Listenkomprehensionsausdrücke«, Seite 51 für die vollständige Syntax.

`S = frozenset(range(-5, 5))`
: Ein »eingefrorenes« (unveränderbares) Set mit 10 Integer-Werten: `-5...4`.

Operationen

Im Folgenden werden die wichtigsten Set-Operationen vorgestellt, wobei *S*, *S1* und *S2* ein beliebiges Set sind. Die meisten Ausdrucksoperatoren verlangen zwei Sets. Die methodenbasierten Gegenstücke akzeptieren dagegen ein beliebiges *iterierbares Objekt*, das im Folgenden *anderes* genannt wird (z.B. `{1, 2} | [2, 3]` funktioniert nicht, dafür aber `{1, 2}.union([2, 3])`). Die folgende Liste ist repräsentativ, aber nicht abschließend. Eine vollständige Liste der

Sets-Ausdrücke und -Methoden finden Sie in der Library Reference von Python:

x in S
: Enthalten in: Liefert True, wenn Set *S* die Menge *x* enthält.

S1-*S2*, *S1*.difference(*anderes*)
: Differenzmengen: neues Set mit allen Elementen aus *S1*, die nicht in in *S2* (oder *anderes*) enthalten sind.

S1|*S2*, *S1*.union(*anderes*)
: Vereinigungsmenge: neues Set mit allen Elementen aus *S1* und *S2* (oder *anderes*), ohne Duplikate.

S1&*S2*, *S1*.intersection(*anderes*)
: Schnittmenge: neues Set mit den Elementen, die sowohl in *S1* als auch in *S2* (oder *anderes*) enthalten sind.

S1<=*S2*, *S1*.issubset(*anderes*)
: Teilmenge: Prüft, ob alle Elemente aus *S1* auch in *S2* (oder *anderes*) enthalten sind.

S1>=*S2*, *S1*.issuperset(*anderes*)
: Obermenge: Prüft, ob alle Elemente in *S2* (oder *anderes*) auch in *S1* enthalten sind.

S1<*S2*, *S1*>*S2*
: Echte Teil- und Obermenge: Prüft zusätzlich, dass *S1* und *S2* nicht identisch sind.

S1^*S2*, *S1*.symmetric_difference(*anderes*)
: Symmetrische Differenz: neues Set mit Elementen, die entweder in *S1* oder *S2* (oder *anderes*) enthalten sind, aber nicht in beiden.

S1|=*S2*, *S1*.update(*anderes*)
: Aktualisierung (nicht für eingefrorene Sets): Fügt Elemente aus *S2* (oder *anderes*) in *S1* ein.

S.add(*x*), *S*.remove(*x*), *S*.discard(*x*), *S*.pop(), *S*.clear()
: Aktualisierung (nicht für eingefrorene Sets): Element hinzufügen bzw. anhand des Namens entfernen bzw. Element entfernen, falls dieses vorhanden ist bzw. beliebiges Element zurückliefern bzw. alle Elemente löschen.

`len(S)`
: Länge: Anzahl Elemente im Set.

`for x in S`
: Iteration: alle Iterationskontexte.

`S.copy()`
: Erstellt eine flache Kopie (oberste Ebene) von `S`; identisch mit `set(S)`.

Andere Typen und Konvertierungen

Zu den wichtigsten integrierten Typen in Python gehören außerdem die *Booleschen Werte* (die als nächstes behandelt werden), `None` (ein Platzhalter, der den Wahrheitswert falsch ergibt), `NotImplemented` (der für Methoden zur Operatorüberladung verwendet wird), `Ellipsis` (der in Python 3.X durch das Literal `...` erzeugt wird), *Typen* (auf die mit der integrierten Funktion `type()` zugegriffen wird und die in Python 3.X immer Klassen sind) und *Typen für Programmeinheiten*, zu denen Funktionen, Module und Klassen gehören (alle Laufzeitobjekte und Objekte erster Klasse in Python).

Boolesche Werte

Der Boolesche Typ mit dem Namen `bool` stellt im integrierten Gültigkeitsbereich zwei vordefinierte Konstanten mit den Namen `True` und `False` zur Verfügung (seit Version 2.3). Für die meisten Anwendungen können Sie diese Konstanten behandeln, als wären ihnen die Werte `1` bzw. `0` zugewiesen (z.B. ergibt `True + 3` den Wert `4`). Allerdings ist der Typ `bool` eines Subklasse des Integers `int`, deren Instanzen anders ausgegeben werden. (`True` wird als »True« ausgegeben, nicht als »1« und kann in Booleschen Tests als integrierter mnemonischer Name verwendet werden)

Typkonvertierung

Die Tabellen 10 und 11 zeigen integrierte Tools für die Umwandlung von einem Typ in einen anderen. Alle diese Werkzeuge erstellen *neue* Objekte (die ursprünglichen Objekte selbst werden nicht umgewandelt). Python 2.X unterstützt außerdem die Konvertierung in Long- und String-Werte mit long(*S*) bzw. `*X*`, die beide in Python 3.X entfernt wurden. Siehe auch Abschnitt »Zahlen«, Seite 22 und Abschnitt »String-Formatierung«, Seite 29 für einige in diesen Tabellen aufgeführten Tools.

Tabelle 10: Sequenzumwandlungen

Konvertierung	von	in
list(*X*), [*n* for *n* in *X*][11]	String, Tupel, beliebiges iterierbares Objekt	Liste
tuple(*X*)	String, Liste, beliebiges iterierbares Objekt	Tupel
''.join(*X*)	Iterierbares Objekts mit Strings	String

Tabelle 11: String-/Objektkonvertierungen

Konvertierung	von	in
eval(*S*)	String	beliebiges Objekt mit Ausdruckssyntax
int(*S* [, *base*]),[12] float(*S*)	String oder Zahl	Integer, Float
repr(*X*),str(*X*)	beliebiges Python-Objekt	String (repr in Codeform, str ist benutzerfreundlicher)
F % *X*, *F*.format(*X*), format(*X*, [*F*])	Objekte mit Formatcodes	String
hex(*X*), oct(*X*), bin(*X*), str(*X*)	Integer-Typen	Strings mit Hexadezimal-, Oktal-, Binär-, Dezimalzahlen
ord(*C*), chr(*I*)	Zeichen, Integer-Code	Integer-Code, Zeichen

Anweisungen und Syntax

Dieser Abschnitt beschreibt die Regeln für Syntax und Variablennamen.

11 Die Listenkomprehensionsform kann langsamer sein (oder auch nicht) als list() und ist daher in diesem bestimmten Konvertierungskontext eventuell nicht die beste Methode. Nur in Python 2.X hat map(None, *X*) denselben Effekt wie list(*X*) in diesem Kontext, obwohl diese Form von map() in Python 3.X entfernt wurde.

12 Ab Version 2.2 dienen die Konvertierungsfunktionen (z.B. int(), float(), str()) auch als Klassenkonstruktoren und können durch Subklassen erweitert werden. In Python 3.X sind alle Typen Klassen, und alle Klassen sind Instanzen der Klasse type.

Syntaxregeln

Für das Schreiben von Python-Programmen gelten folgende allgemeine Regeln:

Kontrollstruktur

Anweisungen werden sequenziell der Reihe nach ausgeführt, außer wenn mit Kontrollstrukturanweisungen in andere Codeteile verzweigt wird (z.B. `if`, `while`, `for`, `raise`, Aufrufe usw.).

Blöcke

Ein verschachtelter Block wird dadurch abgegrenzt, dass alle dazugehörigen Anweisungen mit derselben Anzahl von Leerzeichen oder Tabulatoren eingerückt sind. Blöcke können auch in derselben Zeile wie der Header der Anweisung stehen (d.h. nach dem Zeichen : des Headers), wenn die Blöcke aus einfachen (nicht zusammengesetzten) Anweisungen bestehen.

Als Faustregel sollten innerhalb eines Blocks immer nur Tabulatoren *oder* Leerzeichen für die Einrückung verwendet werden. Kombinationen aus beiden werden formell anhand von zwei Regeln analysiert: (*1*) Ein Tabulator entspricht der Anzahl von Leerzeichen, mit der die Spaltennummer das nächste Vielfache von acht erreicht. (2) Zusätzliche Inkonsistenzen werden ermittelt, indem jeder Tabulator als ein Leerzeichen gezählt wird.

In Python 2.X sind Kombinationen aus Tabulatoren und Leerzeichen zulässig, wenn sie lediglich Regel 1 genügen. Dennoch ist von Mischungen aus Tabulatoren und Leerzeichen abzuraten, da diese fehleranfällig sowie der Klarheit abträglich sind. Mit den Optionen `-t` oder `-tt` können Sie für Kombinationen, die nach Regel 2 inkonsistent sind, Warn- bzw. Fehlermeldungen ausgeben lassen (siehe Abschnitt »Verwendung der Python-Befehlszeile«, Seite 3). In *Python 3.X* sind Kombinationen aus Tabulatoren und Leerzeichen weiterhin zulässig, wenn sie gültig und *gleichermaßen* nach den Regeln 1 und 2 konsistent sind. Andernfalls ergeben sie immer einen Fehler (gleichbedeutend mit der Option `-tt` in 2.X).

Sowohl in 3.X als auch 2.X erlaubt beispielsweise ein äußerer Block, der mit 2 Leerzeichen, 1 Tabulator und 2 Leerzeichen

(Regel 1: 10, Regel 2: 5) eingerückt ist, einen inneren Block, der mit 1 Tabulator und 5 Leerzeichen (Regel 1: 13, Regel 2: 6) eingerückt ist. Ein innerer Block mit 2 Tabulatoren und 1 Leerzeichen (Regel 1: 17, Regel 2: 3) funktioniert in 2.X standardmäßig (Regel 1), aber nicht in 3.X (Regel 2). Hinsichtlich der Wartungsfreundlichkeit sollten Sie sich in Ihrem Code generell nicht auf diese subtilen Regeln verlassen: Verwenden Sie Tabulatoren XOR Leerzeichen.

Anweisungen

Eine Anweisung endet normalerweise am Zeilenende, kann sich aber auch über mehrere Zeilen erstrecken, wenn eine physikalische Zeile mit \ endet, einem nicht geschlossenen Paar von (), [] oder {} bzw. einem nicht geschlossenen String mit drei Anführungszeichen. Mehrere einfache Anweisungen können auch in einer einzelnen Zeile stehen, wenn Sie sie durch einen Semicolon (;) voneinander trennen.

Kommentare

Kommentare beginnen in einer beliebigen Spalte (nicht innerhalb einer Stringkonstante) mit einem # und reichen bis zum Zeilenende. Sie werden vom Python-Interpreter ignoriert.

Dokumentations-Strings

Wenn eine Funktion, Moduldatei oder Klasse mit einem String-Literal beginnt (möglicherweise nach #-Kommentaren), wird sie im `__doc__`-Attribut des Objekts gespeichert. Siehe `help()` im Abschnitt »Integrierte Funktionen«, Seite 143, sowie das Modul und Skript `pydoc` in der Python Library Reference, das Tools enthält, um diese automatisch zu extrahieren und anzuzeigen. Tipp: Ab Python 3.2 startet `python -m pydoc -b` die browserbasierte Schnittstelle von *PyDoc* (verwenden Sie in früheren Versionen `-g` anstatt von `-b` für den GUI-Modus).

Whitespace

Generell nur links vom Code relevant, wo er als Einrückung verwendet wird, um Blöcke zu gruppieren.Leerzeilen und Leerzeichen werden ansonsten ignoriert, außer als Token-Begrenzung und in String-Konstanten.

Namensregeln

Dieser Abschnitt behandelt die Regeln für benutzerdefinierte Namen (z.B. *Variablen*) in Programmen.

Namensformat

Struktur
: Benutzerdefinierte Namen beginnen mit einem Buchstaben oder einem Unterstrich (_), gefolgt von beliebig vielen Buchstaben, Ziffern oder Unterstrichen.

Reservierter Wörter
: Benutzerdefinierte Namen dürfen keinem der in Tabelle 12 aufgeführten von Python reservierten Wörtern entsprechen.[13]

Groß-/Kleinschreibung
: Bei benutzerdefinierten Namen und reservierten Wörtern kommt es immer auf die Groß-/Kleinschreibung an: *SPAM*, *spam* und *Spam* sind unterschiedliche Namen.

Nicht verwendete Token
: Die Zeichen $ und ? werden in der Python-Syntax nicht verwendet, können aber in String-Konstanten und Kommentaren auftauchen. Innerhalb von Strings hat $ eine spezielle Bedeutung bei der Template-Substitution (siehe Abschnitt »Template-String-Substitution«, Seite 35), $ und ? bei der Mustererkennung (siehe Abschnitt »Mustervergleichsmodul re«, Seite 218).

Erzeugung
: Benutzerdefinierte Namen werden durch Zuweisung erzeugt, müssen aber existieren, wenn darauf referenziert wird (z.B. müssen Zähler explizit mit dem Wert null initialisiert werden. Siehe Abschnitt »Atomare Terme und Dynamische Typisierung«, Seite 13, und Abschnitt »Namensraum und Gültigkeitsregeln«, Seite 111.

---

13 Diese Regel wird jedoch außerhalb der CPython-Implementierung weder absolut noch strikt durchgesetzt. Das Java-basierte System Jython erlaubt unter Umständen die Verwendung reservierter Wörter als Variablen in manchen Kontexten.

Tabelle 12: Reservierte Wörter in Python 3.X

False	class	finally	is	return
None	continue	for	lambda	try
True	def	from	nonlocal	while
and	del	global	not	with
as	elif	if	or	yield
assert	else	import	pass	
break	except	in	raise	

In Python 2.X sind `print` und exec ebenfalls reservierte Wörter, da sie dort Anweisungen und keine integrierten Funktionen sind. Außerdem sind in Python 2.X `nonlocal`, `True` und `False` keine reservierten Wörter. Das erste steht nicht zur Verfügung, und die beiden anderen sind einfach integrierten Namen. `with` und `as` sind sowohl ab Version 2.6 und 3.0 reserviert, nicht aber in früheren 2.X-Versionen, außer wenn Kontextmanager explizit aktiviert sind. `yield` ist ab Version 2.3 reserviert. Später wurde es von einer Anweisung in einen Ausdruck umgewandelt, ist aber immer noch ein reserviertes Wort.

Namenskonventionen

- Namen, ihm mit zwei Unterstrichen beginnen und enden (z.B. `__init__`), haben eine besondere Bedeutung für den Interpreter, sind aber keine reservierten Wörter.
- Namen, die mit einem Unterstrich (z.B. `_X`) beginnen und auf oberster Ebene eines Moduls zugewiesen werden, werden beim Import mit `from...*` nicht kopiert (siehe auch die Modulexport-Namensliste `__all__` im Abschnitt »Die from-Anweisung«, Seite 99, und im Abschnitt »Pseudoprivate Attribute«,

Seite 117). In anderen Kontexten ist dies eine informelle Konvention für interne Namen.

- Namen innerhalb einer `class`-Anweisung, die mit zwei Unterstrichen beginnen, aber nicht damit enden (z.B. `__X`) wird der Name der umgebenden Klasse vorangestellt (siehe Abschnitt »Pseudoprivate Attribute«, Seite 117).
- Der nur aus einem Unterstrich (_) bestehenden Name wird (nur) im interaktiven Interpreter verwendet, um das Ergebnis der letzten Auswertung zu speichern.
- Die Namen von integrierten Funktionen und Ausnahmen (z.B. `open`, `SyntaxError`) sind keine reservierten Wörter. Sie existieren im zuletzt durchsuchten Geltungsbereich und können erneut zugewiesen werden, um die integrierte Bedeutung im aktuellen Gültigkeitsbereich zu verbergen - auch als *Shadowing* bekannt (z.B. `open = myfunction`).
- Klassennamen beginnen üblicherweise mit einem Großbuchstaben (z.B. `MeineKlasse`), Modulnamen mit einem Kleinbuchstaben (z.B. `meinmodul`).
- Das erste (am weitesten links stehende) Argument einer Klassenmethodenfunktion wird normalerweise einer äußerst strengen Konvention folgend `self` genannt.
- Modulnamen werden anhand der Suche in einem Verzeichnissuchpfad aufgelöst. Namen, die auf diesem Pfad früher gefunden werden, können andere Module desselben Namens verdecken – ob dies nun beabsichtigt ist oder nicht (siehe Abschnitt »Die import-Anweisung«, Seite 95).

Spezifische Anweisungen

Die folgenden Abschnitte beschreiben alle Python-Anweisungen. In jedem Abschnitt werden die Syntaxformate der jeweiligen Anweisung dargestellt, gefolgt von Einzelheiten zur Verwendung. Bei zusammengesetzten Anweisungen steht der Platzhalter *folge* in einem Anweisungsformat für eine oder mehrere Anweisungen, die eventuell als Block unterhalb eines Headers eingerückt sind. Wenn eine Anwendungsfolge eine andere zusammengesetzte Anweisung enthält (`if`, `while` usw.), muss diese eingerückt sein. Ansonsten kann sie in derselben Zeile stehen wie der Header. Die folgenden Konstrukte sind beide gleichermaßen gültig:

```
if x < 42:
    print(x)
    while x: x = x - 1

if x < 42: print(x)
```

Die folgenden beiden Unterabschnitte beschäftigen sich mit Einzelheiten zu Python 3.X und 2.X (siehe auch Abschnitt »Python 2.X-Anweisungen«, Seite 110, am Ende dieses Abschnitts für Informationen speziell zu 2.X).

Zuweisungsanweisungen

```
ziel = ausdruck
ziel1 = ziel2 = ausdruck
ziel1, ziel2 = ausdruck1, ausdruck2
ziel1 += ausdruck

ziel1, ziel2, ...  = iterierbares-gleicher-laenge
(ziel1, ziel2, ...) = iterierbares-gleicher-laenge
[ziel1, ziel2, ...] = iterierbares-gleicher-laenge
ziel1, *ziel2, ...  = iterierbares-passender-laenge
```

Alle Zuweisungen speichern *Referenzen* auf Objekte in den jeweiligen Zielen. Zuweisungsanweisungen fordern die Zuweisung mit den obigen expliziten Syntaxformaten an. Dabei gilt:

- *Ausdrücke* erzeugen Objekte.
- *Ziele* können einfache Namen (*X*), qualifizierte Attribute (`X.attr`) oder Indices bzw. Slices (`X[i]`, `X[i:j:k]`) sein.
- *Variablen* in Zielen müssen nicht vorzeitig deklariert werden, müssen aber zugewiesen sein, bevor Sie sie in einem Ausdruck verwenden (siehe Abschnitt »Atomare Terme und Dynamische Typisierung«, Seite 13).

Das erste oben dargestellte Format ist eine *einfache* Zuweisung. Im zweiten Format, der Zuweisung an *mehrere Ziele*, wird jedem Ziel dasselbe Ergebnisobjekt des Ausdrucks zugewiesen. Im dritten Format, der *Tupel*-Zuweisung, werden die Ausdrücke von links nach rechts paarweise den Zielen zugewiesen. Das vierte Format, die *erweiterte* Zuweisung, ist eine Kurzschreibweise für eine Operation inklusive einer Zuweisung (siehe nächster Abschnitt).

Die letzten vier Formate sind *Sequenzzuweisungen* und weisen die Komponenten einer beliebigen Sequenz oder eines anderen iterierbaren Objekts von links nach rechts den entsprechenden Zielen zu. Die Sequenz bzw. das iterierbare Objekt auf der rechten Seite kann beliebigen Typs sein, muss jedoch dieselbe Länge haben wie die Sequenz mit den Zielen – es sei denn, dass in den Zielen auf der linken Seite ein Name mit einem einzelnen Stern (`*X`) steht (beispielsweise im letzten Format). In diesem letzten Format, das man als *erweiterte Sequenzzuweisung* bezeichnet und das nur in Python 3.X verfügbar ist, kann der mit dem Stern versehene Name beliebig viele Elemente aufnehmen (siehe Abschnitt »Erweiterte Sequenzzuweisung (3.X)«, Seite 78).[14]

Die Zuweisung erfolgt in anderen Kontexten in Python auch *implizit* (z.B. Variablen in `for`-Schleifen und bei der Übergabe von Funktionsargumenten). Manche Formate für Zuweisungsanweisungen gelten auch anderweitig (z.B. Sequenzen in `for`).

Erweiterte Zuweisung

Python verfügt über eine Reihe zusätzlicher Formate für Zuweisungsanweisungen, siehe Tabelle 13. Diese als *erweiterten Zuweisungen* bekannten Formate fassen einen binären Ausdruck mit einer Zuweisung zusammen. So sind beispielsweise die folgenden beiden Formate ungefähr gleich:

```
X = X + Y
X += Y
```

Allerdings muss die Referenz auf Ziel `X` im zweiten Format nur *einmal* ausgewertet werden. Außerdem können optimierte Operationen *an Ort und Stelle* auf veränderliche Objekte angewendet werden (z.B. ruft `liste1 += liste2` automatisch `liste1.extend(lis-`

14 Bei der Sequenzzuweisung ist es außerdem zulässig, eine verschachtelte Sammlung von Werten einer verschachtelten Sequenz von Zielen zuzuweisen: `((a,b),c)=([1,2],3)`. Nur in Python 2.X darf dieses Muster auch für Argumente in Funktions-Headern verwendet werden.

te2) auf, anstatt der langsameren Verkettungsoperation mit +). Klassen dürfen solche Zuweisungen mit Methodennamen überladen, die mit einem i beginnen (z.B. `__iadd__()` für +=, `__add__()` für +). Das Format *X //= Y* (restlose Division) wurde ab Version 2.2 eingeführt.

Tabelle 13: Erweiterte Zuweisungsanweisungen

X += Y	*X &= Y*	*X -= Y*	*X |= Y*
*X *= Y*	*X ^= Y*	*X /= Y*	*X >>= Y*
X %= Y	*X <<= Y*	*X **= Y*	*X //= Y*

Herkömmliche Sequenzzuweisung

In Python 2.X und 3.X können beliebige Sequenzen oder andere iterierbare Objekte mit Werten beliebigen Sequenzen von Namen zugewiesen werden – solange die Längen identisch sind. Die grundlegende Form der Sequenzzuweisung funktioniert in den meisten Zuweisungskontexten:

```
>>> a, b, c, d = [1, 2, 3, 4]
>>> a, d
(1, 4)

>>> for (a, b, c) in [[1, 2, 3], [4, 5, 6]]:
...     print(a, b, c)
...
1 2 3
4 5 6
```

Erweiterte Sequenzzuweisung (3.X)

In Python 3.X (und nur da) wurde die Sequenzzuweisung dahingehend erweitert, dass die Zusammenstellung beliebig vieler Elemente unterstützt wird, wenn eine Variable im Zuweisungsziel mit einem Stern markiert ist. Bei Verwendung dieser Syntax müssen die Längen der Sequenzen nicht übereinstimmen und der mit dem Stern markierte Name nimmt eine Liste mit allen nicht anderweitig zugewiesenen Elementen auf:

```
>>> a, *b = [1, 2, 3, 4]
>>> a, b
(1, [2, 3, 4])
```

```
>>> a, *b, c = (1, 2, 3, 4)
>>> a, b, c
(1, [2, 3], 4)

>>> *a, b = 'spam'
>>> a, b
(['s', 'p', 'a'], 'm')

>>> for (a, *b) in [[1, 2, 3], [4, 5, 6]]:
...     print(a, b)
...
1 [2, 3]
4 [5, 6]
```

**-Generalisierung in Python 3.5 oder später?* Python 3.3 und in früheren Versionen kann die besondere Syntax `*X` und `**X` an drei Stellen vorkommen: in *Zuweisungsanweisungen*, wo `*X` in Sequenzzuweisungen nicht zugeordnete Elemente sammelt; in *Funktions-Headern*, wo die beiden Formen nicht zugeordnete Positions- und Schlüsselwortargumente sammeln; und in *Funktionsaufrufen*, wo die beiden Formen iterierbare Objekte und Dictionaries in einzelne Elemente (Argumente) entpacken.

Bei Python 3.4 haben die Entwickler in Betracht gezogen, diese *-Syntax so weit zu verallgemeinern, dass sie auch innerhalb von *Datenstrukturliteralen* verwendbar ist – und Sammlungen in einzelne Elemente entpackt, ganz ähnlich wie bei der ursprünglichen Verwendung von Funktionsaufrufen. Genauer gesagt könnte die *-Syntax zum Einpacken in *Tupel*, *Listen*, *Sets*, *Dictionaries* und *Komprehensionen* zulässig sein. Beispiel:

```
[x, *iterierbar] # iterierbar-Elemente entpacken:
Liste (x, *iterierbar), {x, *iterierbar} # Dieselbe
mit Tupel, Set {'x': 1, **dict} # dict-Elemente ent-
```

```
packen: dicts [*iterierbar for iterierbar in x] #
iterierbar-Elemente entpacken: comps
```

Diese Rolle käme zu den ursprünglichen drei Rollen in Zuweisungsanweisungen, Funktion-Headern und Funktionsaufrufen hinzu. Einige der derzeitigen Einschränkungen bei der Verwendung der *-Syntax könnten dabei ebenfalls wegfallen. Diese vorgeschlagene Änderung wurde kurz vor Veröffentlichung dieser Auflage auf einen Zeitpunkten nach 3.4 verschoben und bleibt weiterhin ungewiss. Genauer gesagt wurde darüber seit 2008 nicht mehr diskutiert. Vielleicht wird diese Änderung erst in Python 3.5 in Betracht gezogen und vielleicht auch niemals aufgenommen – werfen Sie also immer wieder mal einen Blick in die »What's New«-Dokumente für weitere Informationen.

Ausdrucksanweisungen

```
ausdruck
funktion([wert, name=wert, *name, **name...])
objekt.methode([wert, name=wert, *name, **name...])
```

Ausdrücke beliebiger Form können auch als Anweisung verwendet werden (z.B. in einer eigenen Zeile). Anweisungen können dagegen in keinem anderen Ausdruckskontext vorkommen (z.B. haben Zuweisungsanweisungen kein Ergebnis und können nicht ineinander verschachtelt werden).

Ausdrucksanweisungen werden häufig für den Aufruf von Funktionen und Methoden ohne einen sinnvollen Rückgabewert sowie für Ausgaben im interaktiven Modus genutzt. Ausdrucksanweisungen sind außerdem die häufigste Formulierung für `yield`-Ausdrücke und Aufrufe der integrierten Funktion `print()` in Python 3.X – obwohl beide in diesem Buch auch als Anweisungen dokumentiert sind.

Aufrufsyntax

In Funktions- und Methodenaufrufen werden die jeweiligen Argumente durch Kommata voneinander getrennt und üblicherweise den Argumenten anhand ihrer Position im def-Header der Funktion zugewiesen. Optional können Aufrufe bestimmte Argumentnamen in Funktionen mit der Schlüsselwortargumentsyntax *name=wert* angeben, um die übergebenen Werte wieder zurückzuerhalten. Diese Schlüsselwortargumente werden dann anstatt der Position anhand des Namens zugeordnet.

Aufrufsyntax für beliebige Anzahl Argumente

Die *-Syntax kann auch in Argumentlisten für Funktion- und Methodenaufrufe verwendet werden, um Sammlungen in beliebig viele Einzelargumente zu *entpacken*. Wenn *pargs* und *sargs* ein iterierbares Objekt und ein Dictionary sind:

```
f(*pargs, **sargs)
```

dann ruft diese Formulierung die Funktion f mit *Positionsargumenten* aus dem iterierbaren Objekt *pargs* und *Schlüsselwortargumenten* aus dem Dictionary *sargs* auf. Beispiel:

```
>>> def f(a, b, c, d): print(a, b, c, d)
...
>>> f(*[1, 2], **dict(c=3, d=4))
1 2 3 4
```

Diese Syntax soll symmetrisch zur Syntax für Funktions-Header mit beliebiger Argumentzahl sein, bei der nicht zugeordnete Argumente *gesammelt* werden: z.B. def f(*pargs, **sargs). In Aufrufen werden die mit einem Stern gekennzeichneten Elemente in einzelne Argumente aufgeteilt und können den Ordnungsregeln entsprechend mit anderen Positions- und Schlüsselwortargumenten kombiniert werden (z.B. g(1, 2, foo=3, bar=4, *pargs, **sargs)).

In Python 2.X erzielt die integrierte Funktion apply() einen ähnlichen Effekt, wurde aber in Python 3.X entfernt:

```
apply(f, pargs, sargs)
```

Weitere Informationen zur Aufrufsyntax finden Sie im Abschnitt »Die def-Anweisung«, Seite 87, einschließlich Tabelle 15.

print-Anweisungen

In Python 3.X erfolgt die Ausgabe von Text auf den Standardausgabestream über einen integrierten Funktionsaufruf, der üblicherweise als Ausdrucksanweisung geschrieben wird (z.B. in einer eigenen Zeile). Die Aufrufsignatur die folgende Form:

```
print([wert [, wert]*]
      [, sep=string] [, end=string]
      [, file=objekt] [, flush=boolesch])
```

Dabei ist jeder *wert* ist ein Ausdruck, der ein Objekt liefert, dessen `str()`-String entsprechend ausgegeben wird. Dieser Aufruf wird mit vier optionalen Schlüsselwortargumenten konfiguriert (werden diese weggelassen oder der Wert `None` übergeben, kommen die Standardwerte zum Einsatz):

`sep`
: String, der zwischen den Werten eingefügt wird (Standardwert Leerzeichen: `' '`).

`end`
: String, der am Ende des ausgegebenen Text angehängt wird (Standardwert Newline: `'\n'`).

`file`
: Dateiähnliches Objekt, in das der Text ausgegeben wird (Standardwert Standardausgabe: `sys.stdout`).

`flush`
: True/False, um die erzwungene Leerung des Ausgabestreams zu aktivieren/deaktivieren (ab Python 3.3; Standardwert `False`).

Übergeben Sie leere oder beliebige Strings für `sep` und `end`, um Leerzeichen als Trennzeichen und Zeilenvorschübe zu unterdrücken oder zu überschreiben. Übergeben Sie eine Datei oder ein dateiähnliches Objekt für `file`, um die Ausgabe in Ihrem Skript umzuleiten (siehe auch Abschnitt »Dateien«, Seite 61):

```
>>> print(2 ** 32, 'spam')
4294967296 spam

>>> print(2 ** 32, 'spam', sep='')
4294967296spam
```

```
>>> print(2 ** 32, 'spam', end=' '); print(1, 2, 3)
4294967296 spam 1 2 3

>>> print(2 ** 32, 'spam', sep='',
...       file=open('out', 'w'))
>>> open('out').read()
'4294967296spam\n'
```

Da print-Operationen standardmäßig einfach die write()-Methode des jeweils von sys.stdout referenzierten Objekts aufrufen, ist Folgendes identisch mit print(X):

```
import sys
sys.stdout.write(str(X) + '\n')
```

Um print-Texte an Dateien oder Klassenobjekte umzuleiten, übergeben Sie entweder ein beliebiges Objekt mit einer write()-Methode an das Schlüsselwortargument file (wie beschrieben) oder weisen sys.stdout ein solches Objekt zu (siehe auch Abschnitt »Dateien«, Seite 61):

```
sys.stdout = open('log', 'a')  # Objekt mit write()-Methode
print('Warnung - schlimmer Spam!')     # Ausgabe an write()des
Objekts
```

Da sys.stdout zugewiesen werden kann, ist das Schlüsselwortargument file nicht zwingend erforderlich. Sie können sich jedoch damit explizite Aufrufe der write()-Methode ersparen und brauchen den ursprünglichen Wert von sys.stdout für eine umgeleitete print-Anweisung nicht zwischenzuspeichern und wiederherzustellen, wenn Sie den ursprünglichen Stream weiterhin benötigen. Weitere Informationen zu print()in 3.X finden Sie im Abschnitt »Integrierte Funktionen«, Seite 143.

print-Anweisungen in Python 2.X

In Python 2.X erfolgt die Ausgabe über eine Anweisung anstatt einer integrierten Funktion:

```
print [wert [, wert]* [,]]
print >> file [, wert [, wert]* [,]]
```

Die print-Anweisung in Python 2.X gibt die druckbare Ausgabe jedes *werts* auf dem Standardausgabestream aus – der aktuellen

Einstellung von sys.stdout – und fügt zwischen den Werten Leerzeichen ein. Ein nachfolgendes Komma unterdrückt den standardmäßigen Zeilenvorschub am Ende einer Liste und entspricht end=' ' bei der Funktion in Python 3.X:

```
>>> print 2 ** 32, 'spam'
4294967296 spam

>>> print 2 ** 32, 'spam',; print 1, 2, 3
4294967296 spam 1 2 3
```

Für die print-Anweisung in Python 2.X können Sie anstatt sys.stdout auch ein geöffnetes dateiähnliches Objekt als Ziel des ausgegebenen Texts angeben:

```
dateiobj = open('log', 'a')
print >> dateiobj, "Warnung - schlimmer Spam!"
```

Wenn das Dateiobjekt den Wert None hat, wird sys.stdout verwendet. Die Python 2.X-Syntax >> entspricht dem Schlüsselwortargument file=*F* in Python 3.X. Für sep=*S* gibt es in der Python 2.X-Anweisung keine Entsprechung, obwohl Sie natürlich Zeilen vorformatieren und als einzelnes Element ausgegeben können.

Klammern funktionieren mit der print-Anweisung in 2.X, erstellen aber Tupel für mehrere Elemente. Um die Python 3.X-Ausgabefunktion in Python 2.X zu nutzen, geben Sie die folgende Zeile in einer interaktiven Sitzung oder im oberen Teil eines Skripts ein – das funktioniert sowohl in *2.X* (für 3.X-Aufwärtskompatibilität) als auch in *3.X* (für 2.X-Abwärtskompatibilität):

```
from __future__ import print_function
```

Die if-Anweisung

```
if test:
    folge
[elif test:
    folge]*
[else:
    folge]
```

Die if-Anweisung wählt aus einer oder mehreren Aktionen (Anweisungsblöcken) aus. Dabei wird die Anweisungsfolge der ersten `if`- oder `elif`-Bedingung ausgeführt, die wahr ist. Wenn keine der Bedingungen erfüllt ist, wird die `else`-Folge ausgeführt. Die Teile `elif` und `else` sind optional.

Die while-Anweisung

```
while test:
    folge
[else:
    folge]
```

Die `while`-Schleife ist eine allgemeine Schleife, in der die erste Folge immer wieder ausgeführt wird, solange die Bedingung der ersten Zeile erfüllt ist. Die optionale `else`-Folge wird beim Verlassen der Schleife einmal ausgeführt, falls die Schleife endet, ohne innerhalb der ersten Folge auf eine `break`-Anweisung zu stoßen.

Die for-Anweisung

```
for ziel in iterierbar:
    folge
[else:
    folge]
```

Die `for`-Schleife ist eine Iteration über Sequenzen (oder andere iterierbare Objekte), die die Elemente in *`iterierbar`* jeweils *`ziel`* zuweist und mit diesem Wert die erste Folge ausführt. Die `for`-Anweisung führt die optionale `else`-Folge einmalig beim Verlassen der Schleife aus, falls diese endet, ohne innerhalb der ersten Folge auf eine `break`-Anweisung zu stoßen. *`ziel`* kann alles sein, was auf der linken Seite einer Zuweisungsanweisungen mit `=` stehen darf (z.B. `for (x, y) in tupelliste`).

Seit Python 2.2 funktioniert dies, indem Python zuerst versucht, ein *Iterator*-Objekt *`I`* mit `iter(`*`iterierbar`*`)` abzurufen und anschließend immer wieder die Methode *`I`*`.__next__()` dieses Objekts aufruft, bis eine `StopIteration` ausgelöst wird (*`I`*`.__next__()` heißt in Python 2.X *`I`*`.next()`). Falls kein Iteratorobjekt abgerufen werden kann, (weil z.B. die Methode `__iter__` nicht definiert ist), wird *`iterierbar`* stattdessen mit zunehmenden Positionen indiziert, bis ein `IndexError` auftritt.

Die Iteration kommt in Python in mehreren Kontexten vor, darunter for-Anweisungen, Komprehensionen und bei map(). Weitere Informationen zu dem in for-Anweisungen und allen anderen Iterationskontexten verwendeten Mechanismus finden Sie bei der Behandlung der Listen im Abschnitt »Das Iterationsprotokoll«, Seite 52.

Die pass-Anweisung

```
pass
```

Diese Anweisung ist ein Platzhalter, der rein gar nichts bewirkt undden Sie verwenden, wenn dies syntaktisch erforderlich ist (z.B. in Funktions-Stubs). Nur in Python 3.X habe Ellipsen (...) einen ähnlichen Effekt.

Die break-Anweisung

```
break
```

Mit dieser Anweisung verlassen Sie sofort die aktuelle (innerste) umschließende while- oder for-Anweisung und überspringen die entsprechende else-Folge (falls vorhanden). Tipp: Mit raise- und try-Anweisungen können Sie mehrere Schleifenebenen auf einmal verlassen.

Die continue-Anweisung

```
continue
```

Springt sofort zum Anfang der innersten umgebenden while- oder for-Anweisung und setzt die Ausführung im Header der Schleife fort.

Die del-Anweisung

```
del name
del name[i]
del name[i:j:k]
del name.attribut
```

Die del-Anweisung löscht Variablen, Elemente, Schlüssel, Slices und Attribute. In der ersten Form wird *name* als Variablenname interpretiert. In den letzten drei Formen kann *name* ein beliebiger Ausdruck sein, der ausgewertet ein Subjektobjekt ergibt (auch mit Klammern, falls diese für den jeweiligen Vorrang erforderlich sind). Beispiel: `del a.b()[1].c.d`.

Diese Anweisung ist in erster Linie für Datenstrukturen gedacht, nicht zur Speicherverwaltung. Sie entfernt aber auch Verweise auf zuvor referenzierte Objekte, wodurch diese im Rahmen der *Garbage Collection* zurückgefordert werden, falls nicht an anderer Stelle darauf verwiesen wird. Die Garbage Collection erfolgt jedoch automatisch und muss üblicherweise nicht mit `del` erzwungen werden.

Die def-Anweisung

```
[dekoration]
def name([arg,... arg=wert,... *arg, **arg]):
    folge
```

Die `def`-Anweisung erzeugt neue Funktionen, die innerhalb von Klassen auch als Methoden dienen können. Die Anweisung erstellt ein Funktionsobjekt und weist dieses einem *Variablennamen* zu. Jeder Funktionsaufruf erzeugt einen neuen lokalen Gültigkeitsbereich, innerhalb dessen die zugewiesenen Namen für den Funktionsaufruf standardmäßig lokal sind (außer wenn Sie mit `global` deklariert werden oder mit `nonlocal` in 3.X). Weitere Informationen zu Gültigkeitsbereichen finden Sie im Abschnitt »Namensraum und Gültigkeitsregeln«, Seite 111.

Argumente werden per Zuweisung übergeben. Im `def`-Header können sie in einem beliebigen der in Tabelle 14 genannten vier Formate definiert werden. Die Argumentformen aus Tabelle 14 können auch in einem Funktionsaufruf verwendet werden, wo sie wie in Tabelle 15 interpretiert werden (siehe Abschnitt »Ausdrucksanweisungen«, Seite 80, für weitere Informationen zur Syntax von Funktionsaufrufen).

Tabelle 14: Argumentformate in Definitionen

Argumentformat	Interpretation
name	Zuordnung über Name oder Position
name=wert	Standardmäßig *wert*, wenn *name* nicht übergeben wird

Tabelle 14: Argumentformate in Definitionen (Fortsetzung)

Argumentformat	Interpretation
`*name`	Sammelt zusätzliche Positionsargumente als neues Tupel mit dem Namen *name*.
`**name`	Sammelt zusätzliche Schlüsselwortargumente als neues Dictionary mit dem Namen *name*.
`*anderes, name[=wert]`	Python 3.X nur Schlüsselwortargumente nach *
`*, name[=wert]`	Entspricht der vorherigen Zeile (wenn ansonsten kein *)

Tabelle 15: Argumentformate in Aufrufen

Argumentformat	Interpretation
`wert`	Positionsargument
`name=wert`	Schlüsselwortargument (benanntes Argument)
`*iterierbar`	Entpackt Sequenz oder anderes iterierbares Objekt mit Positionsargumenten
`**Dictionary`	Entpackt Dictionary mit Schlüsselwortargumenten

Nur Schlüsselwortargumente in Python 3.X

Python 3.X (exklusiv) verallgemeinert die Funktionsdefinition und erlaubt Argumente, die zwingend als Schlüsselwort übergeben werden müssen und obligatorisch sind, falls dafür kein Standardwert definiert ist. Solche zwingend benannten Argumente werden nach dem * formuliert, der auch ohne einen Namen stehen darf, falls es nur obligatorische Schlüsselwortargumente, aber keine beliebigen Positionsargumente gibt:

```
>>> def f(a, *b, c): print(a, b, c)  # c ist obligatorisches
Schlüsselwortargument
...
>>> f(1, 2, c=3)
1 (2,) 3

>>> def f(a, *, c=None): print(a, c) # c ist optionales Schlüs-
selwortargument
...
>>> f(1)
1 None
>>> f(1, c='spam')
1 spam
```

Funktionsannotationen in Python 3.X

Python 3.X (nur diese Reihe) bietet außerdem die Möglichkeit, Argumente und Rückgabewerte mit Objektwerten für die Verwendung in Erweiterungen zu annotieren. Annotationen werden als `:`*wert* nach dem Argumentnamen und vor einem Standardwert bzw. als `->`*wert* nach der Argumentenliste formuliert. Annotationen werden im Attribut `__annotations__` der Funktion gesammelt, von Python selbst aber ansonsten nicht weiter beachtet:

```
>>> def f(a:99, b:'spam'=None) -> float:
...     print(a, b)
...
>>> f(88)
88 None
>>> f.__annotations__
{'a': 99, 'b': 'spam', 'return': <class 'float'>}
```

lambda-Ausdrücke

Funktionen können auch mit dem `lambda`-Ausdruck erzeugt werden, der ein neues Funktionsobjekt erstellt und für den späteren Aufruf zurückliefert, anstatt es einem Namen zuzuweisen:

```
lambda arg, arg,...: ausdruck
```

In `lambda` verhält sich jedes *arg* wie in `def` (Tabelle 14) und *ausdruck* ist der implizierte Rückgabewert späterer Aufrufe. Der Code in *ausdruck* wird für spätere Aufrufe zurückgestellt:

```
>>> L = lambda a, b=2, *c, **d: [a, b, c, d]
>>> L(1, 2, 3, 4, x=1, y=2)
[1, 2, (3, 4), {'y': 2, 'x': 1}]
```

Da `lambda` ein Ausdruck und keine Anweisung ist, kann es an Stellen eingesetzt werden, an denen `def` keine Verwendung findet (z.B. in einem Dictionary-Literalausdruck oder der Argumentliste eines Funktionsaufrufs). Da `lambda` keine Anweisungen ausführt, sondern einen einzigen Ausdruck berechnet, ist es nicht für komplexe Funktionen geeignet (verwenden Sie in diesem Fall `def`).

Funktionsstandardwerte und Attribute

Veränderbare Standardwerte für Argumente werden nicht bei jedem Funktionsaufruf, sondern einmalig zusammen mit der def-Anweisung ausgewertet und behalten daher zwischen mehreren Aufrufen ihren Zustand bei. Manche sehen dieses Verhalten als Nachteil. Klassen und Referenzen sind im umgebenden Geltungsbereich häufig bessere Mittel, um Zustände zu speichern. Verwenden Sie None als Standardwert für veränderbare und explizite Tests, um unerwünschte Änderungen zu vermeiden. Das veranschaulichen die folgenden Kommentare:

```
>>> def grow(a, b=[]):     # def grow(a, b=None):
...     b.append(a)        #     if b == None: b = []
...     print(b)           #     ...
...
>>> grow(1); grow(2)
[1]
[1, 2]
```

Python 2.X und 3.X unterstützen gleichermaßen den Anhang beliebiger *Attribute* zu Funktionen als weitere Form der Zustandsbewahrung (obwohl Attribute nur funktionsbezogene Objektzustände unterstützen, die nur Aufruf gebunden sind, wenn jeder Aufruf eine neue Funktion erzeugt):

```
>>> grow.food = 'spam'
>>> grow.food
'spam'
```

Funktions- und Methodendekoratoren

Seit Python 2.4 kann vor Funktionsdefinitionen eine Deklarationssyntax stehen, die die nachfolgende Funktion beschreibt. Diese Deklarationen werden als *Dekoratoren* bezeichnet und mit einem @ geschrieben. Sie bieten eine explizites Syntax für funktionale Techniken. Die Funktionsdekoratorsyntax

```
@dekorator
def F():
    ...
```

ist mit der folgenden manuellen Namensneubindung äquivalent:

```
def F():
    ...
F = dekorator(F)
```

Dadurch wird der Funktionsname an das Ergebnis des durch den `Dekorator` angegebenen aufrufbaren Objekts gebunden, dem die Funktion selbst übergeben wird. Funktionsdekoratoren können zur Verwaltung von Funktionen oder späterer Aufrufe dieser Funktionen (durch die Verwendung von Proxy-Objekten) genutzt werden. Dekoratoren können auf beliebige Funktionsdefinitionen angewendet werden, einschließlich Methoden innerhalb einer Klasse:

```
class C:
    @dekorator
    def M():                # Entspricht M = dekorator(M)
        ...
```

Allgemeiner ausgedrückt entspricht die folgende verschachtelte Dekoration:

```
@A
@B
@C
def f(): ...
```

dem folgenden Code ohne Dekorator:

```
def f(): ...
f = A(B(C(f)))
```

Dekoratoren können auch Argumentlisten enthalten:

```
@spam(1, 2, 3)
def f(): ...
```

In diesem Fall muss `spam` eine Funktion sein, die eine Funktion zurückliefert. Solche Funktionen bezeichnet man als *Fabrikfunktionen*. Ihr Ergebnis wird als der eigentliche Dekorator verwendet und kann bei Bedarf den Argumentzustand erhalten. Dekoratoren müssen auf der Zeile vor einer Funktionsdefinition stehen, nicht in derselben Zeile (z.B. wäre `@A def f(): ...` in einer einzigen Zeile nicht zulässig).

Da einige integrierten Funktionen, darunter `property()`, `staticmethod()` und `classmethod()`, aufrufbare Objekte akzeptieren und zurückliefern, können sie als Funktionsdekoratoren verwendet werden (siehe Abschnitt »Integrierte Funktionen«, Seite 143). Die Dekoratorsyntax wird ab Python 2.6 und 3.0 auch für *Klassen* unterstützt, siehe Abschnitt »Die class-Anweisung«, Seite 101.

Die return-Anweisung

```
return [ausdruck]
```

Die `return`-Anweisung verlässt die umgebende Funktion und liefert *`ausdruck`* als Rückgabewert für den Funktionsaufruf zurück. Wenn *`ausdruck`* ausgelassen wird, ist der Rückgabewert standardmäßig `None`, ebenso wie für Funktionen, die ohne `return` verlassen werden. Tipp: Verwenden Sie ein Tupel, wenn eine Funktion mehrere Ergebnisse zurückliefern soll. Zur besonderen Semantik von `return` bei der Verwendung in einer Generatorfunktion siehe Abschnitt »Die yield-Anweisung«, Seite 92.

Die yield-Anweisung

```
yield ausdruck                # Alle Pythons
yield from iterierbar         # Ab 3.3
```

Der `yield`-Ausdruck definiert in in 2.X und 3.X eine *Generatorfunktion*, die Ergebnisse nur auf Anfrage erzeugt. Funktionen mit einem `yield` werden auf besondere Art kompiliert: Beim Aufruf erzeugen sie ein *Generatorobjekt* und liefern dieses zurück - ein iterierbares Objekt, das automatisch das *Iterationsprotokoll* unterstützt, um in Iterationskontexten Ergebnisse bereitzuhalten.

Der `yield`-Ausdruck wird üblicherweise als Ausdrucksanweisung geschrieben (in einer eigenen Zeile), speichert den Funktionszustand und liefert einen *`ausdruck`* zurück. Bei der nächsten Iteration wird die vorherige Stelle der Funktion wieder aufgenommen, der Variablenzustand wiederhergestellt und die Ausführung unmittelbar nach der `yield`-Anweisung fortgesetzt.

Die Iteration wird durch eine `return`-Anweisungoder das Erreichen des Funktionsendes beendet. Ein `return` in einer Generatorfunktion muss vor Version 3.3 keinen Rückgabewert liefern, darf dies aber ab Version 3.3 tun. Dieser Wert bleibt als Attribut des Ausnahmeobjekts erhalten (siehe Abschnitt »Änderungen bei Generatorfunktion in Python 3.3«, Seite 93):

```
def quadrateErzeugen(N):
    for i in range(N):
        yield i ** 2

>>> G = quadrateErzeugen(5) # Hat __init__, __next__
>>> list(G)                  # Jetzt werden die Ergebnisse
                               //erzeugt
[0, 1, 4, 9, 16]
```

Bei Verwendung als Ausdruck (z.B. `A = yield X`) liefert `yield` das an die `send()`-Methode übergebene Objekt an den Aufrufer und muss in Klammern geschrieben werden, wenn es nicht das einzige Element auf der rechten Seite des `=` ist (z.B. `A = (yield X) + 42`). In diesem Modus werden die Werte an einen Generator durch Aufruf von `send(`*`wert`*`)`übermittelt. Der Generator nimmt die Arbeit wieder auf, und der `yield`-Ausdruck liefert *`wert`* zurück. Wird die reguläre Methode `__next__()` oder die integrierte Funktion `next()` aufgerufen, um den Generator vorzurücken, liefert `yield` den Wert `None`.

Generatorfunktionen verfügen außerdem über die Methode `throw(typ)`, um innerhalb des Generators beim letzten `yield` eine Ausnahme auszulösen, sowie eine `close()`-Methode, die innerhalb des Generators eine `GeneratorExit`-Ausnahme auslöst, um die Iteration zu beenden. `yield` ist ab Version 2.3 Standard. Die Generatormethoden `send()`, `throw()` und `close()` stehen ab Python 2.5 zur Verfügung.

Eine `__iter__()`-Klassenmethode, die ein `yield` enthält, liefert einen Generator mit der automatisch erzeugten Methode `__next__()`. Siehe Abschnitt »Das Iterationsprotokoll«, Seite 52, in der Darstellung von Listen für den von Generatorfunktionen verwendeten Mechanismus und Abschnitt »Generatorausdrücke«, Seite 53, für ein verwandtes Tool, das ebenfalls ein Generatorobjekt erzeugt.

Änderungen bei Generatorfunktion in Python 3.3

Ab Version 3.3 unterstützt (nur) Python 3.X eine `from`-Klausel in diesen Anweisungen, die in der grundlegenden Anwendung einer `for`-Schleife ähnlich ist, die die Elemente in einem *`iterierbaren`*

Objekt durchläuft. In komplexeren Anwendungen bietet diese Erweiterung Subgeneratoren die Möglichkeit, gesendete und geworfene Werte direkt vom Gültigkeitsbereich des übergeordneten Aufrufs zu empfangen:

```
for i in range(N): yield i      # Alle Pythons
yield from range(N)             # 3.3 und später
```

Ebenso ab Version 3.3: Wenn eine Generatorfunktion die Iteration beendet und mit einer expliziten `return`-Anweisung verlässt, wird ein beliebiger mit dem `return` zurückgeliefert Wert im `value`-Attribut des implizit erzeugten und ausgelösten `StopIteration`-Instanzobjekts bereitgestellt. Dieser Wert wird von automatischen Iterationen ignoriert, kann aber im Rahmen von manuellen Iterationen oder anderem Code, der auf die Ausnahme zugreift, abgerufen werden (siehe Abschnitt »Integrierte Ausnahmen«, Seite 173). In Python 2.X und in 3.X vor Version 3.3 wird eine `return`-Anweisung mit einem Wert in einer Generatorfunktion als Syntaxfehler behandelt.

Die global-Anweisung

```
global name [, name]*
```

Die `global`-Anweisung ist eine Namensraumdeklaration: Innerhalb der Definitionsanweisung einer Klasse oder Funktion führt sie dazu, dass alle Vorkommen von *name* in diesem Kontext als Verweise auf eine globale Variable (auf Modulebene) desselben Namens behandelt werden – unabhängig davon, ob name zugewiesen wurde oder bereits existiert.

Diese Anweisung bietet die Möglichkeit, innerhalb einer Funktion oder Klasse globale Variablen zu erzeugen oder zu ändern. Aufgrund der Gültigkeitsbereichsregeln von Python müssen Sie nur Namen als global deklarieren, die bereits *zugewiesen* sind. Nicht deklarierte Namen werden automatisch lokal gemacht, falls diese zugewiesen wurden. Globale Referenzen werden dagegen automatisch im umgebenden Modul lokalisiert. Siehe auch Abschnitt »Namensraum und Gültigkeitsregeln«, Seite 111.

Die nonlocal-Anweisung

```
nonlocal name [, name]*
```

Nur in Python 3.X verfügbar.

Die `nonlocal`-Anweisung is eine Namensraumdeklaration: Innerhalb einer verschachtelten Funktion bewirkt sie, dass alle Vorkommen von *`name`* in diesem Kontext als Referenzen auf eine lokale Variable desselben Namens im Gültigkeitsbereich einer übergeordneten Funktion behandelt werden – ob `name` zugewiesen wurde oder nicht.

`name` muss in einer übergeordneten Funktion existieren. Diese Anweisung ermöglicht es, die Variable in einer verschachtelten Funktion zu ändern. Aufgrund der Gültigkeitsregeln von Python müssen Sie nur nonlocal-Namen deklarieren, die *zugewiesen* wurden. Nicht deklarierte Namen werden bei Zuweisung lokal. Aber nonlocal-Referenzen werden automatisch auf übergeordnete Funktionen bezogen. Siehe auch Abschnitt »Namensraum und Gültigkeitsregeln«, Seite 111.

Die import-Anweisung

```
import [paket.]* modul [as name]
           [, [paket.]* modul [as name]]*
```

Die `import`-Anweisung bietet Zugriff auf Module: Sie Importiert ein Modul als Ganzes. Module enthalten ihrerseits wiederum Namen, die Sie qualifiziert angeben müssen: *`modul.attribut`*. Zuweisungen auf der obersten Ebene einer Python-Datei erzeugen Objektattribute im Modul. Die optionale as-Klausel weist dem importierten Modulobjekt einen *`Variablennnamen`* zu und entfernt den ursprünglichen Namen des *`Moduls`* (nützlich für kurze Synonyme für längere Modulnamen oder Paketpfade). Optionale *`paket`*-Präfixe kennzeichnen Paketverzeichnispfade (im nächsten Abschnitt beschrieben).

`modul` gibt das Ziel-*Modul* an, üblicherweise eine Python-Quellcode-Datei oder eine kompilierte Bytecode-Datei. *`modul`* wird ohne Dateinamenserweiterung angegeben (z.B. *.py*) und muss sich üblicherweise in einem Verzeichnis im Modulsuchpfad befinden, außer die Datei ist in einen *`paket`*-Pfad eingebettet.

Für die `modul`- oder *paket*-Komponenten, die sich in absoluten Importpfaden ganz links befinden, lautet der *Modulsuchpfad* `sys.path` – eine Liste mit Verzeichnisnamen, die auf Basis des obersten Programmverzeichnisses, `PYTHONPATH`-Einstellungen, der `.pth`-Pfaddateiinhalte und Python-Standards zusammengestellt wird. Module dürfen sich dagegen in einem einzigen Paketverzeichnis für verschachtelte Paketkomponenten (siehe Abschnitt »Import von Paketen«, Seite 97) und relative Importe in `from`-Anweisungen befinden (siehe Abschnitt »Paketrelative import-Syntax«, Seite 100). Suchpfade für Namensraumpakete können ab Python 3.3 beliebige Verzeichnisse umfassen (siehe Abschnitt »Namensraumpakete ab Python 3.3«, Seite 97).

Beim ersten Import eines Moduls durch ein Programm wird die Quellcodedatei falls erforderlich in *Bytecode* kompiliert (und falls möglich in einer *.pyc*-Datei gespeichert) und anschließend von oben nach unten ausgeführt, um die Modulobjektattribute durch Zuweisung zu erzeugen. In Python 2.X und in 3.X bis Version 3.1 werden Bytecodedateien im Verzeichnis der Quellcodedatei mit derselben Namensbasis (z.B. *modul.pyc*) gespeichert. In Python 3.2 und späteren Version wird der Bytecode im Unterverzeichnis *__pycache__* des Verzeichnisses mit der Quellcodedatei abgelegt, wobei die Namensbasis die Version enthält (z.B. *module.cpython-33.pyc*).

Bei späteren Importoperationen wird das bereits importierte Modul verwendet. `imp.reload()` (`reload()` in 2.X) erzwingt den erneuten Import bereits geladener Module. Für den Import nach String-Namen siehe die von `import` verwendete Methode `__import__()` im Abschnitt »Integrierte Funktionen«, Seite 143, und das `importlib.import_module(`*modname*`)`der Standardbibliothek.

In Standard-CPython können Importe auch kompilierte C- und C++-Erweiterungen laden, wenn die Attribute den Namen in der externen Sprache entsprechen. In anderen Implementierungen können die Importe auch Klassenbibliotheken anderer Sprachen benennen (z.B. Jython kann einen Python-Modul-Wrapper als Schnittstelle für eine Java-Bibliothek erzeugen).

Import von Paketen

Wenn angegeben, bezeichnen *paket*-Präfixe Verzeichnisnamen für Pakete und Modulpfade mit einem Punkt die jeweiligen Verzeichnishierarchien. Ein Import in der Form `import` *`dir1.dir2.mod`* lädt üblicherweise die Moduldatei mit dem Verzeichnispfad *dir1/dir2/mod.py*, wobei *dir1* in einem Verzeichnis innerhalb des Modulsuchpfads (`sys.path` für absolute Importe) liegen muss und *dir2* innerhalb von *dir1* (nicht direkt in `sys.path`) enthalten sein muss.

In regulären Paketen muss jedes in einer import-Anweisung angegebene Verzeichnis die (möglicherweise leere) Datei *__init__.py* enthalten, die als Modulnamensraum auf Verzeichnisebene dient. Diese Datei wird beim ersten Import über das Verzeichnis ausgeführt. Alle in *__init__.py* zugewiesenen Dateien werden zur Attributen das Modulobjekts des entsprechenden Verzeichnisses. Verzeichnispakete können Namenskonflikte lösen, die sich aus der linearen Natur von `PYTHONPATH` ergeben.

Siehe auch Abschnitt »Paketrelative import-Syntax«, Seite 100, für weitere Informationen zu Referenzen innerhalb von Paketen in `from` Anweisungen und Abschnitt »Namensraumpakete ab Python 3.3«, Seite 97, für einen alternativen Pakettyp, der ohne die Datei *__init__.py* auskommt.

Namensraumpakete ab Python 3.3

Ab Python 3.3 wurde der Importvorgang um die Erkennung von *Namensraumpaketen* erweitert – Modulpakete, die eine virtuelle Verkettung eines oder mehrerer in Modulsuchpfadeinträgen verschachtelter Verzeichnisse sind.

Namensraumpakete enthalten die Datei *__init__.py* nicht (und können das auch nicht). Sie dienen als Ausweichlösung und Erweiterung regulärer Module und Pakete, die nur erkannt werden, wenn ein Name nicht anderweitig aufgelöst werden kann, aber beim Durchsuchen des Suchpfads mit einem oder mehreren Verzeichnissen übereinstimmt. Diese Funktionalität wird sowohl durch `import`- als auch durch `from`-Anweisungen aktiviert.

Importalgorithmus

Auch nach der Einführung von Namensraumpaketen sind die ersten Schritte beim Import nach wie vor dieselben (z.B. die Prüfung auf bereits importierte Module und Bytecode-Dateien). Aber die Suche nach einem Modul wurde wie im Folgenden beschrieben erweitert.

Bei jedem Import durchläuft Python alle Verzeichnisse im *Modulsuchpfad*, der für die erste Komponente absoluter Importe durch `sys.path` und bei relativen Importen durch den Speicherort eines Pakets sowie die in den Paketpfaden verschachtelten Komponenten definiert ist. Ab Version 3.3 prüft Python beispielsweise bei der Suche nach einem importierten Modul oder Paket mit dem Namen *spam* für jedes *verzeichnis* im Modulsuchpfad die folgenden Kriterien in der folgenden Reihenfolge (wobei Schritt 2 Details beinhaltet, auf die wir an dieser Stelle nicht eingehen, darunter das zuvor beschriebene Unterverzeichnis __pycache__ aus Version 3.2):

1. Existiert *verzeichnis\spam__init__.py*, wird ein *reguläres Paket* importiert und zurückgeliefert.
2. Wenn *verzeichnis\spam.{py, pyc oder andere Modulerweiterungen}* vorhanden ist, wird ein einfaches *Modul* importiert und zurückgeliefert.
3. Wenn *verzeichnis\spam* ein Verzeichnis ist, wird es registriert und die Suche mit dem nächsten Verzeichnis im Suchpfad fortgesetzt.
4. Wenn keines dieser Kriterien erfüllt ist, wird die Suche mit dem nächsten Verzeichnis im Suchpfad fortgesetzt.

Wird die Prüfung des Suchpfads beendet, ohne in den Schritten *1* oder *2* ein Modul oder Paket zurückzuliefern, und in Schritt *3* mindestens ein *verzeichnis* registriert, folgt darauf die sofortige Erzeugung eines *Namensraumpakets*. Das neue Namensraumpaket erhält ein `__path__`-Attribut mit einem iterierbaren Objekt, das die in Schritt *3* registrierten Verzeichnispfade als Strings enthält, aber kein `__file__`-Attribut.

Das `__path__`-Attribut wird bei späteren Zugriffen verwendet, um alle Paketkomponenten zu durchsuchen, wenn weiter verschachtelte Elemente angefordert werden – ganz ähnlich wie das Verzeichnis eines regulären Pakets. Es spielt für untergeordnete Komponenten dieselbe Rolle, die `sys.path` auf oberster Ebene für die erste Komponente von absoluten Importpfaden spielt. Bei der Suche nach untergeordneten Elementen in diesem Pfad kommt wiederum derselbe Algorithmus mit den beschriebenen vier Schritten zum Einsatz.

Die from-Anweisung

```
from [paket.]* modul import
            [(] name [as anderername]
            [, name [as anderername]]* [)]

from [paket.]* modul import *
```

Die `from`-Anweisung importiert Module genauso wie die `import`-Anweisung (siehe vorheriger Abschnitt), kopiert aber auch Variablennamen aus dem Modul, damit sie anschließend ohne qualifizierten Namen verwendet werden können: *`attribut`*. Das zweite Format (`from ... import *`) kopiert *alle* auf oberster Ebene des Moduls zugewiesenen Namen, außer denjenigen, die mit einem einzelnen vorangestellten Unterstrich beginnen oder nicht im Modulattribut `__all__` (eine Liste von Strings) enthalten sind (falls vorhanden).

Die optionale `as`-Klausel erstellt wie in der `import`-Anweisung ein Namenssynonym und funktioniert mit beliebigen *`Namenskomponenten`*. Bei Angabe von *`paket`* funktionieren die Importpfade genauso wie bei `import` (z.B. `from` *`dir1.dir2.mod`* `import` *`X`*) sowohl für reguläre, als auch für 3.3-Namensraumpakete Der Paketpfad selbst muss jedoch nur einmal mit `from` angegeben werden (nicht für jede Attributreferenz). Ab Python 2.4 können die aus einem Modul importierten Namen in Klammern zusammengefasst auch ohne Backslash über mehrere Zeilen hinweg angegeben werden (diese besondere Syntax gilt nur für `from`).

In Python 3.X ist die Form `from ... import *` innerhalb von Funktionen oder Klassen nicht zulässig, weil es dadurch unmöglich wäre, die Gültigkeitsbereiche von Namen zur Definitionszeit zu klassifizieren. Aufgrund der Gültigkeitsregeln führt das *-Format in 2.X ab

Version 2.2 zu Warnmeldungen, falls es in einer Funktion oder Klasse verschachtelt vorkommt.

Die from-Anweisung wird auch zur Aktivierung zukünftiger (ausstehender) Spracherweiterungen verwendet: from __future__ import *featurename*. Dieses Format darf nur zu Beginn einer Moduldatei verwendet werden (davor dürfen nur Docstrings oder Kommentare stehen) oder zu einem beliebigen Zeitpunkt in einer interaktiven Sitzung.

Paketrelative import-Syntax

In Python 3.X und 2.X können Sie in from-Anweisungen (aber *nicht in* import) vorangestellte Punkte verwenden, um Modulreferenzen innerhalb von Paketen anzugeben – Importe *relativ* zu dem Paketverzeichnis, in dem sich das zu importierende Modul befindet. Relative Importe beschränken den ursprünglichen Modulsuchpfad auf das Paketverzeichnis. *Absolute* Importe beziehen sich auf Module in sys.path. Es gibt folgende Syntaxmuster:

```
from quelle import name [, name]*     # Abs: sys.path

from . import modul [, modul]*        # Rel: Nur Paket
from .quelle import name [, name]*    # Rel: Nur Paket

from .. import modul [, modul]*       # Elternverzeichnis in
                                        //Paket
from ..quelle import name [, name]*   # Elternverzeichnis in
                                        //Paket
```

Bei dieser Syntax für from kann *quelle* ein einfacher Kennzeichner oder mit Punkten getrennter Paketpfad sein. *name* und *modul* sind einfache Kennzeichner, führende Punkte kennzeichnen den Import als relativ zum Paket. Die Umbenennung mit as (nicht Teil dieses Beispiels) funktioniert auch in dieser Form genauso wie in herkömmlichen from-Anweisungen mit *name* und *modul*.

Mit der Punktschreibweise können Sie sowohl in Python 3.X als auch in 2.X Importe explizit paketrelativ machen. Bei Importen *ohne* führende Punkte wird dagegen das Paketverzeichnis selbst in Python 2.X zuerst durchsucht, nicht dagegen in Python 3.X. So können Sie ab Python 2.6 die vollständige Semantik für Paketimporte von Python 3.X aktivieren:

```
from __future__ import absolute_import
```

Da absolute Paketimportpfade relativ zu einem Verzeichnis in `sys.path` eine breitere Palette an Anwendungsfällen unterstützen können, werden sie häufig den impliziten paketrelativen Importen in Python 2.X und den expliziten paketrelativen Importen in Python 2.X und 3.X vorgezogen.

Die class-Anweisung

```
[dekoration]
class name [ ( super [, super]* [, metaclass=M] ) ]:
    folge
```

Die `class`-Anweisung erzeugt neue Klassenobjekte, also Fabriken für die Erstellung neuer Instanzobjekte. Das neue Klassenobjekt erbt von allen *super*-Klassen in der angegebenen Reihenfolge und wird der Variablen *name* zugewiesen. Die `class`-Anweisung führt einen neuen lokalen Gültigkeitsbereich für Namen ein. Alle in der `class`-Anweisung zugewiesenen Namen erzeugen Klassenobjektattribute, die alle Instanzen dieser Klasse gemeinsam nutzen.

Im Folgenden werden die wichtigsten Merkmale von Klassen vorgestellt. Weitere Informationen zu Klassen und OOP (Objektorientierter Programmierung) finden Sie im Abschnitt »Objektorientierte Programmierung«, Seite 115, und im Abschnitt »Methoden zur Operatorüberladung«, Seite 124:

- *Superklassen* (auch als Basisklassen bekannt) sind Klassen, von denen neue Klassen die im Header in Klammern angegebenen Attribute erben (z.B. `class Sub(Super1, Super2)`).
- Zuweisungen in der Anweisungsfolge erzeugen *Klassenattribute*, die von Instanzen geerbt werden: Verschachtelte `def`-Anweisungen erzeugen *Methoden*, während Zuweisungsanweisungen einfache Klassenmitglieder erzeugen.
- Durch den Aufruf der Klasse werden *Instanzobjekte* erzeugt. Jedes Instanzobjekt kann eigene Attribute haben und erbt alle Attribute der Klasse und aller zugehörigen Superklassen.

- *Methodenfunktionen* erhalten strikt nach Konvention ein besonderes erstes Argument mit dem Namen `self`, das das Instanzobjekt selbst enthält – das implizierte Subjekt des Methodenaufrufs, über das Sie Zugriff auf Attribute mit Instanzzustandsinformationen haben.
- Die integrierten Funktionen `staticmethod()` und `classmethod()` unterstützen zusätzliche Arten von Methoden. Python 3.X-Methoden können bei Aufrufen durch eine Klasse wie einfache Funktionen behandelt werden.
- Die Methoden `__X__` zum *Überladen* von Operatoren fangen integrierte Operationen ab.
- Klassen bieten Zustandsbewahrung, Programmstruktur und unterstützen die *Wiederverwendung von Code* durch Anpassungen in neuen Klassen.

Klassendekoratoren in Python 3.X, 2.6 und 2.7

In Python 2.6, 3.0 und späteren Versionen kann die Dekoratorsyntax zuzüglich zu Funktionsdefinitionen auch auf class-Anweisungen angewendet werden. Die Syntax für Klassendekoratoren sieht folgendermaßen aus:

```
@dekorator
class C:
   def meth():
       ...
```

Das entspricht der folgenden expliziten Neubindung des Namens:

```
class C:
     def meth():
         ...
C = dekorator(C)
```

Dadurch wird der aufrufbare *`Dekorator`* mit der Klasse als Argument aufgerufen und sein Rückgabewert an den Klassennamen gebunden. Wie Funktionsdekoratoren können auch Klassendekoratoren verschachtelt werden und unterstützen Dekoratorargumente. Klassendekoratoren können zur Verwaltung von Klassen und später an sie gerichteten Instanziierungsaufrufen verwendet werden (über Proxy-Objekte).

Metaklassen

Metaklassen sind Klassen, die von der Klasse type abgeleitet werden, um die Erzeugung von Klassenobjekten selbst anzupassen. Beispiel:

```
class Meta(type):
    def __new__(meta, cname, supers, cdict):
        # Dies und __init__ von type.__call__ ausgeführt
        c = type.__new__(meta, cname, supers, cdict)
        return c
```

In Python 3.X definieren Klassen ihre Metaklassen über benannte Argumente im class-Header:

```
class C(metaclass=Meta): ...
```

In Python 2.X werden stattdessen Klassenattribute verwendet:

```
class C(object):
    __metaclass__ = Meta
    ...
```

Der Code von Metaklassen wird zum Abschluss einer class-Anweisung ausgeführt (ganz ähnlich wie Klassendekoratoren). Siehe auch type() im Abschnitt »Integrierte Funktionen«, Seite 143, für die Abbildung von class-Anweisungen auf Methoden von Metaklassen.

Die try-Anweisung

```
try:
    folge
except [typ [as wert]]:        # Oder [, wert] in 2.X
    folge
[except [typ [as wert]]:
    folge]*
[else:
    folge]
[finally:
    folge]

try:
    folge
finally:
    folge
```

Die try-Anweisung fängt Ausnahmen ab. try-Anweisungen können except-Klauseln mit Codefolgen angeben, die als Handler für jene

Ausnahmen dienen, die während des try-Blocks ausgelöst werden. else-Klauseln werden ausgeführt, wenn während des try-Blocks keine Ausnahmen ausgelöst wurden. Und finally-Klauseln werden unabhängig davon ausgeführt, ob eine Ausnahme ausgelöst wurde oder nicht. except-Klauseln fangen Ausnahmen ab und behandeln sie, finally-Klauseln führen dagegen Abschlussaktionen (beim Verlassen von Codeblöcken) aus.

Ausnahmen können entweder von Python automatisch ausgelöst werden oder explizit im Code durch raise-Anweisungen (siehe Abschnitt »Die raise-Anweisung«, Seite 106). In except-Klauseln ist *typ* ein Ausdruck, der die Klasse der abzufangenden Ausnahme angibt. Außerdem kann ein zusätzlicher Variablenname *wert* definiert werden, der die Instanz der ausgelösten Ausnahmeklasse entgegennimmt. Tabelle 16 zeigt alle Klauseln, die in einer try-Anweisung stehen können.

Die try-Anweisung erfordert entweder ein except, ein finally oder beides. Die Reihenfolge try→except→else→finally muss eingehalten werden, wobei else und finally optional sind und es null oder mehr except-Klauseln geben darf. Bei Verwendung von else muss es jedoch mindestens eine except-Klausel geben. finally arbeitet korrekt mit return, break und continue zusammen: Wird der try-Block mit einer dieser Anweisungen verlassen, wird auf jeden Fall der finally-Block ausgeführt.

Tabelle 16: Formate der try-Anweisung

Klauselformat	**Interpretation**
except:	Alle (oder alle anderen) Ausnahmen abfangen.
except *typ*:	Bestimmte Ausnahme abfangen.
except *typ* as *wert*:	Bestimmte Ausnahme abfangen und deren Instanz speichern.
except (*typ1*, *typ2*):	Angegebene Ausnahmen abfangen.
except (*typ1*, *typ2*) as *wert* :	Angegebene Ausnahmen abfangen und deren Instanz speichern.
else:	Wird ausgeführt, wenn keine Ausnahmen ausgelöst wurden.
finally:	Diese Klausel wird immer beim Verlassen des try-Blocks ausgeführt.

Es gibt folgende gebräuchlichen Variationen:

`except` *klassenname* `as` *X* `:`
: Fängt eine Ausnahme dieser Klasse ab und weist die ausgelöste Instanz der Variablen *X* zu. *X* bietet Zugriff auf sämtliche vorhandenen Zustandsinformationsattribute, Ausgabe-Strings und aufrufbaren Methoden der ausgelösten Instanz. Bei älteren String-Ausnahmen werden *X* alle zusätzlichen mit dem String zusammen übergebenen Daten zugewiesen (String-Ausnahmen wurden ab Version 3.0 bzw. 2.6 entfernt).

`except (`*typ1*`,` *typ2*`,` *typ3*`) as` *X* `:`
: Fängt alle im Tupel genannten Ausnahmen ab und weist die zusätzlichen Daten *X* zu.

In Python 3.X ist der Name *X* in der `as`-Klausel *lokal* für den `except`-Block und wird beim Verlassen der Folge entfernt. In 2.X ist dieser Name nicht lokal auf den Block beschränkt. Siehe auch den Aufruf `sys.exc_info()` im Abschnitt »Modul sys«, Seite 186, für den generischen Zugriff auf die Ausnahmeklasse und -instanz (*typ* und *wert*) nach dem Auslösen einer Ausnahme.

try-Anweisungen in Python 2.X

In Python 2.X funktionieren `try`-Anweisungen wie beschrieben. Die in `except`-Handlern verwendete `as`-Klausel für den Zugriff auf die ausgelöste Instanz wird jedoch mit einem Komma formuliert. Sowohl die Formulierung mit `as` als auch die Komma-Schreibweise funktionieren in 2.6 und 2.7 (für 3.X-Kompatibilität), in früheren 2.X-Versionen existiert `as` dagegen nicht:

`except` *klassenname*`,` *X* `:`
: Ausnahmen der angegebenen Klasse abfangen und die ausgelöste Instanz *X* zuweisen (verwenden Sie hierfür ab 2.5 `as`).

`except (`*name1*`,` *name2*`,` *name2*`),`*X*`:`
: Ausnahmen der angegebenen Klassen abfangen und *X* die zusätzlichen Daten zuweisen (verwenden Sie hierfür ab 2.5 `as`).

Die raise-Anweisung

In Python 3.X hat die raise-Anweisung folgendes Format:

```
raise instanz [from (andereausnahme | None)]
raise klasse  [from (andereausnahme | None)]
raise
```

Die erste Form löst eine manuell erzeugte Instanz einer Klasse aus (z.B. raise Error(*args*)). Die zweite Form erzeugt eine neue Instanz von *klasse* und löst diese aus (gleichbedeutend mit raise *klasse*()). Die dritte Form löst die letzte Ausnahme erneut aus. Informationen zur optionalen from-Klausel finden Sie im nächsten Abschnitt (»Verkettete Ausnahmen in Python 3.X«).

Die raise-Anweisung löst Ausnahmen aus. Sie können Sie dazu verwenden, um integrierte oder benutzerdefinierte Ausnahmen explizit auszulösen. Siehe auch Abschnitt »Integrierte Ausnahmen«, Seite 173 für die in Python vordefinierten Ausnahmen.

Bei einer raise-Anweisung springt die Ausführung in den entsprechenden except-Block der zuletzt begonnenen try-Anweisung mit einer passenden Klausel. Wenn keine Klausel passt, springt die Ausführung in die oberste Ebene des Prozesses, wo das Programm beendet und eine Standardfehlermeldung ausgegeben wird. finally-Blöcke werden dabei auf jeden Fall noch ausgeführt. Eine except-Klausel ist erfüllt, wenn die angegebene Klasse der ausgelösten Instanz oder einer ihrer Superklassen entspricht (siehe Abschnitt »Klassenausnahmen«, Seite 107). Falls angegeben, wird das ausgelöste Instanzobjekt in der passenden except-Klausel der as-Variablen zugewiesen.

Verkettete Ausnahmen in Python 3.X

(Nur) in Python 3.X ermöglicht die optionale from-Klausel die Verkettung von Ausnahmen: *andereausnahme* ist eine andere Ausnahmeklasse oder Instanz und wird an das __cause__-Attribut der ausgelösten Ausnahme angehängt. Wird die ausgelöste Ausnahme nicht abgefangen, gibt Python beide Ausnahmen als Teil der Standardfehlermeldung aus:

```
try:
    ...
except Exception as E:
    raise TypeError('Schlimm') from E
```

Ab Python 3.3 kann raise from auch None angeben, um alle bis zum Zeitpunkt der Ausführung der Anweisung angesammelten verketteten Ausnahmen abzubrechen:

```
    raise TypeError('Schlimm') from None
```

Klassenausnahmen

Ab Python 3.0 und 2.6 werden alle Ausnahmen durch eine Klasse identifiziert, die von der integrierten Klasse Exception abgeleitet sein muss (in 2.X ist diese Ableitung nur für Klassen neuen Stils erforderlich). Die Superklasse Exception bietet Standards für die Anzeige von Strings sowie die Speicherung von Konstruktorargumenten im Tupel-Attribut args.

Klassenausnahmen unterstützen *Ausnahmekategorien*, die auf einfache Weise erweitert werden können. Da try-Anweisungen bei Angabe einer Superklasse auch alle Subklassen abfangen, können Ausnahmekategorien durch Anpassung der entsprechenden Subklassen geändert werden, ohne vorhandene try-Anweisungen zunichte zu machen. Das ausgelöste Instanzobjekt bietet außerdem Speicherplatz für zusätzliche Informationen zur Ausnahme:

```
class Allgemein(Exception):
    def __init__(self, x):
        self.data = x

class Speziell1(Allgemein): pass
class Speziell2(Allgemein): pass

try:
    raise Speziell1('spam')
except Allgemein as X:
    print(X.data)               # Gibt 'spam' aus
```

raise-Anweisungen in Python 2.X

Vor Version 2.6 können in Python 2.X Ausnahmen sowohl mit Strings als auch mit Klassen identifiziert werden. Daher können raise-Anweisungen die folgenden Formen haben, von denen viele aus Gründen der Abwärtskompatibilität beibehalten wurden:

```
raise string                  # Vergleicht String-Objekt
raise string, daten           # Daten der Variable daten zuweisen

raise klasse, instanz         # Vergleicht Klasse oder Superklassen
raise instanz                 # = inst.__class__, inst

raise klasse                     # = klass()
raise klasse, arg                # = klass(arg), noninst
raise klasse, (arg [, arg]*) # = klass(arg, arg,...)
raise                            # Aktuelle Ausnahme erneut auslösen
```

String-Ausnahmen sind seit Python 2.5 veraltet (und führen zu Warnmeldungen). Python 2.X gestattet in raise-Anweisungen außerdem ein drittes Element, das ein Traceback-Objekt sein muss und anstatt der aktuellen Stelle im Code als die Stelle verwendet wird, an der die Ausnahme aufgetreten ist.

Die assert-Anweisung

```
assert ausdruck [, meldung]
```

Die assert-Anweisung führt Debugging-Prüfungen durch. Wenn der *ausdruck* den Wahrheitswert False liefert, wird ein AssertionError ausgelöst und diesem, falls angegeben, *meldung* als Konstruktorargument übergeben. Die Befehlszeilenoption -O entfernt diese Prüfungen (die Tests werden wieder eingefügt noch ausgeführt).

Die with-Anweisung

```
with ausdruck [as variable]:                 # 3.0/2.6, +
    folge

with ausdruck [as variable]
        [, ausdruck [as variable]]*:  # 3.1/2.7, +
    folge
```

Die with-Anweisung verpackt einen verschachtelten Codeblock in einen Kontextmanager (an anderer Stelle bereits beschrieben), der beim Einstieg in den Codeblock Aktionen ausführen und sicherstellen kann, dass beim Verlassen des Codeblocks bestimmte Aktionen ausgeführt werden – unabhängig davon, ob Ausnahmen ausgelöst wurden oder nicht. `with` kann für Aktionen beim Verlassen eines Codeblocks eine Alternative zu `try/finally` sein – allerdings nur für Objekte, für die Kontextmanager existieren.

Es wird vorausgesetzt, dass *ausdruck* ein Objekt zurückliefert, das das Kontextmanager-Protokoll unterstützt. Dieses Objekt darf außerdem einen Wert zurückgeben, der der *variablen* zugewiesen wird, falls es eine optionale as-Klausel gibt. Klassen können benutzerdefinierte Kontextmanager definieren. Manche integrierte Typen wie Dateien und Threads stellen Kontextmanager mit Abschlussaktionen bereit, die beispielsweise Dateien schließen, Thread-Locks freigeben usw.:

```
with open(r'C:\misc\script', 'w') as meinedatei:
    ... meinedatei verarbeiten, wird beim Verlassen des Code-
blocks automatisch geschlossen...
```

Siehe Abschnitt »Dateien«, Seite 61 für weitere Informationen zur Verwendung des Dateikontextmanagers und die Python-Handbücher für weitere integrierte Typen, die dieses Protokoll und diese Anweisung unterstützen.

Diese Anweisung wird ab Python 2.6 und 3.0 unterstützt und kann in 2.5 folgendermaßen aktiviert werden:

```
from __future__ import with_statement
```

Mehrere Kontextmanager in Python 3.1 und 2.7

Ab Python 3.1 und 2.7 kann die `with`-Anweisung auch mehrere (*verschachtelte*) Kontextmanager angeben. Sie können eine beliebige Zahl von Kontextmanager-Elementen durch Kommata voneinander getrennt festlegen, die sich genauso verhalten wie ineinander verschachtelte `with`-Anweisungen. Der folgende Code ist ab 3.1 bzw. 2.7:

```
with A() as a, B() as b:
    ...Anweisungen...
```

gleichbedeutend mit dem folgenden, der auch in 3.0 und 2.6 funktioniert:

```
with A() as a:
    with B() as b:
        ...Anweisungen...
```

Im folgenden Codebeispiel werden die Abschlussaktionen beider Dateien beim Verlassen des Anweisungblocks automatisch ausgeführt – unabhängig davon, ob Ausnahmen aufgetreten sind oder nicht:

```
with open('data') as fin, open('res', 'w') as fout:
    for zeile in fin:
        fout.write(transform(zeile))
```

Kontextmanager-Protokoll

Objekte werden mit Hilfe des folgenden Methodenaufrufsmodell in die `with`-Anweisung integriert (siehe auch Abschnitt »Methoden für Kontextmanager«, Seite 139):

1. Der *ausdruck* wird ausgewertet und liefert ein Kontextmanager-Objekt, das die Methoden `__enter__` und `__exit__` definieren muss.
2. Die `__enter__()`-Methode das Kontextmanagers wird aufgerufen. Der zurückgelieferte Wert wird, falls angegeben, der *variablen* zugewiesen oder einfach verworfen.
3. Der Code des verschachtelten *Blocks* wird ausgeführt.
4. Falls der *Block* eine Ausnahme auslöst, wird die Methode `__exit__(`*typ*`,` *wert*`,` *traceback*`)` mit Einzelheiten zur Ausnahme aufgerufen. Falls diese Methode den Wert `False` zurückgibt, wird die Ausnahme erneut ausgelöst. Ansonsten wird sie beendet.
5. Auch wenn der *Block* keine Ausnahme auslöst, wird die `__exit__`-Methode ausgeführt, für die drei Argumente wird allerdings jeweils der Wert `None` übergeben.

Python 2.X-Anweisungen

Python 2.X unterstützt die bereits beschriebene print-Anweisung, nicht aber `nonlocal` und bietet vor Version 2.6 keine vollständige Unterstützung für `with`. Darüber hinaus haben `raise`, `try` und `def` wie beschrieben in Python 2.X eine leicht unterschiedliche Syntax. Außerdem gelten die im vorherigen Abschnitt als 3.X-spezifischen Semantikregeln generell nicht für 2.X (z.B. Namensraumpakete).

Die folgende zusätzliche Anweisung gibt es dagegen nur in Python 2.X:

```
exec codestring [in globaldict [, localdict]]
```

Die exec-Anweisung führt Code dynamisch aus. *codestring* kann eine beliebige Python-Anweisung (oder mehrere durch Newlines voneinander getrennte Anweisungen) als String sein, die im selben Namensraum wie exec kompiliert und ausgeführt wird – oder im Namensraum der optionalen globalen bzw. lokalen Namensraum-Dictionaries (*localdict* entspricht standardmäßig *globaldict*). *codestring* kann außerdem ein kompiliertes Codeobjekt sein. Siehe auch compile(), eval() und the Python 2.X-Funktion execfile() im Abschnitt »Integrierte Funktionen«, Seite 143.

In Python 3.X wurde aus dieser Anweisung die exec()-Funktion (siehe Abschnitt »Integrierte Funktionen«, Seite 143). Die rückwärts und vorwärts kompatible Syntax exec(a, b, c) ist auch in Python 2.X zulässig. Tipp: Werten Sie damit auf keinen Fall Codestrings zweifelhafter Herkunft aus, da diese als Programmcode ausgeführt werden.

Namensraum und Gültigkeitsregeln

Dieser Abschnitt behandelt Regeln für die Bindung und Auflösung von Namen (siehe auch Abschnitt »Namensformat«, Seite 73, Abschnitt »Namenskonventionen«, Seite 74, und Abschnitt »Atomare Terme und Dynamische Typisierung«, Seite 13). Namen werden bei der ersten Zuweisung erzeugt, müssen aber bereits existieren, wenn Sie darauf verweisen. Qualifizierte und unqualifizierte Namen werden unterschiedlich aufgelöst.

Qualifizierte Namen: Namensräume von Objekten

Qualifizierte Namen (*z.B. X*, in *object.X*) sind auch als *Attribute* bekannt und existieren in den Namensräumen von Objekten. In manchen lexikalischen Gültigkeitsbereichen[15] dienen Zuweisungen der Initialisierung von Objektnamensräumen (z.B. Modul- und Klassenattribute):

Zuweisung: `objekt.X = wert`
: Erstellt oder ändert das Attribut *X* im Namensraum von *objekt*. Das ist der Standardfall, siehe den folgenden Abschnitt »Formale Vererbungsregeln«, Seite 119 für weitere Informationen.

Referenz: `objekt.X`
: Sucht den Attributnamen *X* in *objekt* und anschließend in allen zugänglichen übergeordneten Klassen nach Instanzen und Klassen. Das ist die Definition von *Vererbung*. Siehe Abschnitt »Formale Vererbungsregeln«, Seite 119 für ausführlichere Informationen.

Unqualifizierte Namen: lexikalische Gültigkeitsbereiche

Unqualifizierte Namen (z.B. *X*) am Anfang eines Ausdrucks unterliegen lexikalischen Gültigkeitsregeln. Zuweisungen binden solche Namen an den lokalen Gültigkeitsbereich, außer sie sind global oder in 3.X als nonlocal deklariert.

Zuweisung: `X = wert`
: Erzeugt den Namen *X* standardmäßig lokal: Erzeugt oder ändert den Namen *X* im aktuellen lokalen Gültigkeitsbereich. Wenn *X* als `global` deklariert wird, wird der Name *X* im Gültigkeitsbereich des umgebenden Moduls erzeugt oder geändert. Nur in Python 3.X wird der Name *X* im Gültigkeitsbereich einer umgebenden Funktion erzeugt bzw. geändert, wenn dieser als `nonlocal` deklariert wird. Lokale Variablen werden normalerweise zur Laufzeit im Aufruf-Stack gespeichert, damit der Zugriff darauf schnell erfolgen kann und die Variablen nur für Code desselben Gültigkeitsbereichs sichtbar sind.

15 Lexikalische Gültigkeitsbereiche beziehen sich auf physikalisch (syntaktisch) verschachtelte Codestrukturen im Quellcode eines Programms.

Referenz: `X`

Sucht den Namen `X` in der folgenden Reihenfolge in maximal vier Gültigkeitskategorien:

a. im aktuellen *lokalen* Gültigkeitsbereich (der innersten umgebenden Funktion)
b. in den lokalen Gültigkeitsbereichen aller lexikal *umgebenden Funktionen* (andere Funktionsschichten, von innen nach außen)
c. im aktuellen *globalen* Gültigkeitsbereich (umgebendes Modul)
d. im *integrierten* Gültigkeitsbereich (entspricht den Modulen `builtins` in Python 3.X bzw. `__builtin__` in Python 2.X)

Die lokalen und globalen Gültigkeitskontexte sind in Tabelle 17 definiert. Bei `global`-Deklarationen beginnt die Suche im globalen Gültigkeitsbereich, `nonlocal`-Deklarationen in 3.X beschränken die Suche auf die umgebenden Funktionen.

Sonderfälle: Komprehensionen, Ausnahmen

Python 3.X behandelt Schleifenvariablen in allen *Komprehensionen* als lokal (Python 2.X für alles außer Listenkomprehensionen). Python 3.X behandelt die Ausnahmevariable in der `except`-Klausel von `try`-Anweisungen ebenfalls als lokal (2.X dagegen nicht). Siehe auch Abschnitt »Listenkomprehensionsausdrücke«, Seite 51, und Abschnitt »Die try-Anweisung«, Seite 103.

Tabelle 17: Gültigkeitsbereich für unqualifizierte Namen

Codekontext	Globaler Gültigkeitsbereich	Lokaler Gültigkeitsbereich
Modul	wie Lokal	das Modul selbst
Funktion, Methode	umgebendes Modul	Funktionsdefinition/-Aufruf
Klasse	umgebendes Modul	`class`-Anweisung
Skript, interaktiver Modus	wie lokal	`module __main__`
`exec()`, `eval()`	globaler Gültigkeitsbereich des Aufrufers (oder übergeben)	lokaler Gültigkeitsbereich des Aufrufers (oder übergeben)

Verschachtelte Gültigkeitsbereiche und Funktionsabschlüsse

Die Suche in *umgebenden Funktionen* der »Referenzregeln« im vorherigen Abschnitt (Schritt *b*) wird als *statisch verschachtelter Gültigkeitsbereich* bezeichnet und ist ab Version 2.2 Standard. Die Funktion im folgenden Beispiel funktioniert, weil die Referenz auf x innerhalb von f2 Zugriff auf den Gültigkeitsbereich der umgebenden f1 hat:

```
def f1():
    x = 42
    def f2():
        print(x)     # x aus dem Gültigkeitsbereich von f1
    return f2        # Beim Aufruf: f1()()=>42
```

Verschachtelte Funktionen, die Referenzen auf den umgebenden Gültigkeitsbereich enthalten (z.B. f2 im obigen Code), bezeichnet man als als *Funktionsabschluss* (oder »Closure«) – ein Tool zur Zustandserhaltung, das manchmal als Alternative oder Ergänzung zu Klassen eingesetzt wird und in 3.X durch nonlocal (siehe Abschnitt »Die nonlocal-Anweisung«, Seite 95) praktischer gestaltet wurde. Sie können Gültigkeitsbereiche beliebig verschachteln, jedoch werden nur die umgebenden Funktionen (nicht die Klassen) durchsucht:

```
def f1():
    x = 42
    def f2():
        def f3():
            print(x)    # Findet x im Gültigkeitsbereich von f1
        f3()            # f1() gibt 42 aus
    f2()
```

Umgebende Gültigkeitsbereiche und Standardwerte

In Python-Versionen vor 2.2 arbeiten die Funktionen aus dem vorhergehenden Abschnitt nicht korrekt, weil der Name x nicht lokal ist (im Gültigkeitsbereich der verschachtelten Funktion), nicht global (im umgebenden Modul f1) und auch kein integrierter Name ist. Damit solche Fälle vor Version 2.2 oder in anderen Situationen funktionieren, müssen Sie mit *Standardargumente* n Werte aus dem unmittelbar umgebenden Gültigkeitsbereich durchreichen, weil Standardwerten vor dem Eintritt in eine `def` -Anweisung ausgewertet werden:

```
def f1():
    x = 42
    def f2(x=x):
        print(x)        # f1()() gibt 42 aus
    return f2
```

Diese Technik funktioniert auch in neueren Python-Versionen sowie mit `lambda`-Ausdrücken, die genau wie `def` einen verschachtelten Gültigkeitsbereich implizieren und in der Praxis häufiger verschachtelt werden:

```
def funk(x):
    aktion = (lambda n: x ** n)       # Ab Version 2.2
    return aktion                     # funk(2)(4)=16

def funk(x):
    aktion = (lambda n, x=x: x ** n) # Standardalternative
    return aktion                     # funk(2)(4)=16
```

Obwohl Standardargumente in den meisten Anwendungsfällen mittlerweile größtenteils veraltet sind, werden Sie immer noch manchmal benötigt, um auf *Schleifenvariablen* zuzugreifen, wenn Funktionen innerhalb von Schleifen erzeugt werden. Ansonsten bilden solche Variablen nur den *finalen* Durchlauf ab:

```
for I in range(N):
    aktionen.append(lambda I=I: F(I))  # Aktuelles I
```

Objektorientierte Programmierung

Klassen sind in Python das wichtigste Werkzeug der *objektorientierten Programmierung* (OOP). Sie unterstützen mehrere Instanzen, die Vererbung von Attributen und das Überladen von Operatoren. Python unterstützt außerdem die Techniken der *funktionalen Programmierung* – mit Werkzeugen wie Generatoren, lambda-Anweisungen, Komprehensionen, Mappings, Funktionsabschlüssen, Dekoratoren und Funktionsobjekten erster Klasse – die in manchen Kontexten als Ergänzung oder Alternative zur OOP dienen kann.

Klassen und Instanzen

Klassenobjekte bieten Standardverhalten

- Die `class`-Anweisung erzeugt ein *Klassenobjekt* und weist es einem Namen zu.
- Zuweisungen innerhalb von `class`-Anweisungen erzeugen *Klassenattribute*, das sind vererbbare Zustände und Verhaltensweisen von Objekten.
- *Klassenmethoden* sind verschachtelte `def`s mit einem speziellen ersten Argument, das die implizierte Subjektinstanz erwartet.

Instanzobjekte werden aus Klassen erzeugt

- Wenn Sie ein Klassenobjekt wie eine Funktion aufrufen, wird ein neues *Instanzobjekt* erzeugt.
- Jedes Instanzobjekt erbt die Attribute der Klasse und erhält einen eigenen *Namensraum* für Attribute.
- Zuweisungen an Attribute des ersten Arguments (z.B. `self.`*X* = *V*) in Methoden erzeugen *instanzspezifische Attribute*.

Vererbungsregeln

- Die Vererbung geschieht zum Zeitpunkt der Attributqualifizierung: wenn *`objekt.attribut`* ausgeführt wird, falls *`objekt`* eine Klasse oder Instanz ist.
- Klassen erben die Attribute aller in der Kopfzeile der class-Anweisung angegebenen Klassen (Superklassen). Die Angaben mehrerer Klassen führt zur *Mehrfachvererbung*.
- Instanzen erben die Attribute der Klasse, innerhalb derer sie erzeugt werden – zuzüglich aller Superklassen dieser Klasse.
- Bei der Vererbung werden zunächst die Instanz, dann die zugehörige Klasse und anschließend alle zugänglichen Superklassen durchsucht. Dabei wird die zuerst gefundene Version des Attributnamens verwendet. Superklassen werden üblicherweise erst vertikal und dann von links nach rechts durchsucht.

Bei Klassen neuen Stils wird zunächst in der Breite gesucht, bevor vertikal in Rautenmustern gesucht wird.

Siehe Abschnitt »Formale Vererbungsregeln«, Seite 119, für weitere Informationen zur Vererbung.

Pseudoprivate Attribute

Standardmäßig sind alle Attributnamen in Modulen und Klassen überall sichtbar.Durch bestimmte Konventionen können Daten in eingeschränktem Maß versteckt werden. Diese sind aber in erster Linie dafür gedacht, Namenskollisionen zu vermeiden (siehe auch Abschnitt »Namenskonventionen«, Seite 74).

Private Daten in Modulen

Namen in Modulen, die mit einem einzelnen Unterstrich beginnen (z.B. *_X*) und diejenigen, die nicht in der Liste `__all__` des Moduls erscheinen, werden durch `from` *`modul`* `import *` nicht kopiert. Das ist jedoch nicht als strenge Kapselung zu verstehen, da Sie auf solche Namen ja über andere Formen der import-Anweisung nach wie vor zugreifen können.

Private Daten in Klassen

Namen mit zwei führenden Unterstrichen (z.B. *__X*) werden innerhalb von `class`-Anweisungen beim Name Mangling (»Namenszerstückelung«) durch den Compiler um den Name der umgebenden Klasse als Präfix erweitert (z.B. *_Klasse__X*). Durch dieses Präfix werden solche Namen für die umgebende Klasse lokalisiert und sind somit sowohl im Instanzobjekt *`self`* als auch in der Klassenhierarchie eindeutig.

Dadurch lassen sich unerwünschte Namenskollisionen bei Methoden und Attributen für Instanzobjekte am Ende der Vererbungskette vermeiden (für ein bestimmtes *`attr`* ändern alle Zuweisungen zu *`self.attr`* an beliebiger Stelle eines Frameworks den Namensraum der einzelnen Instanz). Auch dies ist keine strenge Kapselung, da solche Attribute auch weiterhin über den zerstückelten Namen zugänglich sind.

Eine der Datenkapselung ähnliche Zugangskontrolle lässt sich über Proxy-Klassen implementieren, die den Zugriff auf Attribute in den Methoden `__getattr__()` und `__setattr__()` validieren (siehe Abschnitt »Methoden zur Operatorüberladung«, Seite 124).

Klassen neuen Stils

In Python 3.X gibt es ein einziges Klassenmodell: Alle Klassen werden als Klassen *neuen Stils* angesehen, unabhängig davon, ob sie von `object` abgeleitet sind oder nicht. In Python 2.X gibt es zwei Klassenmodelle: das *klassische* Modell (der Standard in allen Versionen von 2.X) und Klassen *neuen Stils* – eine Option ab Version 2.2, die von einem integrierten Typ bzw. von der integrierten Klasse `object` abgeleitet ist (z.B. `class A(object)`).

Klassen neuen Stils (einschließlich aller Klassen in Python 3.X) unterscheiden sich folgendermaßen von den »klassischen« Klassen:

- Rautenförmige Muster bei Mehrfachvererbungen werden in einer anderen Reihenfolge durchsucht: Durch die neue Methode `__mro__` (siehe Abschnitt »Formale Vererbungsregeln«, Seite 119) geht die Suche vereinfacht ausgedrückt zunächst mehr in die Breite als in die Tiefe.
- Klassen sind nun Typen, und Typen sind nun Klassen. Die integrierte Funktion `type(I)` liefert anstatt eines generischen Instanztyps die Klasse einer Instanz zurück und ist üblicherweise gleichbedeutend mit `I.__class__`. Die Klasse `type` kann abgeleitet werden, um die Erzeugung von Klassen anzupassen. Gleichzeitig erben alle Klassen von `object`, das einige Methodenstandards bereitstellt.
- Die Methoden `__getattr__()` und `__getattribute__()` werden nicht mehr für Attribute aufgerufen, die implizit von integrierten Operationen abgerufen werden. Sie werden nicht mehr von integrierten Funktionen für Namen von Operatorüberladungsmethoden nach dem Schema `__X__` aufgerufen. Die Suche nach solchen Namen beginnt bei den Klassen, nicht bei den Instanzen. Um derartige Methodennamen abzufangen und zu delegieren, müssen Sie diese generell in Wrapper-/Proxy-Klassen neu definieren.

- Klassen neuen Stils bieten eine Reihe neuer Klassenwerkzeuge. Dazu gehören Slots, Eigenschaften, Deskriptoren und die Methode `__getattribute__()`. Die meisten davon sind für die Entwicklung von Codewerkzeugen gedacht. Siehe Abschnitt »Methoden zur Operatorüberladung«, Seite 124 zu `__slots__`, `__getattribute__()` und den Deskriptormethoden `__get__()`, `__set__()` und `__delete__()`, siehe Abschnitt »Integrierte Funktionen«, Seite 143 zu `property()`.

Formale Vererbungsregeln

Die Vererbung geschieht beim Verweis auf einen Attributnamen, bei der Auflösung von *`objekt.name`* im Herzen des objektorientierten Codes – immer wenn *`objekt`* von einer Klasse abgeleitet ist. Die Vererbung von klassischen Klassen und Klassen neuen Stils funktioniert unterschiedlich. Dennoch wird typischer Code in beiden Modellen häufig auf dieselbe Weise ausgeführt.

Klassische Klassen: DFLR

In klassischen Klassen (Standard in 2.X) werden Namensverweise bei der Vererbung in der folgenden Reihenfolge gesucht:

1. In der *Instanz*
2. In der *Klasse*
3. Anschließend in allen *Superklassen* der Klasse, zunächst in der Tiefe (»Depth-First«) und dann in der Breite (»Left-to-Right«)

Der auf diese Weise als erstes gefundene Name wird verwendet. Diese Suchreihenfolge ist auch unter der Abkürzung *DFLR* (Depth-First, Left-to-Right) bekannt.

Die Referenzsuche kann von einer Instanz oder einer Klasse ausgehen. *Attributzuweisungen* werden normalerweise ohne vorherige Suche direkt im Zielobjekt selbst gespeichert. Es gibt Sonderfälle für `__getattr__()` (wird ausgeführt, wenn ein Name nicht aufgelöst werden konnte) und `__setattr__()` (wird für alle Attributzuweisungen aufgerufen).

Klassen neuen Stils: MRO

In Klassen neuen Stils (Standard in 3.X und optional in 2.X) folgt die Vererbung der *MRO* (Method Resolution Order, Reihenfolge bei der Auflösung von Methodennamen): einem linearisierten Pfad durch einen Klassenbaum sowie einer verschachtelten Vererbungskomponente, die durch das `__mro__`-Attribut einer Klasse zugänglich ist. Die MRO wird ungefähr folgendermaßen berechnet :

1. Es werden alle Klassen nach der DFLR-Auflösungsregel gelistet, von denen eine Instanz erbt. Klassen, die dabei mehr als einmal erscheinen, werden entsprechend mehrfach genannt.
2. Aus der Ergebnisliste werden anschließend alle Vorkommen der mehrfach aufgeführten Klassen gelöscht – bis auf das jeweils letzte Vorkommen in der Liste (das am weitesten rechts gelegene).

Die so berechnete MRO-Sequenz für eine bestimmte Klasse umfasst die Klasse, die Superklassen sowie alle übergeordneten Superklassen bis einschließlich der impliziten oder expliziten Wurzelklasse `object` in der obersten Hierarchieebene des Baums. Die Reihenfolge ist so angeordnet, dass jede Klasse jeweils vor ihren Eltern erscheint. Mehrere Elternklassen behalten die Reihenfolge bei, in der sie im Superklassentupel `__bases__` erscheinen.

Gemeinsame Elternklassen in *Rautenanordnungen* erscheinen nur an der Position ihres *letzten* Vorkommens in der MRO. Daher werden untergeordnete Klassen zuerst durchsucht, wenn die MRO-Liste später für die Attributvererbung herangezogen wird (entsprechend erfolgt die Suche in Rautenanordnungen zuerst mehr in der Breite als in der Tiefe). Jede Klasse wird entsprechend nur *einmal* erfasst und besucht – unabhängig davon, wie viele Klassen zu ihr hin führen.

Die MRO kommt sowohl bei der Vererbung (vorwärts) zum Einsatz, als auch beim Aufruf der Funktion `super()` – einer integrierten Funktion, die immer die *nächste* Klasse in der MRO (relativ zum Punkt des Aufrufs) aufruft. Diese kann unter Umständen keine Superklasse sein, aber dazu verwendet werden, Methodenaufrufe durch einen gesamten Klassenbaum abzusetzen, wobei jede Klasse nur einmal besucht wird.

Beispiel: Keine Rautenform

```
class D:       attr = 3        #   D:3   E:2
class B(D):    pass            #   |     |
class E:       attr = 2        #   B     C:1
class C(E):    attr = 1        #    \   /
class A(B, C): pass            #      A
X = A()                        #      |
print(X.attr)                  #      X

# DFLR = [X, A, B, D, C, E]
# MRO  = [X, A, B, D, C, E, object]
# Ergibt in 3.X und 2.X (immer) "3"
```

Beispiel: Raute

```
class D:       attr = 3        #   D:3   D:3
class B(D):    pass            #   |     |
class C(D):    attr = 1        #   B     C:1
class A(B, C): pass            #    \   /
X = A()                        #      A
print(X.attr)                  #      |
                               #      X
# DFLR = [X, A, B, D, C, D]
# MRO  = [X, A, B, C, D, object] (behält nur das letzte D)
# Ergibt in 3.X "1", "3" in 2.X ("1" falls D(object))
```

Vererbungsalgorithmus neuen Stils

Je nach dem Code der jeweiligen Klasse kann die Vererbung neuen Stils Deskriptoren, Metaklassen und MROs umfassen (Namensquellen werden bei diesem Verfahren in Reihenfolge nacheinander probiert, entweder nummeriert oder von links nach rechts in Oder-Verknüpfungen).

So wird ein Attributname gesucht:

1. Von *Instanz I* aus werden die Instanz, ihre Klasse sowie ihre Superklassen durchsucht:
   a. Suche in `__dict__` aller Klassen aus der `__mro__` , die für *I*'s `__class__` gefunden wurde.
   b. Falls in Schritt *a* ein Data-Deskriptor gefunden wurde, wird dessen Methode `__get__()` aufgerufen und die Suche beendet.

c. Ansonsten wird ein Wert aus dem `__dict__` der Instanz *I* zurückgegeben.

d. Andernfalls wird ein Nondata-Deskriptor aufgerufen oder ein in Schritt *a* gefundener Wert zurückgegeben.

2. Von *Klasse* `C` aus werden die Klasse, deren Superklassen und der Metaklassenbaum durchsucht:

   a. Suche in `__dict__` aller Metaklassen aus der `__mro__`, die für `C`'s `__class__` gefunden wurde.

   b. Falls in Schritt *a* ein Data-Deskriptor gefunden wurde, wird dessen Methode `__get__()` aufgerufen und die Suche beendet.

   c. Ansonsten wird ein Deskriptor aufgerufen oder ein Wert aus `__dict__` einer Klasse aus `C`'s eigener `__mro__` zurückgeliefert.

   d. Andernfalls wird ein Nondata-Deskriptor aufgerufen oder ein in Schritt *a* gefundener Wert zurückgegeben.

3. Sowohl für Regel 1 als auch für Regel 2 verwenden *integrierte* Operationen (z.B. Ausdrücke) im Wesentlichen lediglich Quellen aus Schritt *a* für die implizite Auflösung von Methodennamen und die `super()`-Suche wird entsprechend angepasst.

Zusätzlich kann die Methode `__getattr__()` ausgeführt werden (falls definiert), wenn ein Attribut nicht gefunden wurde. Die Methode `__getattribute__()` kann bei jedem Abruf eines Attributs ausgeführt werden. Und die implizierte Superklasse `object` stellt einige übergeordneten Standards für jede Klasse und den Metaklassenbaum bereit (das heißt am Ende jeder MRO).

Als *Sonderfälle* überspringen integrierte Operationen Namensquellen wie in Regel 3 beschrieben, und die integrierte Funktion `super()` schließt eine normale Vererbung aus. Die Attribute der von `super()`zurückgelieferten Objekte werden über eine besondere kontextsensitive Suche in einem eingeschränkten Bereich der MRO aufgelöst. Dabei wird der erste gefundene Deskriptor oder Wert ausgewählt, anstatt eine vollständige Vererbung durchzuführen (die nur dann für das `super`-Objekt erfolgt, falls diese Suche fehlgeschlagen ist). Siehe `super()` im Abschnitt »Integrierte Funktionen«, Seite 143.

So werden Attributnamen zugewiesen:

Für Attributzuweisungen wird nur ein Teil des Suchvorgangs durchgeführt:

- Bei *Instanz*en erfolgen im Wesentlichen die Schritte *a* mit *c* von Regel *1*, wobei der Klassenbaum der Instanz durchsucht wird. Allerdings wird in Schritt *b* `__set__()` anstatt von `__get__()` aufgerufen und in Schritt *c* der Vorgang beendet und der Wert in der Instanz gespeichert, anstatt einen Wert abzurufen.
- Für *Klass*en kommt bei Zuweisungen derselbe Vorgang mit dem Metaklassenbaum der Klasse zum Einsatz: Größtenteils gleichbedeutend mit Regel 2, jedoch endet der Vorgang in Schritt *c*, der Wert wird in der Klasse gespeichert.

Die Methode `__setattr__()` fängt nach wie vor alle Attributzuweisungen ab. Allerdings ist für diese Methode die Verwendung des `__dict__` der Instanz für die Zuweisung der Namen weniger nützlich, da einige Erweiterungen des neuen Stils, wie etwa Slots, Eigenschaften und Deskriptoren die Attribute auf Klassenebene implementieren – eine Art »virtueller« Instanzdatenmechanismus. Manche Instanzen verfügen unter Umständen nicht über ein `__dict__`, falls Slots verwendet werden (eine Optimierung).

Vorrang und Kontext im neuen Stil

Die Vererbungsverfahren im neuen Stil geben beim grundlegenden Vorgang der Namensauflösung effektiv Vorrangsregeln vor, die Sie sich folgendermaßen vorstellen können (die entsprechenden Schritte des Vererbungsalgorithmus stehen in Klammern):

Instanzen:

1. Data-Deskriptoren des Klassenbaums (*1b*)
2. Instanzobjektwerte (*1c*)
3. Non-Data-Deskriptoren des Klassenbaums (*1d*)
4. Klassenbaumwerte (*1d*)

Klassen:

1. Data-Deskriptoren des Metaklassenbaums (*2b*)
2. Deskriptoren des Klassenbaums (*2c*)
3. Klassenbaumwerte (*2c*)
4. Non-Data-Deskriptoren des Klassenbaums (*2d*)
5. Metaklassenbaumwerte (*2d*)

Python führt maximal einen Suchvorgang (für Instanzen) oder zwei Suchvorgänge (für Klassen) im Baum durch pro Namensauflösung – ungeachtet der vier oder fünf Namensquellen. Lesen Sie auch im vorhergehenden Abschnitt die Beschreibung des besonderen Suchvorgangs für die von der integrierten Funktion `super()` (neuer Stil) zurückgelieferten Objekte.

Siehe auch Abschnitt »Methoden für Deskriptoren«, Seite 138, und Abschnitt »Metaklassen«, Seite 103, zu Subjekten, Abschnitt »Methoden zur Operatorüberladung«, Seite 124, zur Verwendung von `__setattr__()`, `__getattr__()` und `__getattribute__()` und die Quellcodedateien *object.c* und *typeobject.c* von Python mit den Implementierungen von Instanzen und Klassen (in der Quellcode-Distribution von Python).

Methoden zur Operatorüberladung

Klassen können durch Bereitstellung von Methodenfunktionen mit entsprechenden Namen, die jeweils mit zwei Unterstrichen beginnen und enden, integrierte Operationen abfangen und diese selbst implementieren. Die Namen sind nicht reserviert und können wie gewohnt von Superklassen geerbt werden. Python lokalisiert maximal eine Methode pro Operation und ruft diese automatisch auf.

Python ruft die Überladungsmethoden einer Klasse auf, wenn deren Instanzen in Ausdrücken oder anderen Kontexten vorkommen. Wenn eine Klasse beispielsweise eine Methode mit dem Namen `__getitem__` definiert und `X` eine Instanz dieser Klasse ist, entspricht der Ausdruck `X[i]` den Methodenaufruf `X.__getitem__(i)` (der direkte Methodenaufruf bietet übrigens derzeit keinerlei Geschwindigkeitsvorteile, sondern bewirkt unter Umständen sogar das Gegenteil).

Die Methodennamen zur Operatorüberladung sind teilweise etwas beliebig. So muss beispielsweise die `__add__`-Methode einer Klasse nicht zwingend eine Addition oder Verkettung durchführen (obwohl sie normalerweise zumindest eine ähnliche Rolle haben sollte). Außerdem können Klassen generell numerische Methoden und Methoden für Sammlungen sowie Operationen für veränderbare und unveränderbare Typen mischen. Für die meisten Namen für Operatorüberladungen gibt es keine Standarddefinition (außer für diejenigen von `object` für Klassen neuen Stils. Operationen, für die die entsprechende Methode nicht definiert ist, lösen eine Ausnahme aus (z.B. + ohne `__add__`).

Die folgenden Unterabschnitte beschreiben die verfügbaren Methoden für Operationen. Die Klammern nach dem Namen der jeweiligen `__X__`-Methoden lassen wir der Einfachheit halber weg, da sich der Kontext auch ohne sie erschließt. Dieser Abschnitt beschäftigt sich in erster Linie mit Python 3.X, bietet aber auch Informationen zur Operatorüberladung in den meisten anderen Python-Versionen. Siehe Abschnitt »Methoden zur Operatorüberladung in Python 2.X«, Seite 139, zu spezifischen Merkmalen der beiden Python-Zweige.

Methoden für alle Typen

`__new__(`*`klasse`*` [, `*`arg`*` ]*)`
: Wird aufgerufen, um eine neue Instanz der *`klasse`* zu erzeugen und zurückzuliefern. Nimmt die an die Klasse *`klasse`* übergebenen Konstruktorargumente *`arg`* entgegen. Wird eine Instanz von *`klasse`* zurückgeliefert, wird die `__init__`-Methode mit der neuen Instanz *`self`* plus derselben Konstruktorargumente aufgerufen. Ansonsten wird `__init__` nicht aufgerufen. Wird typischerweise implementiert, um die Methode `__new__` einer Superklasse über den expliziten Namen der Superklasse oder `super()` (siehe Abschnitt »Integrierte Funktionen«, Seite 143) aufzurufen sowie die so erhaltene Instanz zu verwalten und zurückzuliefern. Diese Methode ist automatisch statisch.

Wird in gewöhnlichen Klassen nicht verwendet, und ist dafür gedacht, dass Unterklassen unveränderbarer Typen die Instanzerzeugung sowie benutzerdefinierte *Metaklassen* die Klassenerzeugung anpassen können. Siehe auch `type()` im Abschnitt »Integrierte Funktionen«, Seite 143, zu letzterem Anwendungsfall, in dem diese Methode mit Argumenten für die Klassenerzeugung aufgerufen wird.

`__init__(`*`self`*` [, `*`arg`*` ]*)`
: Wird für *`klasse`*`(`*`args`*`...)`aufgerufen. Dies ist die *Konstruktormethode*, die die neue Instanz *`self`* initialisiert. Beim Aufruf eines Klassennamens wird *`self`* automatisch bereitgestellt. *`arg`* sind die an den Klassennamen übergebenen Argumente, die eine beliebige Argumentform zur Funktionsdefinition haben dürfen (siehe Abschnitt »Ausdrucksanweisungen«, Seite 80 und Abschnitt »Die def-Anweisung«, Seite 87, einschließlich Tabelle 14).

Auch wenn die Methode technisch gesehen nach `__new__` aufgerufen wird, so ist `__init__` dennoch die bevorzugte Möglichkeit, neue Objekte in allen Klassen auf Anwendungsebene zu konfigurieren. Muss keinen Wert zurückgeben. Muss bei Bedarf die `__init__`-Methode einer Superklasse manuell aufrufen und die Instanz an *`self`* übergeben – über den expliziten Namen der Superklasse oder `super()` (siehe Abschnitt »Integrierte Funktionen«, Seite 143). Python ruft nur eine `__init__`-Methode automatisch auf.

`__del__(`*`self`*`)`
: Wird bei der Garbage Collection für die Instanz aufgerufen. Diese *Destruktormethode* räumt auf, wenn die Instanz *`self`* freigegeben wird. Eingebettete Objekte werden automatisch freigegeben, wenn ihr Container freigegeben wird (es sei denn, es gibt anderweitige Verweise darauf). Ausnahmen während der Ausführung dieser Methode werden ignoriert und geben lediglich Meldungen auf `sys.stderr` aus. Tipp: Die `try`/`finally`-Anweisung ermöglicht besser vorhersehbare Abschlussaktionen für einen Codeblock. Die `with`-Anweisung bietet ein ähnliches Hilfsmittel für jene Objekttypen, die diese unterstützen.

`__repr__(self)`
: Wird für `repr(self)`und interaktive `echo`-Befehle aufgerufen (sowie `` `self` `` in Python 2.X). Wird außerdem anstatt von `str(self)` und `print(self)` aufgerufen, falls es `__str__` nicht gibt. Typischerweise liefert diese Methode eine elementare String-Darstellung von *self*, die dem entsprechenden Code abbildet.

`__str__(self)`
: Wird für `str(self)` und `print(self)` aufgerufen (oder verwendet `__repr__` als Ausweichlösung, falls definiert). Diese Methode liefert üblicherweise eine umfassende »benutzerfreundliche« String-Darstellung von *self*.

`__format__(self, formatangabe)`
: Wird von der integrierten Funktion `format()` aufgerufen (und infolgedessen von der `str.format()`-Methode von `str`-Strings), um eine formatierte String-Darstellung des Objekts *self* abzurufen – mit Hilfe des Strings *formatangabe*, dessen Syntax für integrierte Typen der gleichnamigen Komponente in `str.format()` entspricht. Siehe Abschnitt »Syntax der Formatierungsmethode«, Seite 33, Abschnitt »String-Formatierungsmethode«, Seite 31, und Abschnitt »Integrierte Funktionen«, Seite 143. Neu ab Python 2.6 und 3.0.

`__bytes__(self)`
: Wird von `bytes()` aufgerufen, um eine Darstellung von *self* als `bytes`-String abzurufen. Nur in Python 3.X.

`__hash__(self)`
: Wird für `Dictionary[self]` und `hash(self)` und andere Operationen mit gehashten Sammlungen aufgerufen, einschließlich derer für den Objekttyp set. Diese Methode liefert einen eindeutigen und sich nie ändernden ganzzahligen Hash-Schlüssel und interagiert auf raffinierte Weise mit `__eq__`. Beide haben Standardwerte, die gewährleisten, dass alle Objekte nur mit sich selbst positiv auf Identität getestet werden. Weitere Informationen finden Sie im Python-Handbuch.

`__bool__(self)`
: Wird für die Prüfung von Wahrheitswerten und von der integrierten Funktion `bool()` aufgerufen. Liefert `False` oder `True`. Wenn `__bool__` nicht definiert ist, wird `__len__()` verwendet – falls definiert – und bestimmt einen wahren Wert mit einer Länge ungleich null. Wenn eine Klasse weder `__len__` noch `__bool__` definiert, werden alle Instanzen als wahr betrachtet. Neu in Python 3.X; In Python 2.X trägt diese Methode den Namen `__nonzero__`, funktioniert aber genauso.

`__call__(self [, arg ]*)`
: Wird für *`self(args...)`* aufgerufen, wenn eine Instanz wie eine Funktion aufgerufen wird. *arg* kann alle Formen haben, die in der Argumentliste einer Funktionsdefinition zulässig sind. Die beiden folgenden Definitionen:

```
def __call__(self, a, b, c, d=5):
def __call__(self, *pargs, **sargs):
```

entsprechen den folgenden beiden Aufrufen:

```
self(1, 2, 3, 4)
self(1, *(2,), c=3, **dict(d=4))
```

Siehe Abschnitt »Die def-Anweisung«, Seite 87 einschließlich Tabelle 14 für weitere Informationen über *arg*-Optionen.

`__getattr__(self, name)`
: Wird für *`self.name`* aufgerufen, wenn das Attribut *name* nicht definiert ist (diese Methode wird nicht aufgerufen, wenn *name* in *`self`* existiert oder geerbt wurde). *name* ist ein String. Die Methode liefert entweder ein Objekt oder löst einen `AttributeError` aus.

Sowohl im klassischen als auch in Klassen neuen Stils enthalten. Sowohl in Python 3.X und Klassen neuen Stils in 2.X wird diese Methode für `__X__`-Attribute nicht aufgerufen, die implizit von *integrierten Operationen* abgerufen werden (z.B. Ausdrücken). Definieren Sie solche Namen in Wrapper-/Proxy-Klassen oder Superklassen. Siehe auch `__dir__` in dieser Liste.

`__setattr__(self, name, wert)`
: Wird für *self.name=wert* aufgerufen (alle Attributzuweisungen). Tipp: Nehmen Sie die Zuweisung über einen `__dict__`-Schlüssel oder eine Superklasse (z.B. `object`) vor, um rekursive Schleifen zu vermeiden. Die Anweisung *self.attr=x* innerhalb von `__setattr__` ruft `__setattr__` erneut auf. *self.*`__dict__['`*attr*`']=`*x* dagegen nicht.

  Rekursion kann auch durch einen expliziten Aufruf der Superklassenversion `object` einer Klasse neuen Stils vermieden werden: `object.__setattr__(`*self,attr,wert*`)`. Dies kann unter Umständen in Klassenbäumen vorzuziehen oder sogar erforderlich sein, die »virtuelle« Instanzattribute auf Klassenebene implementieren, wie etwa *Slots, Eigenschaften oder Deskriptoren* (Slots können beispielsweise ein Instanz- `__dict__` ausschließen.

`__delattr__(self, name)`
: Wird für `del` *self.name* aufgerufen (alle Attributlöschungen). Tipp: Sie müssen rekursive Schleifen vermeiden, indem Sie die Attributlöschung über `__dict__` oder eine Superklasse abwickeln, ähnlich wie bei `__setattr__`.

`__getattribute__(self, name)`
: Wird ohne Bedingungen aufgerufen, um den Attributzugriff für Instanzen der Klasse zu implementieren. Wird niemals aufgerufen, wenn die Klasse auch `__getattr__` definiert (außer bei einem expliziten Aufruf). Diese Methode soll den (berechneten) Attributwert liefern oder eine `AttributeError`-Ausnahme auslösen. Um Endlosrekursionen in dieser Methode zu vermeiden, sollte die Implementierung immer die Superklassenmethode desselben Namens aufrufen, um auf die erforderlichen Attribute zuzugreifen (z.B. `object.__getattribute__(`*self, name*`)`.

  Verfügbar in Python 3.X und in 2.X für Klassen *neuen Stils*. In beiden Python-Zweigen wird diese Methode nicht für `__`*X*`__`-Attribute aufgerufen, die von *integrierten Operationen* (z.B. Ausdrücke) abgerufen werden. Definieren Sie solche Namen in Wrapper-/Proxy-Klassen. Siehe auch `__dir__` in dieser Liste.

`__lt__(self, anderes)`
`__le__(self, anderes)`
`__eq__(self, anderes)`
`__ne__(self, anderes)`
`__gt__(self, anderes)`
`__ge__(self, anderes)`

Wird für `self < anderes`, `self <= anderes`, `self == anderes`, `self != anderes`, `self > anderes` bzw. `self >= anderes` eingesetzt. Diese in Version 2.1 eingeführten Methoden werden als *Rich Comparison*-Methoden bezeichnet und in Python 3.X für alle vergleichenden Ausdrücke aufgerufen. So ruft `X < Y` beispielsweise `X.__lt__(Y)` auf, falls definiert. In Python 2.X haben diese Methoden Vorrang vor `__cmp__`, und `__ne__` wird in 2.X auch für `self <> anderes` aufgerufen.

Die Methoden können einen beliebigen Wert *zurückliefern*. Aber bei Verwendung des Vergleichsoperators in einem Booleschen Kontext wird der Rückgabewert für den Operator als Boolesches Ergebnis interpretiert. Diese Methoden können auch das besondere Objekt `NotImplemented` zurückgeben (aber nicht auslösen), wenn die Operation für die jeweiligen Operanden nicht unterstützt wird (dann wird verfahren, als ob die Methode überhaupt nicht definiert wäre, und Python 2.X verwendet, falls definiert, die allgemeine Methode `__cmp__`).

Es gibt keine implizierten Beziehungen zwischen den Vergleichsoperatoren. Wenn `X == Y` wahr ist, bedeutet das nicht implizit, dass `X != Y` falsch ist: `__ne__` sollte zusammen mit `__eq__` definiert werden, wenn sich die Operatoren symmetrisch verhalten sollen. Es gibt auch keine rechtsassoziativen Versionen dieser Methoden (mit vertauschen Argumenten) für den Fall, dass das linke Argument die Operation nicht unterstützt, wohl aber das rechte. `__lt__` und `__gt__` sowie `__le__` und `__ge__` sind jeweils das Gegenstück des anderen, `__eq__` und `__ne__` sind jeweils ihr eigenes Gegenstück. Für Sortierungen sollten Sie in Python 3.X `__lt__` verwenden. Siehe außerdem `__hash__` in den Python-Handbüchern zur Rolle von `__eq__` beim Hashing.

`__slots__`
: Diesem Klassenattribut kann ein String, eine Sequenz oder ein anderes iterierbares Objekt mit Strings zugewiesen werden, das die Namen der Attribute der Instanzen der Klasse enthält. Wenn dieses Attribut in einer Klasse *neuen Stils* definiert wird (einschließlich aller Klassen in Python 3.X), erzeugt `__slots__` einen Verwaltungsdeskriptor auf Klassenebene (siehe Abschnitt »Methoden für Deskriptoren«, Seite 138), reserviert Platz für die deklarierten Attribute in den Instanzen und verhindert die automatische Erstellung von `__dict__` für jede Instanz (außer der String `'__dict__'` ist in `__slots__` enthalten – in diesem Fall erhalten die Instanzen auch ein `__dict__`; Attribute, die nicht in `__slots__` aufgeführt sind, können dann dynamisch hinzugefügt werden).

Da Slots das instanzspezifische `__dict__` unterdrücken können, lässt sich damit die Speichernutzung optimieren. Dennoch ist davon generell abzuraten - außer in pathologischen Fällen, in denen der Einsatz eindeutig angezeigt ist. Denn Slots haben das Potenzial, die Funktionalität von bestimmten Arten von Code zu beeinträchtigen und unterliegen komplizierten Verwendungsbeschränkungen (weitere Information dazu finden Sie in den Python-Handbüchern).

Zur Unterstützung von Klassen mit `__slots__` müssen Tools, die Attribute generisch auflisten oder über String-Namen darauf zugreifen, speicherungsneutrale Werkzeuge einsetzen, wie etwa `getattr()`, `setattr()` und `dir()`, die sowohl auf die Speicherung von `__dict__`- als auch auf die Speicherung von `__slots__`-Attributen anwendbar sind.

`__instancecheck__(`*`self, instanz`*`)`
: Liefert `True` für `isinstance()`, wenn *`instanz`* eine direkte oder indirekte Instanz der Klasse ist. Neu in Python 3.X und 2.6. Zur Verwendung siehe die Python-Handbücher.

`__subclasscheck__(`*`self, Er`*`)`
: Liefert `True` für `issubclass()`, wenn *`subklasse`* eine direkte oder indirekte Subklasse von Klasse ist. Neu in Python 3.X und 2.6. Zur Verwendung siehe die Python-Handbücher.

`__dir__(self)`
Wird für `dir(self)` (siehe Abschnitt »Integrierte Funktionen«, Seite 143) aufgerufen und liefert eine Sequenz mit Attributnamen. Auf diese Weise können manche Klassen ihre Attribute bei der Introspektion mit `dir()` mitteilen, wenn diese Attribute mit Tools wie `__getattr__` berechnet werden, aber nur der Klasse selbst bekannt sind. Dynamische Anwendungsfälle kommen unter Umständen nicht direkt in Betracht. Aber manche *allgemeinen Proxies* können unter Umständen diesen Aufruf an die verwalteten Objekte delegieren, um Attributwerkzeuge zu unterstützen. Neu in Python 3.X, auch als Back-Port in Python 2.6 und 2.7.

Methoden für Sammlungen (Sequenzen, Mappings)

`__len__(self)`
Wird für `len(self)` und eventuell bei Tests mit Wahrheitswerten aufgerufen. Diese Methode liefert die Größe einer Sammlung. Bei Booleschen Tests sucht Python zunächst nach `__bool__` , dann nach `__len__` und behandelt das Objekt dann als wahr (`__bool__` heißt in Python 2.X `__nonzero__`). Die Länge null bedeutet falsch.

`__contains__(self, element)`
Wird in benutzerdefinierten Tests aufgerufen, um zu prüfen, ob `element in self` enthalten ist (alternativ wird hierfür `__iter__` verwendet, falls definiert, ansonsten `__getitem__`). Diese Methode liefert einen Wahrheitswert als Ergebnis.

`__iter__(self)`
Wird für `iter(self)` aufgerufen. Diese in Version 2.2 eingeführte Methode ist Teil des *Iterationsprotokolls*. Sie liefert ein Objekt mit der Methode `__next__` (möglicherweise *self*). Die `__next__()`-Methode des Ergebnisobjekts wird anschließend in allen Iterationskontexten (z.B. `for`-Schleifen) immer wieder aufgerufen und sollte das jeweils nächste Ergebnis liefern oder `StopIteration` auslösen, um die Ergebnisschleife zu beenden.

Wenn `__iter__` nicht definiert ist, weicht die Iteration auf `__getitem__` aus. `__iter__` kann auch als Klassenmethode mit einem eingebetteten yield programmiert werden, um einen Generator mit einer automatisch erzeugten __next__-Methode zurückzuliefern. __next__ heißt in Python 2.X next. Siehe auch Abschnitt »Die for-Anweisung«, Seite 85, und Abschnitt »Das Iterationsprotokoll«, Seite 52.

__next__(*self*)
: Wird von der integrierten Funktion next(*self*) und allen Iterationskontexten aufgerufen, um die Ergebnisse zu durchlaufen. Diese Methode ist Teil des *Iterationsprotokolls*. Siehe __iter__ in dieser Liste für weitere Informationen zur Verwendung. Neu in Python 3.X. In Python 2.X heißt diese Methode next, funktioniert aber auf dieselbe Weise.

__getitem__(*self*, *schluessel*)
: Wird für *self*[*schluessel*], *self*[*i*:*j*:*k*], *x* in *self* und eventuell in Iterationskontexten aufgerufen. Diese Methode implementiert alle indexbezogenen Operationen, einschließlich jener für Sequenzen und Mappings. Iterationskontexte (z.B. in und for) indizieren wiederholt von 0 bis zu einem IndexError, außer die bevorzugte Methode __iter__ ist definiert. __getitem__ und __len__ bilden das *Sequenzprotokoll*.

  In Python 3.X werden diese und die folgenden beiden Methoden auch für *Slice*-Operationen aufgerufen, bei denen *schluessel* ein Slice-Objekt ist. Slice-Objekte können an einen anderen Slice-Ausdruck propagiert werden und haben die Attribute start, stop und step, von denen jedes None sein kann. Siehe auch slice() im Abschnitt »Integrierte Funktionen«, Seite 143.

__setitem__(*self*, *schluessel*, *wert*)
: Wird für *self*[*schluessel*]=*wert*, *self*[*i*:*j*:*k*]=*wert* aufgerufen. Diese Methode wird für die Zuweisung zum Schlüssel bzw. Index einer Sammlung oder dem Slice einer Sequenz verwendet.

__delitem__(*self*, *schluessel*)
: Wird für del *self*[*schluessel*], del *self*[*i*:*j*:*k*] aufgerufen, um einen Index/Schlüssel oder einen Sequenzausschnitt zu löschen.

`__reversed__(self)`
: Wird (falls definiert) von der integrierten Funktion `reversed()` aufgerufen, um eine benutzerdefinierte Rückwärtsiteration zu implementieren. Liefert ein neues iterierbares Objekt, das alle Objekte im Container in umgekehrter Reihenfolge durchläuft. Wenn `__reversed__` definiert ist, erwartet und verwendet `reversed()` das Sequenzprotokoll (Methoden `__len__` und `__getitem__`).

Methoden für Zahlen (binäre Operatoren)

Numerische (und Vergleichs-) Methoden, die eine Operation für die gelieferten Argumente nicht unterstützen, sollten das besondere integrierte Objekt `NotImplemented` zurückliefern (nicht auslösen). Dadurch wird so verfahren, als wenn die jeweilige Methode nicht definiert wäre. Operationen, die für bestimmte Typen von Operanden nicht unterstützt werden, sollten nicht definiert werden.

Tabelle 1 zeigt Beispiele für die Rollen von Operatoren in integrierten Typen. Jedoch wird die Bedeutung der Operatoren letztlich durch das Überladen von Klassen definiert. `__add__` wird beispielsweise für + sowohl bei der numerischen Addition als auch beim Zusammenfügen von Sequenzen aufgerufen, kann in neuen Klassen aber eine beliebige semantische Bedeutung haben.

Grundlegende binäre Methoden

`__add__(self, anderes)`
: Wird für *self* + *anderes* aufgerufen.

`__sub__(self, anderes)`
: Wird für *self* - *anderes* aufgerufen.

`__mul__(self, anderes)`
: Wird für *self* * *anderes* aufgerufen.

`__truediv__(self, anderes)`
: Wird in Python 3.X für *self* / *anderes* aufgerufen. In Python 2.X ruft / stattdessen `__div__` auf, außer die echte Division ist aktiviert (siehe Abschnitt »Hinweise zum Gebrauch von Operatoren«, Seite 14).

__floordiv__(*self*, *anderes*)
: Wird für *self* // *anderes* aufgerufen.

__mod__(*self*, *anderes*)
: Wird für *self* % *anderes* aufgerufen.

__divmod__(*self*, *anderes*)
: Wird für divmod(*self*, *anderes*) aufgerufen.

__pow__(*self*, *anderes* [, *modulo*])
: Wird für pow(*self*, *anderes* [, *modulo*]) und *self* ** *anderes* aufgerufen.

__lshift__(*self*, *anderes*)
: Wird für *self* << *anderes* aufgerufen.

__rshift__(*self*, *anderes*)
: Wird für *self* >> *anderes* aufgerufen.

__and__(*self*, *anderes*)
: Wird für *self* & *anderes* aufgerufen.

__xor__(*self*, *anderes*)
: Wird für *self* ^ *anderes* aufgerufen.

__or__(*self*, *anderes*)
: Wird für *self* | *anderes* aufgerufen.

Rechtsseitige binäre Methoden

__radd__(*self*, *anderes*)
__rsub__(*self*, *anderes*)
__rmul__(*self*, *anderes*)
__rtruediv__(*self*, *anderes*)
__rfloordiv__(*self*, *anderes*)
__rmod__(*self*, *anderes*)
__rdivmod__(*self*, *anderes*)
__rpow__(*self*, *anderes*)
__rlshift__(*self*, *anderes*)
__rrshift__(*self*, *anderes*)
__rand__(*self*, *anderes*)
__rxor__(*self*, *anderes*)
__ror__(*self*, *anderes*)

Dies sind die rechtsseitigen Gegenstücke der binären Operatoren des vorhergehenden Abschnitts. Binäre Operatormethoden haben eine rechtsseitige Variante, die mit einem `r` beginnt (z.B. `__add__` und `__radd__`). Die rechtsseitigen Varianten haben dieselben Argumentlisten, jedoch steht *`self`* auf der rechten Seite des Operators. So ruft *`self`* `+` *`anderes`* beispielsweise *`self`*`.__add__(`*`anderes`*`)`auf, *`anderes`* `+` *`self`* dagegen *`self`*`.__radd__(`*`anderes`*`)`.

Die rechtsseitige Methode mit `r` wird nur aufgerufen, wenn sich die Instanz auf der rechten Seite des Operators befindet und der linke Operand keine Instanz der Klasse ist, die die Operation implementiert:

- *Instanz* + *Nichtinstanz*: `__add__`
- *Instanz* + *Instanz*: `__add__`
- *Nichtinstanz* + *Instanz*: `__radd__`

Wenn zwei Instanzen unterschiedlicher Klassen die Operation überladen, hat die Klasse auf der linken Seite Vorrang. `__radd__` konvertiert häufig oder ändert die Reihenfolge und addiert erneut, um `__add__` aufzurufen.

Erweiterte binäre Methoden

`__iadd__(`*`self`*`, `*`anderes`*`)`
`__isub__(`*`self`*`, `*`anderes`*`)`
`__imul__(`*`self`*`, `*`anderes`*`)`
`__itruediv__(`*`self`*`, `*`anderes`*`)`
`__ifloordiv__(`*`self`*`, `*`anderes`*`)`
`__imod__(`*`self`*`, `*`anderes`*`)`
`__ipow__(`*`self`*`, `*`anderes`*` [, `*`modulo`*` ])`
`__ilshift__(`*`self`*`, `*`anderes`*`)`
`__irshift__(`*`self`*`, `*`anderes`*`)`
`__iand__(`*`self`*`, `*`anderes`*`)`
`__ixor__(`*`self`*`, `*`anderes`*`)`
`__ior__(`*`self`*`, `*`anderes`*`)`

Das sind Methoden zur erweiterten Zuweisung (das Objekt selbst wird verändert). Sie werden jeweils für die folgenden Zuweisungsformate aufgerufen: `+=`, `-=`, `*=`, `/=`, `//=`, `%=`, `**=`, `<<=`,

>>=, &=, ^= und |=. Diese Methoden sollten versuchen, die Operation mit dem Objekt selbst durchzuführen (so dass *self* verändert wird). Wenn eine Methode nicht definiert ist, weicht die erweiterte Operation auf die normalen Methoden aus. Bei der Auswertung von *X* += *Y*, wobei *X* eine Instanz einer Klasse ist, die __iadd__ implementiert, wird *X*.__iadd__(*Y*) aufgerufen. Ansonsten werden __add__ und __radd__ berücksichtigt.

Methoden für Zahlen (andere Operationen)

__neg__(*self*)
: Wird für -*self* aufgerufen.

__pos__(*self*)
: Wird für +*self* aufgerufen.

__abs__(*self*)
: Wird für abs(*self*) aufgerufen.

__invert__(*self*)
: Wird für ~*self* aufgerufen.

__complex__(*self*)
: Wird für complex(*self*) aufgerufen.

__int__(*self*)
: Wird für int(*self*) aufgerufen.

__float__(*self*)
: Wird für float(*self*) aufgerufen.

__round__(*self* [, *n*])
: Wird für round(*self* [, *n*]) aufgerufen. Neu in Python 3.X.

__index__(*self*)
: Wird aufgerufen, um operator.index()zu implementieren. Wird außerdem in anderen Kontexten aufgerufen, in denen Python ein Integer-Objekt benötigt. Dazu zählen Instanzen, die als Indices, Slice-Grenzen und Argumente für die integrierten Funktionen bin(), hex() und oct() verwendet werden. Muss einen Integer zurückliefern.

In Python 3.X und 2.X ähnlich, wird in 2.X jedoch nicht für `hex()` und `oct()` aufgerufen (dafür sind in 2.X die Methoden `__hex__` und `__oct__` erforderlich). In Python 3.X subsumiert und ersetzt `__index__` die 2.X-Methoden `__oct__` und `__hex__`. Der zurückgelieferte Integer wird automatisch formatiert.

Methoden für Deskriptoren

Die folgenden Methoden gelten nur, wenn eine Instanz einer Klasse, die diese definiert (eine *Deskriptor*-Klasse) einem Klassenattribut einer anderen Klasse zugewiesen wird (*Owner*-Klasse genannt). Die Methoden im Deskriptor werden dann automatisch für den Zugriff auf die Attribute in der Owner-Klasse und deren Instanzen aufgerufen:

`__get__(`*`self`*`, `*`instanz`*`, `*`owner`*`)`
: Wird aufgerufen, um das Attribut der Owner-Klasse oder einer Instanz dieser Klasse abzurufen. *`owner`* ist immer die Owner-Klasse; *`instanz`* ist die Instanz, über die auf das Attribut zugegriffen wurde oder `None`, wenn der Zugriff direkt durch die die Owner-Klasse erfolgt. *`self`* ist die Instanz der Deskriptorklasse. Liefert den Attributwert oder löst einen `AttributeError` aus. Sowohl *`self`* als auch *`instanz`* können Zustandsinformationen enthalten.

`__set__(`*`self`*`, `*`instanz`*`, `*`wert`*`)`
: Wird aufgerufen, um dem Attribut einer *`instanz`* der Owner-Klasse einen neuen *`wert`* zuzuweisen.

`__delete__(`*`self`*`, `*`instanz`*`)`
: Wird aufgerufen, um das Attribut einer *`instanz`* der Owner-Klasse zu löschen.

Deskriptoren und ihre Methoden sind für Klassen *neuen Stils* verfügbar, einschließlich aller Klassen in 3.X. In 2.X sind sie nur voll funktionstüchtig, wenn sowohl die Deskriptor- als auch die Owner-Klasse Klassen neuen Stils sind. Ein Deskriptor mit `__set__` wird als *Data-Deskriptor* bezeichnet und hat bei der Vererbung Vorrang gegenüber anderen Namen (siehe Abschnitt »Formale Vererbungsregeln«, Seite 119).

> Die hier beschriebenen »Klassendeskriptoren« unterscheiden sich von den »Dateideskriptoren« (siehe Abschnitt »Dateien«, Seite 61 und Abschnitt »Dateideskriptorwerkzeuge«, Seite 204 für letztere).

Methoden für Kontextmanager

Die folgenden Methoden implementieren das Kontextmanagerprotokoll, das von der `with`-Anweisung eingesetzt wird (siehe auch Abschnitt »Die with-Anweisung«, Seite 108 für den Mechanismus, der diese Methoden einsetzt):

`__enter__(`*`self`*`)`
: Wird bei Eintritt in den Laufzeitkontext des Objekts aufgerufen. Die `with`-Anweisung weist den Rückgabewert dieser Methode dem in der `as`-Klausel der Anweisung angegebenen Zielwert zu (falls vorhanden).

`__exit__(`*`self, typ, wert, traceback`*`)`
: Wird beim Verlassen des Laufzeitkontexts des Objekts aufgerufen. Die Parameter nach *`self`* beschreiben die Ausnahme, die zum Verlassen des Kontexts geführt hat. Wurde der Kontext ohne eine Ausnahme verlassen, sind alle drei Argumente `None`. Ansonsten sind die Argumente gleichbedeutend mit den Ergebnissen von `sys.exc_info()` (siehe Abschnitt »Modul sys«, Seite 186). Liefert den Wert `True` zurück, um zu verhindern, dass eine ausgelöste Ausnahme an den Aufrufer weitergereicht wird.

Methoden zur Operatorüberladung in Python 2.X

Der vorherige Abschnitt zeigt semantische Unterschiede zwischen Methoden zur Operatorüberladung, die *sowohl* in Python 3.X als auch 2.X zur Verfügung stehen. Dieser Abschnitt geht nun auf die Unterschiede zwischen den beiden Python-Zweigen ein.

Manche der im vorherigen Abschnitt beschriebenen Methoden funktionieren in 2.X nur für Klassen *neuen Stils*, eine optionale

Erweiterung der 2.X-Reihe. Dazu gehören `__getattribute__`, `__slots__` und Deskriptormethoden. Andere Methoden verhalten sich unter Umständen in 2.X für Klassen neuen Stils anders (z.B. `__getattr__` für integrierte Klassen) und manche Methoden sind nur in späteren 2.X-Versionen verfügbar (z.B. `__dir__`, `__instancecheck__`, `__subclasscheck__`). Im Folgenden werden die für die jeweiligen Python-Zweige einschlägigen Methoden vorgestellt.

Methoden in Python 3.X

Die folgenden Methoden werden in Python 3.X, aber nicht in Python 2.X unterstützt:

- `__round__`
- `__bytes__`
- `__bool__` (verwenden Sie in Python 2.X den Methodennamen `__nonzero__` oder `__len__`)
- `__next__` (verwenden Sie in Python 2.X den Methodennamen `next`)
- `__truediv__` (in Python 2.X nur verfügbar, wenn die echte Division aktiviert ist: siehe Abschnitt »Hinweise zum Gebrauch von Operatoren«, Seite 14)
- `__index__` für `oct()`, `hex()` (`__oct__`, `__hex__` in Python 2.X)

Methoden in Python 2.X

Die folgenden Methoden werden in Python 2.X unterstützt, aber nicht in Python 3.X:

`__cmp__(`*`self, anderes`*`)` (und `__rcmp__`)

Wird für *`self`* `>` *`anderes`*, *`anderes`* `==` *`self`*, `cmp(`*`self, anderes`*`)`usw. aufgerufen. Diese Methode wird für alle Vergleiche aufgerufen, für die keine spezifischeren Methoden definiert sind oder vererbt werden (wie etwa `__lt__`). Die Methode liefert `-1`, `0` oder `1` für *`self`* kleiner als, gleich bzw. größer als *`anderes`*. Wenn keine Rich-Comparison- oder `__cmp__`-Methoden definiert sind, werden Klasseninstanzen anhand ihrer Identität verglichen (Adresse im Speicher). Die rechtsseitige Methode `__rcmp__` wird ab Version 2.1 nicht mehr unterstützt.

Verwenden Sie in Python 3.X die zuvor beschriebenen spezifischeren Vergleichsmethoden: `__lt__`, `__ge__`, `__eq__` usw. Setzen Sie für die Sortierung in Python 3.X `__lt__` ein.

`__nonzero__(`*`self`*`)`
: Wird für Wahrheitswerte aufgerufen (verwendet ansonsten `__len__`, falls definiert).

  In Python 3.X heißt diese Methode `__bool__`.

`__getslice__(`*`self`*`,`*`start`*`,` ende)
: Wird für *`self`*`[`*`start`*`:`*`ende`*`]` beim Slicing von Sequenzen aufgerufen. Falls `__getslice__` nicht gefunden wird, sowie bei erweiterten dreielementigen Slices wird ein *Slice-Objekt* erstellt und stattdessen an die `__getitem__`-Methode übergeben.

  In Python 2.X gelten diese und die nächsten beiden Methoden als veraltet, werden aber nach wie vor unterstützt – falls definiert, werden sie bei Slicing-Ausdrücken ihren elementbasierten Gegenstücken vorgezogen. In Python 3.X wurden diese drei Methoden vollständig entfernt – Slices rufen immer `__getitem__`, `__setitem__` oder `__delitem__` mit einem Slice-Objekt als Argument auf. Siehe `slice()` im Abschnitt »Integrierte Funktionen«, Seite 143.

`__setslice__(`*`self`*`, `*`start`*`, `*`ende`*`, `*`wert`*`)`
: Wird für *`self`*`[`*`start`*`:`*`ende`*`]=`*`wert`* bei der Zuweisung eines Sequenzabschnitts aufgerufen. Siehe auch den vorherigen Punkt zur Unterstützung von `__getitem__`.

`__delslice__(`*`self`*`, `*`start`*`, `*`ende`*`)`
: Wird für `del` *`self`*`[`*`start`*`:`*`ende`*`]` beim Löschen von Sequenzabschnitten aufgerufen. Siehe auch den vorherigen Punkt zur Unterstützung von `__getitem__`.

`__div__(`*`self`*`,`*`anderes`*`)` (plus `__rdiv__`, `__idiv__`)
: Wird für *`self`*` / `*`anderes`* aufgerufen, außer die echte Division ist aktiviert (in diesem Fall wird stattdessen `__truediv__` aufgerufen). In Python 3.X werden diese Methoden durch `__truediv__`, `__rtruediv__` und `__itruediv__` subsumiert, weil `/` immer eine echte Division durchführt. Siehe auch Abschnitt »Hinweise zum Gebrauch von Operatoren«, Seite 14. Tipp: Weisen Sie `__true-`

div__ = __div__ zu, um in einer Methode beide Modelle zu unterstützen.

__long__(*self*)
: Wird für long(*self*)aufgerufen. In Python 3.X ersetzt der Typ int den Typ long vollständig, so dass diese Methode entfernt wurde.

__oct__(*self*)
: Wird für oct(*self*)aufgerufen. Diese Methode liefert eine oktale String-Darstellung. Geben Sie in Python 3.X stattdessen einen Integer für __index__() zurück.

__hex__(*self*)
: Wird für hex(*self*)aufgerufen. Diese Methode liefert eine hexadezimale String-Darstellung. Geben Sie in Python 3.X stattdessen einen Integer für __index__() zurück.

__coerce__(*self*, *anderes*)
: Wird für den arithmetischen Ausdruck mit gemischten Typen aufgerufen: coerce(). Diese Methode liefert das Tupel (*self*, *anderes*) nach der Konvertierung in einen gemeinsamen Typ. Wenn __coerce__ definiert ist, wird diese Methode generell aufgerufen, bevor echte Operatormethoden probiert werden (z.B. vor __add__). Die Methode sollte ein Tupel mit den in einen gemeinsamen Typ konvertierten Operanden zurückliefern (oder None, falls die Konvertierung nicht möglich ist). Siehe die Python Language Reference für weitere Informationen zu den Umwandlungsregeln.

__unicode__(*self*)
: Wird in 2.X für unicode(*self*) aufgerufen, um einen Unicode-String für *self* zurückzuliefern (siehe Abschnitt »Integrierte Funktionen in Python 2.X«, Seite 166). Das Unicode-Gegenstück zu __str__.

__metaclass__
: Klassenattribut, das der Metaklasse der Klasse zugewiesen ist. Verwenden Sie in Python 3.X stattdessen die Syntax mit dem benannten Argument metaclass=M in der Kopfzeile der Klassendeklaration (siehe Abschnitt »Metaklassen«, Seite 103).

Integrierte Funktionen

Alle integrierten Namen (Funktionen, Ausnahmen usw.) existieren im implizierten, äußeren integrierten Gültigkeitsbereich, der dem Modul `builtins` entspricht (`__builtin__` in Python 2.X). Da dieser Gültigkeitsbereich bei der Auflösung von Namen immer zuletzt durchsucht wird, stehen diese Funktionen auch in Programmen ohne Importe immer zur Verfügung. Die Namen sind jedoch keine reservierten Wörter und können durch Zuweisungen desselben Namens im globalen oder lokalen Gültigkeitsbereich verborgen werden (sogenanntes »Shadowing«). Für zusätzliche Informationen zu den jeweiligen Aufrufen führen Sie `help(`*`funktion`*`)` auf.

Dieser Abschnitt konzentriert sich auf Python 3.X, die genannten Informationen zu den integrierten Funktionen gelten aber für die meisten Python-Versionen. Siehe Abschnitt »Integrierte Funktionen in Python 2.X«, Seite 166, am Ende dieses Abschnitts für spezifische Informationen zu den jeweiligen Python-Zweigen:

`abs(`*`N`*`)`
: Liefert den absoluten Wert einer Zahl *`N`*.

`all(`*`iterierbar`*`)`
: Liefert `True`, wenn alle Elemente von *`iterierbar`* `True` ergeben.

`any(`*`iterierbar`*`)`
: Liefert `True`, wenn ein beliebiges Element von *`iterierbar`* `True` ist. Tipp: `filter(bool, `*`I`*`)` und `[x for x in `*`I`*` if x]` sammeln alle wahren Werte in einem iterierbaren Objekt *`I`*.

`ascii(`*`objekt`*`)`
: Liefert wie `repr()` einen String mit einer druckbaren Darstellung eines Objekts, maskiert aber die Nicht-ASCII-Zeichen im Ergebnis-String von `repr()` mit `\x`-, `\u`- oder `\U`-Escapes. Das Ergebnis ähnelt dem von `repr()` in Python 2.X.

`bin(`*`N`*`)`
: Konvertiert einen Integer in einen String mit binären Ziffern (Basis 2). Das Ergebnis ist ein gültiger Python-Ausdruck. Falls Argument *`N`* kein Python-`int`-Objekt ist, muss es die Methode `__index__()` definieren, die einen Integer zurückliefert. Tipp:

siehe auch `int(string, 2)` für die Konvertierung von Binärzahlen, `0bNNN`-Binärliteralen in Code und den Typcode `b` in `str.format()`.

`bool([ X ])`

Liefert den Booleschen Wert von Objekt `X` und verwendet dabei die Standardprozedur zum Testen von Wahrheitswerten. Wird `X` ausgelassen oder hat den Wert `False`, liefert diese Methode `False`. Ansonsten wird `True` zurückliefert. `bool` ist außerdem eine Klasse, die eine Subklasse von `int` ist. Die Klasse `bool` kann nicht weiter abgeleitet werden. Ihre einzigen Instanzen sind `False` und `True`.

`bytearray([ arg [, kodierung [, fehler ]]])`

Liefert ein neues Array mit Bytes. Der Typ `bytearray` ist eine veränderbare Sequenz kleiner Integer-Werte im Bereich `0...255`, die soweit möglich als ASCII-Text ausgegeben wird. Im Grunde handelt es sich dabei um eine veränderbare Variante von `bytes`, die die meisten Operationen veränderbarer Sequenzen unterstützt sowie die meisten Methoden des Stringtyps `str`. *arg* kann ein `str`-String mit dem Namen einer `kodierung` (und optional `fehler`) wie bei `str()` sein (weiter unten in dieser Liste beschrieben); oder ein Integer, um ein Array von NULL-Bytes (Nullwerte) zu initialisieren; oder ein iterierbares Objekt mit kleinen Integer-Werten, um das Array zu initialisieren, wie ein `bytes`-String oder ein anderes `bytearray`; oder ein Objekt, das der Memory-View-Schnittstelle entspricht (die früher »Buffer-Schnittstelle« hieß), mit dem das Array initialisiert wird. Wird kein Argument angegeben, erzeugt die Methode ein Array der Länge null. Siehe auch Abschnitt »bytes- und bytearray-Strings«, Seite 46.

`bytes([ arg [, kodierung [, fehler ]]])`

Liefert ein neues `bytes`-Objekt, eine unveränderbare Sequenz von Integer-Werten im Bereich `0...255`. `bytes` ist eine unveränderbare Version von `bytearray`. Sie bietet dieselben nicht verändernden String-Methoden und Operationen für Sequenzen und wird häufig dazu verwendet, 8-Bit-Byte-Strings von Binärdaten darzustellen (z.B. Medien, kodierter Unicode-Text). Konstruktorargumente werden wie bei `bytearray()` interpretiert. `bytes`-Objekte können in Python 3.X auch mit dem Literal `b'ccc'` erzeugt werden (in 2.X erstellt dies einen gewöhnlichen `str`). Siehe auch Abschnitt »bytes- und bytearray-Strings«, Seite 46.

`callable(`*`objekt`*`)`
: Liefert `True`, wenn *`objekt`* aufrufbar ist, ansonsten `False`. Diesen Aufruf gibt es in 2.X. In 3.X wurde er in Python 3.0 und 3.1 entfernt, ab Version 3.2 aber wieder eingeführt. Verwenden Sie in früheren 3.X-Versionen stattdessen `hasattr(`*`objekt`*`, '__call__')`.

`chr(`*`I`*`)`
: Liefert einen String mit einem Zeichen, dessen Unicode-Codepoint der Integer *I* ist. Die Umkehrung von `ord()` (z.B. `chr(97)` ist `'a'` und `ord('a')` is `97`).

`classmethod(`*`funktion`*`)`
: Liefert die Klassenmethode für eine *`funktion`*. Eine Klassenmethode erhält als implizites erstes Argument die spezifischste (niedrigste) Klasse der Subjektinstanz, genau wie eine Instanzmethode die Instanz erhält. Nützlich für die Verwaltung klassenspezifischer Daten. Verwenden Sie in Version 2.4 und später den Funktionsdekorator `@classmethod` (siehe Abschnitt »Die def-Anweisung«, Seite 87).

`compile(`*`string`*`, `*`dateiname`*`, `*`art`*` [, `*`flags`*` [, `*`nicht_erben`*` ]])`
: Kompiliert *`string`* in ein Codeobjekt. *`string`* ist ein Python-String, der Python-Programmcode enthält. *`dateiname`* ist ein String, der für Fehlermeldungen verwendet wird (üblicherweise der Name der Datei, aus der der Code gelesen wurde, oder `'<string>'` bei interaktiver Eingabe). *`art`* kann `'exec'` sein, wenn *`string`* Anweisungen enthält, oder `'eval'`, wenn *`string`* ein Ausdruck ist, oder `'single'`, wofür die Ausgabe eines Ausdrucks ausgegeben wird, der einen anderen Wert liefert als `None`. Das resultierende Codeobjekt kann mit den integrierten Funktionen `exec()` oder `eval()` ausgeführt werden. Die beiden optionalen letzten Argumente steuern, welche Future-Anweisungen sich auf die Kompilierung des Strings auswirken. Werden sie weggelassen, wird der String mit den Future-Anweisungen

kompiliert, die beim Aufruf von `compile()` aktiv waren (weitere Informationen dazu finden Sie in den Python-Handbüchern).

`complex([` *`real`* `[,` *`imag`* `]])`
Erzeugt ein komplexes Zahlenobjekt (kann auch mit dem Suffix `J` oder `j` erreicht werden: *`real`*`+`*`imag`*`J`). *`imag`* ist standardmäßig `0`. Wenn beide Argumente weggelassen werden, liefert die Methode `0j`.

`delattr(`*`objekt`*`,` *`name`*`)`
Löscht das Attribut mit dem Namen *`name`* (String) aus *`objekt`*. Ähnlich wie `del` *`objekt.name`*, jedoch ist *`name`* ein String, keine Variable (z.B. ist `delattr(a, 'b')` wie `del a.b`).

`dict([` *`mapping`* | *`iterierbar`* | *`schluesselwoerter`* `])`
Liefert ein neues Dictionary, das mit einem Mapping, einer Sequenz, einem anderen iterierbaren Objekt mit Schlüssel-/Wert-Paaren oder einem Set mit benannten Argumenten initialisiert wird. Ohne Angabe eines Arguments liefert die Methode ein leeres Dictionary. Von diesem Typklassennamen können Subklassen abgeleitet werden.

`dir([` *`objekt`* `])`
Ohne Angabe eines Arguments liefert diese Methode eine Liste mit den Namen im aktuellen lokalen Gültigkeitsbereich (Namensraum). Bei Übergabe eines beliebigen *`objekts`* mit Attributen liefert die Methode die Liste der diesem *`objekt`* zugeordneten Attributnamen. Funktioniert mit Modulen, Klassen und Klasseninstanzen sowie integrierten Objekten mit Attributen (Listen, Dictionaries usw.). Das Ergebnis umfasst ererbte Attribute und ist sortiert. Verwenden Sie `__dict__`-Attribute für die Attributliste eines einzelnen Objekts. Dieser Aufruf führt die benutzerdefinierte Methode *`objekt`*`.__dir__()` aus (falls definiert), die auch die Namen berechneter Attribute in dynamischen oder Proxy-Klassen bereitstellen kann.

`divmod(`*`X`*`,` *`Y`*`)`
Liefert ein Tupel aus (*`X`* `/` *`Y`*`,` *`X`* `%` *`Y`*).

`enumerate(`*`iterierbar`*`, `*`start`*` =0)`

Liefert ein iterierbares `enumerate`-Objekt. *`iterierbar`* muss eine Sequenz oder ein anderes iterierbares Objekt sein, das das Iterationsprotokoll unterstützt. Die Methode `__next__()` des von `enumerate()` zurückgelieferten Iterators gibt ein Tupel mit einer *anzahl* (von `start` oder standardmäßig von Ziffer null aus) und dem entsprechenden *wert* zurück, der sich aus der Iteration über *`iterierbar`* ergibt. Nützlich, um eine indizierte Folge der Indices und Elemente in Iterationen wie `for`-Schleifen abzurufen (z.B. `(0, x[0])`, `(1, x[1])`, `(2, x[2])`, ...). Verfügbar in Version 2.3 und später. Siehe auch Abschnitt »Modul enum«, Seite 245, für fixierte Aufzählungen in Python 3.4.

`eval(`*`ausdr`*` [, `*`globals`*` [, `*`locals`*` ]])`

Wertet das Argument *`ausdr`* aus, das entweder ein Python-String mit einem Python-Ausdruck oder ein kompiliertes Codeobjekt ist. *`ausdruck`* wird im Namensraum des Gültigkeitsbereichs des *`eval`*-Aufrufs selbst ausgewertet, außer über die Argumente *`globals`* und/oder *`locals`* werden Namensraum-Dictionaries angegeben. *`locals`* entspricht standardmäßig *`globals`*, wenn nur *`globals`* übergeben wird. Dieser Aufruf liefert das Ergebnis für den *`ausdruck`*. Siehe auch die `compile()`-Funktion weiter vorne in diesem Abschnitt für die Vorkompilierung und die integrierte Methode `exec()` weiter hinten in diesem Abschnitt zur Ausführung von Strings mit Anweisungen. Tipp: Verwenden Sie diese Methode nicht, um Code-Strings zweifelhafter Herkunft auszuwerten, da diese als Programmcode ausgeführt werden.

`exec(`*`anweisungen`*` [, `*`globals`*` [, `*`locals`*` ]])`

Wertet das Argument *`anweisungen`* aus, das entweder ein Python-String mit einem Python-Ausdruck oder ein kompiliertes Codeobjekt ist. Wenn *`anweisungen`* ein String ist, wird dieser als eine Folge von Python-Anweisungen geparst, die anschließend ausgeführt wird – außer es tritt ein Syntaxfehler auf. Ein Codeobjekt wird einfach ausgeführt. *`globals`* und *`locals`* funktionieren genauso wie bei `eval()` und die Codeobjekte können mit `compile()` vorkompiliert werden. Diese Anweisungsform ist in Python 2.X verfügbar (siehe Abschnitt »Python 2.X-Anweisungen«, Seite 110) und wurde mehr als einmal in der Geschichte von Python von einer Funktion in eine Anweisung umgewandelt und umgekehrt. Tipp: Verwenden Sie diese Methode nicht, um Code-Strings zweifelhafter Herkunft auszuwerten, da diese als Programmcode ausgeführt werden.

`filter(`*`funktion, iterierbar`*`)`
: Liefert jene Elemente aus *`iterierbar`*, für die *`funktion`* den Wert `True` zurückgibt. *`funktion`* erwartet einen Parameter. Falls *`funktion`* gleich `None`, werden alle Elemente aus *`iterierbar`* zurückgeliefert, die den Wert `True` haben – was der Übergabe der integrierten `bool` an *`funktion`* entspricht.

  In Python 2.X liefert dieser Aufruf eine *Liste*. In Python 3.X wird ein *iterierbar*es Objekt zurückgegeben, das Werte auf Anfrage generiert und nur einmal durchlaufen werden kann (packen Sie es in einen `list()`-Aufruf, um die Erzeugung der Ergebnisse bei Bedarf zu erzwingen).

`float([` *`X`* `])`
: Konvertiert eine Zahl oder einen String *`X`* in eine Fließkommazahl (oder `0.0`, falls kein Argument übergeben wird). Siehe auch Abschnitt »Zahlen«, Seite 22, für Beispielanwendungen. Gleichzeitig der Klassenname eines erweiterbaren Typs.

`format(`*`wert`* `[,` *`formatangabe`* `])`
: Wandelt das Objekt *`wert`* wie im String *`formatangabe`* bestimmt in eine formatierte Darstellung um. Die Interpretation von *`formatangabe`* hängt vom Typ des Arguments *`wert`* ab. Für die meisten integrierten Typen wird die Standardsyntax für die Formatierung verwendet, wie an anderer Stelle in diesem Buch bei der Methode zur String-Formatierung beschrieben (siehe *`formatangabe`* im Abschnitt »Syntax der Formatierungsmethode«, Seite 33). `format(`*`wert,formatangabe`*`)` ruft *`wert`*`.__format__(`*`formatangabe`*`)` auf und ist eine Basisoperation der Methode `str.format()` (`format(1.3333, '.2f')` entspricht beispielsweise `'{0:.2f}'.format(1.3333)`).

`frozenset([` *`iterierbar`* `])`
: Gibt ein *unveränderbares Set* zurück, dessen Elemente aus *`iterierbar`* entnommen werden. »Frozen Sets« sind unveränder-

bare Mengen, die keine Aktualisierungsmethoden enthalten und in andere Sets verschachtelt werden können.

`getattr(`*objekt*`,` *name* `[,` *standard* `])`
Liefert den Wert des Attributs *name* (ein String) von *objekt*. Ähnlich wie *objekt.name*, jedoch wird *name* als String, nicht als Variable ausgewertet (z.B. `getattr(a, 'b')` entspricht `a.b`). Wenn das angegebene Attribut nicht existiert, wird *standard* zurückgeliefert (falls angegeben). Ansonsten wird ein `AttributeError` ausgelöst.

`globals()`
Liefert ein Dictionary mit den globalen Variablen des Aufrufers (z.B. den Namen des umgebenden Moduls).

`hasattr(`*objekt*`,` *name*`)`
Liefert `True`, wenn *objekt* ein Attribut mit dem Namen *name* hat (ein String). Ansonsten `False`.

`hash(`*objekt*`)`
Liefert den Hash-Wert von *objekt* (falls es einen hat). Hash-Werte sind Integer, die bei der Suche in einem Dictionary für den schnellen Vergleich von Dictionary-Schlüsseln verwendet werden. Ruft *objekt*`.__hash__()` auf.

`help([` *objekt* `])`
Ruft das integrierte Hilfesystem auf. Diese Funktion ist für den interaktiven Modus gedacht. Wird kein Argument angegeben, startet eine interaktive Hilfesitzung in der Interpreterkonsole. Wird als Argument ein String übergeben, wird dieser als Name eines Moduls, einer Funktion, Klasse, Methode, eines Schlüsselworts oder eines Dokumentationsthemas gesucht und der entsprechende Hilfetext angezeigt. Falls das Argument eine andere Art von Objekt ist, wird ein Hilfetext für dieses Objekt erzeugt (z.B. `help(list.pop)`).

`hex(`*N*`)`
Konvertiert eine ganze Zahl *N* in einen String mit hexadezimalen Ziffern (Basis 16). Wenn Argument *N* kein Python-`int`-Objekt ist, muss dieses in Python 3.X die Methode `__index__()` definie-

ren, die einen Integer zurückliefert (in 2.X wird stattdessen `__hex__()` aufgerufen).

`id(`*`objekt`*`)`
Liefert die Identität (Integer) von *`objekt`*, die für den aufrufenden Prozess unter allen existierenden Objekten eindeutig ist (im Speicher).

`__import__(`*`name`*`, [`*`...andere args...`*`])`
Importiert und liefert zur Laufzeit das Modul mit dem im String angegebenen *namen* (z.B. `mod = __import__('meinmod')`) zurück. Dieser Aufruf ist generell schneller als die Konstruktion und Ausführung eines `import`-Anweisungsstrings mit `exec()`. Intern wird diese Funktion von `import`- und `from`-Anweisungen aufgerufen und kann überschrieben werden, um Importoperationen anzupassen. Bis auf das erste haben alle Argumente weiterführende Rollen, siehe die Python Library Reference. Siehe auch das`imp`-Modul der Standardbibliothek und den Aufruf `importlib.import_module()` sowie das Abschnitt »Die import-Anweisung«, Seite 95.

`input([`*`eingabeaufforderung`*`])`
Gibt den String *`eingabeaufforderung`* aus (falls angegeben), liest anschließend eine Zeile vom Eingabestream *stdin* ein (`sys.stdin`) und gibt diese als String zurück. Die Methode entfernt das abschließende `\n` am Zeilenende und löst am Ende des *stdin*-Streams einen `EOFError` aus. Auf Plattformen mit entsprechender Unterstützung verwendet `input()` GNU `readline`. In Python 2.X heißt diese Funktion `raw_input()`.

`int([`*`zahl`*` | `*`string`*` [, `*`basis`*`]])`
Konvertiert eine Zahl oder einen String in einen reinen Integer. Fließkommazahlen werden bei der Umwandlung bei 0 abgeschnitten. *`basis`* kann nur übergeben werden, wenn das erste Argument ein String ist. Der Standardwert hierfür ist `10`. Wenn für *`basis`* `0` übergeben wird, bestimmt sich die Basis nach dem Inhalt des Strings (als Codeliteral). Ansonsten wird der für *`basis`* übergebene Wert als Basis für die Konvertierung des Strings verwendet. *`basis`* kann `0` und `2...36` sein. Dem String kann ein Vorzeichen vorangestellt werden, umgebender White-

space wird ignoriert. Ohne Angabe von Argumenten wird der Wert 0 zurückgeliefert. Siehe auch Abschnitt »Zahlen«, Seite 22, für Beispielanwendungen. Ebenfalls der Klassenname eines erweiterbaren Typs.

`isinstance(`*`objekt, klasseninfo`*`)`
: Liefert `True`, Wenn *`objekt`* eine Instanz von *`klasseninfo`* oder einer beliebigen Subklasse davon ist. *`klasseninfo`* kann auch ein Tupel von Klassen und/oder Typen sein. In Python 3.X sind Typen Klassen, daher gibt es keinen Sonderfall für Typen. In Python 2.X kann das zweite Argument auch ein Typobjekt sein, wodurch diese Funktion in beiden Python-Zweigen als alternatives Werkzeug der Typprüfung verwendet werden kann (`isinstance(`*`X, Typ`*`)` kontra `type(`*`X`*`) is `*`Typ`*).

`issubclass(`*`klasse1, klasse2`*`)`
: Liefert `True`, wenn *`klasse1`* von *`klasse2`* abgeleitet ist. *`klasse2`* kann auch ein Tupel mit Klassen sein.

`iter(`*`objekt`*` [, `*`waechter`*` ])`
: Liefert ein Iteratorobjekt zum Durchlaufen der Elemente in einem iterierbaren *`objekt`*. Die zurückgelieferten Iteratorobjekte bieten die Methode `__next__()`, die das nächste Element liefert oder eine `StopIteration` auslöst, um die Iteration zu beenden. Alle Iterationskontexte in Python verwenden dieses Protokoll, wenn es von *`objekt`* unterstützt wird. Die integrierte Funktion `next(`*`I`*`)` ruft ebenfalls automatisch *`I`*`.__next__()` auf. Bei Angabe von einem Argument muss *`objekt`* einen eigenen Iterator bieten oder eine Sequenz sein. Bei Angaben von zwei Argumenten muss *`objekt`* ein aufrufbares Objekt sein, das so lange aufgerufen wird, bis es *`waechter`* liefert. Der Aufruf von `iter()` kann in Klassen mit `__iter__()`überschrieben werden.

: In Python 2.X haben Iteratorobjekte anstatt von `__next__()` eine Methode mit dem Namen `next()`. Aus Kompatibilitätsgründen ist die integrierte Funktion `next()` auch in 2.X (ab Version 2.6) vorhanden und ruft anstatt von *`I`*`.__next__()`die Methode *`I`*`.next()`auf. Vor Version 2.6 können Sie stattdessen *`I`*`.next()` explizit aufrufen. Siehe auch `next()` in dieser Liste und Abschnitt »Das Iterationsprotokoll«, Seite 52.

`len(objekt)`
: Liefert die Anzahl der Elemente (Länge) in der Sammlung *`objekt`*, die eine Sequenz, ein Mapping, Set oder ein anderer Typ sein kann (z.B. eine benutzerdefinierte Sammlung).

`list([ iterierbar ])`
: Liefert eine neue Liste mit allen Elementen eines beliebigen *`iterierbaren`* Objekts. Wenn *`iterierbar`* bereits eine Liste ist, wird eine flache Kopie davon zurückgegeben. Ohne Angabe von Argumenten liefert die Methode eine neue leere Liste. Ebenfalls der Klassenname eines erweiterbaren Typs.

`locals()`
: Liefert ein Dictionary mit den lokalen Variablen des Aufrufers (mit einem *`Schl˘ssel`*`:`*`Wert`*-Eintrag pro lokaler Variable).

`map(funktion, iterierbar [, iterierbar ]*)`
: Wendet eine *`funktion`* auf jedes Element einer beliebigen Sequenz oder ein anderes iterierbares Objekt *`iterierbar`* an und liefert die einzelnen Ergebnisse. `map(abs, (1, -2))` liefert beispielsweise `1` und `2`. Wenn zusätzliche iterierbare Objekte als Argument übergeben werden, muss *`funktion`* die entsprechende Anzahl Argumente entgegennehmen und erhält bei jedem Aufruf ein Element von jedem *`iterierbaren Objekt`*. In diesem Modus endet die Iteration am Ende des kürzesten iterierbaren Objekts.

In Python 2.X liefert diese Methode eine *Liste* der Ergebnisse der einzelnen Aufrufe. In Python 3.X liefert Sie stattdessen ein *iterierbar*es Objekt, das die Ergebnisse auf Anfrage erzeugt und nur einmal durchlaufen werden kann (packen Sie es in einen `list()`-Aufruf, um die Erzeugung der Ergebnisse bei Bedarf zu erzwingen).

Außerdem sammelt `map()`in Python 2.X (nicht aber in Python 3.X) alle Elemente von *`iterierbar`* in einer Ergebnisliste, wenn *`funktion`* gleich `None` ist. Für mehrere iterierbare Objekte werden die Elemente im Ergebnis in Tupel kombiniert und alle iterierbaren Objekte werden bis auf die Länge des längsten Objekts mit `None` aufgefüllt. Ein ähnliches Hilfsmittel ist in Python 3.X im Standardbibliotheksmodul `itertools` verfügbar.

`max(`*`iterierbar`* `[, `*`arg`* `]* [, key=`*`funk`* `])`
: Wird nur das Argument *`iterierbar`* angegeben, liefert diese Methode das größte Element aus einem nicht leeren iterierbaren Objekt (z.B. String, Tupel, Liste, Menge). Bei Angabe von mehr als einem Argument wird das Argument mit dem höchsten Wert zurückgegeben. Das optionale benannte Argument `key` bestimmt eine Funktion, die nur ein Argument akzeptiert und Werte umwandelt, wie diejenigen für `list.sort()` und `sorted()` (siehe Abschnitt »Listen«, Seite 48 und Abschnitt »Integrierte Funktionen«, Seite 143).

`memoryview(`*`objekt`*`)`
: Liefert ein mit dem angegebenen *`objekt`* erstelltes Memory-View-Objekt. Memory Views bieten Python-Code den Zugriff auf die internen Daten eines Objekts, die das entsprechende Protokoll unterstützen, ohne das Objekt dabei zu kopieren. Memory Views können als einfache Bytes oder kompliziertere Datenstrukturen interpretiert werden. Zu den integrierten Objekten, die das Memory-View-Protokoll unterstützen, gehören `bytes` und `bytearray`. Siehe die Python-Handbücher. Memory Views sind größtenteils ein Ersatz für das Protokoll bzw. die integrierte Funktion `buffer()` in Python 2.X, obwohl es `memoryview()` in Python 2.7 für die 3.X-Kompatibilität als Back-Port gibt.

`min(`*`iterierbar`* `[, `*`arg`* `]* [, key=`*`funk`* `])`
: Wird nur das Argument *`iterierbar`* angegeben, liefert diese Methode das kleinste Element aus einem nicht leeren iterierbaren Objekt (z.B. String, Tupel, Liste, Menge). Bei Angabe von mehr als einem Argument wird das Argument mit dem kleinste Wert zurückgegeben. Das Argument `key` ist dasselbe wie bei `max()` in dieser Liste.

`next(`*`iterator`* `[, `*`standard`* `])`
: Ruft das nächste Element vom *`iterator`*-Objekt ab, indem die Methode `__next__()` aufgerufen wird (in 3.X). Wenn *`iterator`* ausgeschöpft ist, wird *`standard`* zurückgegeben (falls angegeben). Ansonsten wird `StopIteration` ausgelöst. Diese Funktion steht auch in Python 2.6 und 2.7 zur Verfügung, wo sie *`iterator`*`.next()` anstatt von *`iterator`*`.__next__()`aufruft. Dies dient

der Aufwärtskompatibilität in 2.X zu 3.X und in 3.X der Abwärtskompatibilität zu 2.X. In Python 2.X vor Version 2.6 gibt es diesen Aufruf nicht. Verwenden Sie stattdessen *iterator*.next() für manuelle Iterationen. Siehe auch iter() in dieser Liste und Abschnitt »Das Iterationsprotokoll«, Seite 52.

object()
: Liefert ein neues und eigenschaftsloses Objekt. object ist eine Superklasse für alle Klassen neuen Stils, das entspricht in Python 3.X allen Klassen und in Python 2.X allen Klassen, die explizit von object abgeleitet werden. Das Objekt bietet eine kleine Reihe von Standardmethoden (siehe dir(object)).

oct(*N*)
: Konvertiert eine Zahl *N* in einen String mit oktalen Ziffern (Basis 8). Wenn Argument *N* kein Python-int-Objekt ist, muss es in Python 3.X die Methode __index__() definieren, die einen Integer zurückgibt (in 2.X wird stattdessen __oct__() aufgerufen).

open(...)

```
open(datei
   [, mode='r'
   [, buffering=-1
   [, encoding=None          # Nur Textmodus
   [, errors=None            # Nur Textmodus
   [, newline=None           # Nur Textmodus
   [, closefd=True,          # Nur Deskriptoren
   [, opener=None  ]]]]]]])  # Benutzerdefinierter Openener ab 3.3+
```

Liefert ein neues *Dateiobjekt*, das mit der externen Datei mit dem Namen *datei* verbunden ist, oder löst einen IOError aus (oder ab Version 3.3 eine Subklasse von OSError), falls der Vorgang fehlschlägt. Dieser Abschnitt beschreibt die Methode open()von Python 3.X. Zur Verwendung in Python 2.X siehe Abschnitt »Integrierte Funktionen in Python 2.X«, Seite 166.

datei ist üblicherweise ein Text- oder Bytes-String-Objekt mit dem Namen der zu öffnenden Datei (einschließlich des Pfads, falls sich die Datei nicht im aktuellen Arbeitsverzeichnis befindet). *datei* kann auch ein ganzzahliger Dateideskriptor der gewünschten Datei sein. Wird ein Dateideskriptor angegeben, so wird dieser beim Schließen des zurückgelieferten I/O-Objekts geschlossen, außer `closefd` hat den Wert `False`. Alle folgenden Optionen können als Schlüsselwortargumente angegeben werden.

`mode` ist ein optionaler String, der den Modus bestimmt, in dem die Datei geöffnet wird. Der Standardwert ist `'r'`, Lesen im Textmodus. Andere gebräuchliche Werte sind `'w'` zum Schreiben (vorhandene Datei wird geleert) und `'a'` zum Anhängen an eine vorhandene Datei. Wenn im Textmodus `encoding` nicht angegeben wird, ist die Kodierung plattformabhängig. Zeilenumbrüche werden standardmäßig in `'\n'` umgewandelt und umgekehrt. Zum Lesen und Schreiben von Bytes im Rohformat verwenden Sie die binären Modi `'rb'`, `'wb'` oder `'ab'` und geben `encoding` nicht an.

Folgende Modi sind verfügbar und können miteinander kombiniert werden: `'r'` zum Lesen (Standard); `'w'` zum Schreiben (Datei wird zunächst geleert); `'a'` zum Schreiben und Anhängen von Daten an das Ende der Datei, falls diese existiert; `'b'` für den Binärmodus; `'t'` für den Textmodus (Standard); `'+'`zum Aktualisieren einer Festplattendatei (lesen und schreiben); `'U'` für den universellen Zeilenumbruchmodus (nur zur Abwärtskompatibilität). Der Standardmodus `'r'` ist gleichbedeutend mit `'rt'` (zum Lesen von Text). Für den wahlfreien binären Zugriff öffnet `'w+b'` die Datei und schneidet diese auf die Länge null ab. Dagegen öffnet `'r+b'` die Datei, ohne diese zu leeren.

Python unterscheidet unabhängig vom zugrunde liegenden Betriebssystem zwischen Dateien im Binär- und im Textmodus:

- Zur *Eingabe* liefern im Binärmodus geöffnete Dateien (Anhängen von `'b'` an `mode`) Inhalte als `bytes`-Objekte, ohne Unicode-Dekodierung und ohne Übersetzung von Zeilenendezeichen. Im Textmodus (Standard bzw. Anhängen von `'t'` an `mode`) wird der Dateiinhalt als `str`-Strings zurückgeliefert, nachdem die Bytes entweder mit dem explizit übergebenen Unicode-Namen `encoding` oder einem plattformabhängigen Standard dekodiert wurden und Zeilenenden als `newline` übersetzt wurden.
- Bei der *Ausgabe* erwartet der Binärmodus `bytes` oder ein `bytearray` und schreibt diese unverändert. Der Textmodus

erwartet einen `str` und kodiert diesen mit einem Unicode-`encoding` und führt vor dem Schreiben eine Übersetzung der Zeilenenden mit `newline` durch.

`buffering` ist ein optionaler Integer-Wert zum Festlegen der Pufferungsrichtlinien. Standardmäßig (wenn nicht angegeben oder für Wert `-1`) ist die vollständige Pufferung aktiviert. `0` schaltet die Pufferung ab (nur im Binärmodus zulässig). `1` aktiviert die Zeilenpufferung (nur im Textmodus). Und ein Integer > `1` wählt die vollständige Pufferung sowie die Puffergröße. Gepufferte Datenübertragungen werden unter Umständen nicht sofort abgeschlossen (verwenden Sie `file.flush()`, um die Leerung der Puffer zu erzwingen).

`encoding` ist der Name der Kodierung für die Dekodierung bzw. Kodierung bei der Übertragung einer Textdatei. Dieses Argument sollte nur im Textmodus verwendet werden. Die Standardkodierung hängt von der verwendeten Plattform ab (wird aus `locale.getpreferredencoding()`ermittelt). Sie können jedoch jede beliebige von Python unterstützte Kodierung übergeben. Eine Liste der unterstützten Kodierungen finden Sie im Modul `codecs` der Python-Standardbibliothek.

`errors` ist ein optionaler String, der bestimmt, wie Kodierungsfehler behandelt werden. Verwenden Sie diese Einstellung nur im Textmodus. Sie können `'strict'` übergeben (Standardwert, für `None`), um bei Kodierungsfehlern einen `ValueError` auszulösen. Mit `'ignore'` werden Fehler ignoriert (dies kann aber zu Datenverlusten führen). `'replace'` fügt als Ersatz für ungültige Daten eine Markierung ein. Es gibt noch weitere Optionen, siehe dazu die Python-Handbücher und `codecs.register_error()` in der Python-Standardbibliothek für zulässige Werte sowie `str()` in dieser Liste zu verwandten Werkzeugen.

`newline` steuert, wie universelle Zeilenvorschübe funktionieren und gilt nur für den Textmodus. Als Werte können Sie `None` (Standard), `''`, `'\n'`, `'\r'` und `'\r\n'` angeben:

– Bei der *Eingabe* aktiviert `None` für `newline` den universellen Zeilenvorschubmodus: Zeilen können mit `'\n'`, `'\r'` oder `'\r\n'` enden, alle diese Kombinationen werden vor der

Übergabe an den Aufrufer in `'\n'` umgewandelt. Wenn `newline` den Wert `''` hat, ist der universelle Zeilenvorschubmodus aktiviert, die Zeilenenden werden aber ohne Umwandlung an den Aufrufer zurückgeliefert. Hat die Option einen der anderen zulässigen Werte, werden die Zeilen nur mit dem angegebenen String abgeschlossen und das Zeilenende wird unverändert an den Aufrufer zurückgegeben.

– Wenn `newline` bei der *Ausgabe* den Wert `None` hat, werden sämtliche `'\n'` in das standardmäßige Zeilentrennzeichen des Systems übersetzt: `os.linesep`. Wenn `newline` den Wert `''` hat, erfolgt keine Umwandlung. Für alle anderen zulässigen Werte werden sämtliche `'\n'`-Zeichen in den angegebenen String übersetzt.

Wenn `closefd` den Wert `False` hat, bleibt der zugrunde liegende Dateideskriptor beim Schließen der Datei geöffnet. Das funktioniert nicht, wenn ein Dateiname als String angegeben wird. Das Argument muss in diesem Fall `True` (Standard) sein. Falls ab Python 3.3 für `opener` ein aufrufbares Objekt übergeben wird, wird der Dateideskriptor mit *opener*(datei, *flags*) abgerufen, mit denselben Argumenten wie für `os.open()` (siehe Abschnitt »Systemmodul os«, Seite 197).

Siehe auch Abschnitt »Dateien«, Seite 61 zur Schnittstelle der von `open()`zurückgelieferten Objekte. Tipp: Jedes Objekt, das die Methodenschnittstelle eines Dateiobjekts unterstützt, kann üblicherweise in Kontexten verwendet werden, die eine Datei erwarten (z.B. *socketobj*.makefile(), in Python 3.X io.StringIO(*str*) und io.BytesIO(*bytes*) und in Python 2.X StringIO.StringIO(*str*), alle Teil der Python-Standardbibliothek).

Da der Dateimodus in 3.X sowohl die Konfigurationsoptionen als auch die String-Datentypen bestimmt, ist es sinnvoll, sich `open()` in *zwei verschiedenen Varianten* vorzustellen – Text und Binär, wie im Modus-String angegeben. Die Python-Entwickler haben sich dazu entschieden, lieber eine einzelne Funktion zu überschreiben, um die beiden Dateitypen mit entsprechenden Modus-Argumenten und unterschiedlichen Inhaltsarten zu unterstützen, als zwei unterschiedliche `open()`-Funktionen bereitzustellen. Die zugrunde liegende Klassenbibliothek `io` – für die `open()` in 3.X ein Frontend ist – nimmt allerdings tatsächlich eine *Spezialisierung* für die Dateiobjekttypen der jeweiligen Modi vor. Weitere Informationen zum `io`-Modul finden Sie in den Python-Handbüchern. `io` ist auch in 2.X ab Version 2.6 als Alternative zum integrierten Typ `file` verfügbar, ist in 3.X aber die Standardschnittstelle für `open()`.

`ord(C)`
: Liefert den ganzzahligen Codepoint-Wert des Strings C mit einem Zeichen Länge. Bei ASCII-Zeichen entspricht dies dem 7-Bit-ASCII-Code von *C*. Für einen Unicode-String *C* mit einem Zeichen Länge liefert die Methode den entsprechenden Unicode-Codepoint. Siehe auch `chr()` in dieser Liste – das Gegenstück zu dieser Funktion.

`pow(X, Y [, Z ])`
: Liefert *X* zur Potenz *Y* [Modulo *Z*]. Funktioniert wie der Ausdrucksoperator **.

`print(...)`

```
print([objekt [, objekt]*]
    [, sep=' '] [, end='\n']
    [, file=sys.stdout] [, flush=False])
```

Gibt optionale *objekt*(e) auf dem Stream `file` aus, durch `sep` voneinander getrennt, gefolgt von `end` und erzwingt nach der Ausgabe einen optionalen `flush`. Die letzten vier Argumente müssen, falls angegeben, als Schlüsselwortargumente übergeben werden und haben die oben genannten Standardwerte. `flush` gibt es ab Python 3.3.

Alle nicht als Schlüsselwortargument übergebenen Argumente werden analog zu `str()` in Strings umgewandelt und auf dem Stream ausgegeben. `sep` und `end` müssen entweder Strings oder `None` sein (dann kommen die Standardwerte zum Einsatz). Auch wenn Sie kein *`objekt`* angeben, wird `end` ausgegeben. `file` muss ein Objekt mit der Methode `write(`*`string`*`)`, aber nicht notwendigerweise eine Datei sein. Ist dieses Argument nicht vorhanden oder `None`, wird `sys.stdout` verwendet.

Diese Funktionalität steht in Python 2.X auch als Anweisung zur Verfügung. Siehe auch Abschnitt »print-Anweisungen«, Seite 82.

`property([` *`fget`* `[,` *`fset`* `[,` *`fdel`* `[,` *`doc`* `]]]])`

Liefert ein Eigenschaftsattribut für Klassen neuen Stils (Klassen, die von `object` abgeleitet sind, alle Klassen in 3.X). *`fget`* ist eine Funktion zum Abrufen, *`fset`* eine Funktion zum Festlegen und *`fdel`* eine Funktion zum Löschen eines Attributwerts. Dieser Aufruf kann selbst als Funktionsdekorator verwendet werden (`@property`) und liefert ein Objekt mit den Methoden *`getter`*, *`setter`* und *`deleter`*, die ebenfalls in dieser Rolle als Dekoratoren genutzt werden können (siehe Abschnitt »Die def-Anweisung«, Seite 87). Mit Deskriptoren implementiert (siehe Abschnitt »Methoden für Deskriptoren«, Seite 138).

`range([` *`start`* `,]` *`stop`* `[,` *`schrittweite`* `])`

Liefert aufeinanderfolgende Integer-Werte von *`start`* bis *`stop`*. Mit einem Argument werden die Integer von `0` bis *`stop`*`-1` zurückgeliefert. Mit zwei Argumenten erhalten Sie Integer von *`start`* bis *`stop`*`-1`. Mit drei Argumenten werden Integer von *`start`* bis *`stop`*`-1` mit der angegebenen *`schrittweite`* zurückgeliefert. *`start`*, *`schrittweite`* haben die Standardwerte `0`, `1`.

`schrittweite` kann `> 1` sein, um Elemente zu überspringen (`range(0, 20, 2)` ergibt eine Liste gerader ganzer Zahlen von `0` bis `18`), oder negativ, um von *`start`* als höchsten Wert herunter zu zählen (`range(5, -5, -1)` ergibt `5` bis `-4`). Dieser Aufruf wird häufig verwendet, um Listen mit einem Versatz zu erzeugen oder für wiederholte Zählungen in `for`-Schleifen und anderen Iterationen.

In Python 2.X liefert dieser Aufruf eine *Liste*. In Python 3.X erhalten Sie dagegen ein *iterierbares* Objekt, das die Werte auf Anfrage generiert und mehrmals durchlaufen werden kann (verschachteln Sie diesen Aufruf bei Bedarf in einen `list()`-Aufruf, um die Erzeugung der Ergebnisse zu erzwingen).

`repr(`*`objekt`*`)`
: Liefert eine einfache druckbare, »codeähnliche« String-Darstellung von `objekt`. Der String wird üblicherweise in einer Form geliefert, die potenziell von `eval()` interpretiert werden kann oder mehr Informationen bietet als `str()` (in dieser Liste). In Python 2.X entspricht dies `` `objekt` `` (dem Ausdruck mit Backticks, der in Python 3.X entfernt wurde). Siehe `__repr__()` im Abschnitt »Methoden zur Operatorüberladung«, Seite 124.

`reversed(`*`seq`*`)`
: Liefert ein umgekehrtes iterierbares Objekt. *seq* muss ein Objekt mit der Methode `__reversed__()` sein oder das Sequenzprotokoll unterstützen (Methode `__len__()` und Methode `__getitem__()`, mit Integer-Argumenten beginnend bei `0`).

`round(`*`X`*` [, `*`N`*` ])`
: Liefert den Fließkommawert *X* auf *N* Stellen nach dem Dezimaltrennzeichen gerundet. *N* hat den Standardwert null und darf negativ sein, um Stellen vor dem Dezimaltrennzeichen anzugeben. Mit nur einem Argument ist der Rückgabewert ein Integer. Ansonsten hat der Rückgabewert denselben Typ wie *X*. In Python 2.X ist das Ergebnis immer eine Fließkommazahl. In Python 3.X wird *X*`.__round__()`aufgerufen.

`set([ `*`iterierbar`*` ])`
: Liefert ein Set mit den Elementen aus *`iterierbar`*. Die Elemente müssen unveränderbar sein. Um Sets von Sets zu bilden, müssen die verschachtelten Sets `frozenset`-Objekte sein. Wenn Sie *`iterierbar`* nicht angeben, wird ein neues leeres Set zurückgeliefert. Verfügbar ab Version 2.4. Siehe auch Abschnitt »Sets«, Seite 66, und das Set-Literal `{...}` in Python 3.X und 2.7.

`setattr(`*`objekt`*`, `*`name`*`, `*`wert`*`)`
: Weist dem Attribut *name* (ein String) des *`objekts`* den angegebenen *`wert`* zu. Ähnlich wie *`objekt`*`.`*`name`*` = `*`wert`*, jedoch wird *name*

als String und nicht als Variablennamen ausgewertet (z.B. `setattr(a, 'b', c)` entspricht `a.b = c`).

`slice([` *`start`* `,]` *`stop`* `[,` *`schrittweite`* `])`
: Liefert ein Slice-Objekt, das einen Ausschnitt darstellt, mit den nur-lesbaren Attributen *`start`*, *`stop`* und *`schrittweite`*, von denen jedes `None` sein kann. Die Argumente werden wie bei `range()`interpretiert. Slice-Objekte können anstatt der Slice-Schreibweise *`i`*`:`*`j`*`:`*`k`* verwendet werden (z.B. *`X`*`[`*`i`*`:`*`j`*`]` entspricht *`X`*`[slice(`*`i`*`,` *`j`*`)]`).

`sorted(`*`iterierbar`* `, key=None, reverse=False)`
: Liefert eine neue sortierte Liste mit den Elementen aus *`iterierbar`*. Die optionalen Schlüsselwortargumente `key` und `reverse` haben dieselbe Bedeutung wie bei der Methode `list.sort()` (beschrieben im Abschnitt »Listen«, Seite 48). `key` ist eine Transformationsfunktion mit einem Argument. Funktioniert mit einem beliebigen iterierbaren Objekt und liefert ein neues Objekt, anstatt die ursprüngliche Liste zu verändern. Nützlich in `for`-Schleifen (und anderen), um zu vermeiden, dass man sort-Aufrufe in separate Anweisungen auslagern muss, weil sie `None` liefern. Verfügbar in Version 2.4 und später.

  In Python 2.X hat dieser Aufruf die Signatur `sorted(`*`iterierbar`*`, cmp=None, key=None, reverse=False)`, wobei die optionalen Argumente `cmp`, `key` und `reverse` dieselbe Bedeutung haben wie in Python 2.X für die Methode `list.sort()` (wie im Abschnitt »Listen«, Seite 48, beschrieben).

`staticmethod(`*`funktion`*`)`
: Liefert eine statische Methode für *`funktion`*. Eine statische Methode erhält keine Instanz als implizites erstes Argument und ist daher hilfreich bei der Verarbeitung von Klassenattributen über Instanzen hinweg. Verwenden Sie ab Version 2.4 den Funktionsdekorator `@staticmethod` (siehe Abschnitt »Die def-Anweisung«, Seite 87). In Python 3.X ist diese integrierte Methode für einfache Funktionen in Klassen nicht erforderlich, die nur über Klassenobjekte aufgerufen werden (und niemals über Instanzobjekte).

`str([ objekt [, kodierung [, fehler ]]])`

Dieser Aufruf (der gleichzeitig, der Name eines erweiterbaren Typs ist) arbeitet in in Python 3.X je nach Aufruf in zwei unterschiedlichen Modi:

– *String ausgeben*: Wird nur *objekt* angegeben, liefert der Aufruf eine »benutzerfreundliche« druckbare String-Darstellung von *objekt*. Bei Strings ist das der String selbst. Im Gegensatz zu `repr(X)`versucht `str(X)` nicht immer, einen String zurück zu liefern, der von `eval()` akzeptiert wird. Das Ziel besteht darin, einen String zu liefern, der lesbar und druckbar ist. Ohne Argumente liefert dieser Aufruf einen Leerstring. Siehe auch `__str__()` im Abschnitt »Methoden zur Operatorüberladung«, Seite 124, das von diesem Modus aufgerufen wird.

– *Unicode*-Dekodierung: Werden *kodierung* und/oder *fehler* übergeben, dekodiert dieser Modus das Objekt, das entweder ein Byte-String oder ein Zeichenpuffer sein kann, mit dem entsprechenden Codec für *kodierung*. Der Parameter *kodierung* ist ein String mit dem Namen einer Unicode-Kodierung. Wird eine unbekannte Kodierung angegeben, kommt es zu einem `LookupError`. Die Fehlerbehandlung richtet sich nach *fehler*. Bei Angabe von `'strict'` (Standardwert) wird bei Kodierungsfehlern ein `ValueError` ausgelöst. Bei `'ignore'` werden Fehler ignoriert und es gehen eventuell Daten verloren. Bei Angabe von`'replace'` werden Zeichen, die nicht dekodiert werden können, mit dem offiziellen Unicode-Ersatzzeichen `U+FFFD` ersetzt. Siehe auch das Modul `codecs` der Standardbibliothek und die ähnliche Methode `bytes.decode()` (`b'a\xe4'.decode('latin-1')` entspricht z.B. `str(b'a\xe4', 'latin-1')`).

In Python 2.X hat dieser Aufruf die einfachere Signatur `str([objekt])` und liefert eine druckbare Darstellung von *objekt* (ähnlich dem ersten beschriebenen Modus in Python 3.X).Die Unicode-Dekodierung wird in 2.X durch String-Methoden oder den `unicode()`-Aufruf implementiert, der im Wesentlichen gleichbedeutend ist mit `str()`in 3.X (siehe nächster Abschnitt).

`sum(`*`iterierbar`*` [, `*`start`*` ])`
: Liefert die Summe von *`start`* und allen Elementen von *`iterierbar`*. *`start`* ist standardmäßig `0`. Die Elemente des iterierbaren Objekts sind normalerweise Zahlen und dürfen keine Strings sein. Tipp: Um ein iterierbares Objekt mit Strings zusammenzufügen, verwenden Sie `''.join(`*`iterierbar`*`)`.

`super([ `*`typ`*` [, `*`objekt`*` ]])`
: Liefert die Superklasse von *typ*. Wird das zweite Argument weggelassen, ist das zurückgelieferte Superobjekt ungebunden. Wenn das zweite Argument ein Objekt ist, muss `isinstance(`*`objekt`*`, `*`typ`*`)` den Wert `True` ergeben. Wenn das zweite Argument ein Typ ist, muss `issubclass(`*`objekt`*`, `*`typ`*`)` erfüllt sein. Dieser Aufruf funktioniert in 3.X für alle Klassen, in Python 2.X dagegen nur für Klassen neuen Stils, wobei *typ* nicht optional ist.

Nur in 3.X entspricht ein Aufruf von `super()` ohne Argumente in einer Klassenmethode implizit `super(`*`umgebende-klasse`*`, `*`methodenargument-self`*`)`. Ob implizit oder explizit, diese Aufrufform erstellt ein gebundenes Proxy-Objekt, das die *`self`*-Instanz mit dem Zugriff auf die Position der aufrufenden Klasse in der MRO der Klasse von *`self`* paart. Dieses Proxy-Objekt kann für spätere Verweise auf Attribute bzw. Aufrufe von Methoden von Superklassen verwendet werden. Siehe auch Abschnitt »Klassen neuen Stils: MRO«, Seite 120, für weitere Informationen zur MRO-Reihenfolge.

Da `super()` immer eine *nächste* Klasse in der MRO auswählt – die erste auf die aufrufende Klasse folgende Klasse, die über das angeforderte Attribut verfügt (Superklasse oder nicht) – können Sie diese Funktion für das Routing von Methodenaufrufen verwenden. In einem Klassenbaum mit *einfacher Vererbung* können Sie sich mit diesem Aufruf auf übergeordnete Superklassen generisch beziehen, ohne diese explizit zu benennen. In Bäumen mit *Mehrfachvererbung* kann dieser Aufruf für die Implementierung einer kooperativen Delegation von Methodenaufrufen verwendet werden, bei der die Aufrufe durch die Baumstruktur weitergereicht werden.

Dieses Anwendungsmodell kann bei Mehrfachvererbung in Rautenstrukturen nützlich sein, da eine entsprechende Methodenaufrufkette jede Superklasse nur einmal besucht. Allerdings kann `super()` ein in hohem Maße implizites Verhalten an den Tag legen, wodurch in manchen Programmen Superklassen unter Umständen nicht wie erwartet oder erforderlich aufgerufen werden. Für die Delegationstechnik mit der `super()`-Methode gibt es generell drei Anforderungen:

- *Anker*: Die von `super()` aufgerufene Methode muss existieren – wodurch zusätzlicher Code erforderlich wird, falls kein Anker für die Aufrufkette vorhanden ist.
- *Argument*: Die von `super()` aufgerufene Methode muss im gesamten Klassenbaum dieselbe Argumentsignatur haben – was zulasten der Flexibilität gehen kann, insbesondere für Methoden auf Implementationsebene wie Konstruktoren.
- *Bereitstellung*: Jedes Vorkommen der von `super()` aufgerufenen Methode außer dem letzten muss `super()` selbst aufrufen – wodurch es schwierig werden kann, vorhandenen Code zu verwenden, die Aufrufreihenfolge zu ändern, Methoden zu überladen und in sich geschlossene Klassen zu programmieren.

Aufgrund dieser Beschränkungen kann es in manchen Fällen einfacher, überschaubarer oder erforderlich sein, Superklassenmethoden explizit über den Namen der Superklasse aufzurufen anstatt über `super()`. Für eine Superklasse `S` entspricht die explizite und traditionelle Form `S.method(self)` der impliziten Variante `super().method()`. Siehe auch Abschnitt »Vererbungsalgorithmus neuen Stils«, Seite 121, für weitere Informationen für den Sonderfall bei der Attributsuche mit `super()`. Anstatt einer vollständigen Vererbung durchsuchen die Ergebnisobjekte einen Teil der MRO eines Klassenbaums und wählen den ersten passenden Deskriptor oder Wert.

`tuple([ `*`iterierbar`*` ])`

Liefert ein neues Tupel mit denselben Elementen wie in *`iterierbar`* . Wenn *`iterierbar`* bereits ein Tupel ist, wird es direkt zurückgeliefert (keine Kopie). Dies ist ausreichend, da Tupel bereits unveränderbar sind. Ohne Angabe eines Arguments wird ein neues leeres Tupel zurückgegeben. Ist gleichzeitig der Klassenname eines erweiterbaren Typs.

`type(`*`objekt`*` | (`*`name, basis, dict`*` ))`
: Dieser Aufruf (der auch der Name eines erweiterbaren Typs ist) wird je nach Aufrufmuster in zwei verschiedenen Modi verwendet:

 - *Mit einem Argument* wird ein Typobjekt zurückgeliefert, das den Typ von *`objekt`* repräsentiert. Nützlich für Typprüfungen in `if`-Anweisungen (z.B. `type(`*`X`*`)==type([ ])`). Siehe auch das Modul `types` in der Standardbibliothek für vordefinierte Typeobjekte, die keine integrierten Namen sind, und `isinstance()` weiter vorne in diesem Abschnitt. In Klassen neuen Stils ist `type(`*`objekt`*`)` generell gleichbedeutend mit *`objekt`*`.__class__`. In Python 2.X enthält das Modul `types` auch Synonyme für die meisten integrierten Typennamen.
 - *Mit drei Argumenten* dient dieser Aufruf als Konstruktor, der ein neues Typobjekt zurückliefert. Dies ist eine dynamische Form der `class`-Anweisung. Der String *name* ist der Klassenname und wird zum `__name__`-Attribut. Das Tupel *`basis`* listet die Basisklassen (Superklassen) auf und wird zum Attribut `__bases__` . Das Dictionary *`dict`* ist der Namensraum mit den Attributdefinitionen für den Klasseninhalt und wird zum Attribut `__dict__` . Die beiden Zeilen im folgenden Beispiel sind gleichbedeutend:

```
class X(object): a = 1
X = type('X', (object,), dict(a=1))
```

 Dieses Mapping wird üblicherweise zur Konstruktion von *Metaklassen* verwendet, wobei solche `type()`-Aufrufe automatisch abgesetzt werden und generell die Methoden `__new__()` und/oder `__init__()` einer Metaklasse mit Argumenten zur Klassenerzeugung aufrufen, für Subklassen von `type`.

 Siehe auch Abschnitt »Metaklassen«, Seite 103, Abschnitt »Klassendekoratoren in Python 3.X, 2.6 und 2.7«, Seite 102, und `__new__()` im Abschnitt »Methoden zur Operatorüberladung«, Seite 124.

`vars([ objekt ])`
: Liefert ohne Argumente ein Dictionary mit den Namen des aktuellen lokalen Gültigkeitsbereichs. Mit einem Modul, einer Klasse oder Klasseninstanz *objekt* als Argument wird ein Dictionary zurückgeliefert, das dem Attributnamensraum von *objekt* entspricht (also `__dict__`). Das Ergebnis sollte nicht verändert werden. Tipp: Nützlich für den Verweis auf Variablen bei der String-Formatierung.

`zip([ iterierbar [, iterierbar ]*])`
: Liefert eine Folge von Tupeln, wobei jedes *i.* Tupel das *i.* Element jedes der als Argumente übergebenen iterierbaren Objekte enthält. `zip('ab', 'cd')` liefert beispielsweise `('a', 'c')` und `('b', 'd')`. Wenn nicht mindestens ein iterierbares Objekt angegeben wird, ist das Ergebnis leer. Die Ergebnisfolge wird auf die Länge des kürzesten als Argument angegebenen iterierbaren Objekts beschränkt. Bei Angabe eines einzelnen iterierbaren Objekts wird eine Folge von Tupeln mit einem Element geliefert. Kann auch dazu verwendet werden, um verpackte Tupel zu entpacken: `X, Y = zip(*zip(T1, T2))`.

  Liefert in Python 2.X eine *Liste*. Liefert in Python 3.X ein *iterierbares* Objekt, das Werte auf Anfrage generiert und nur einmal durchlaufen werden kann (erzwingen Sie bei Bedarf die Erzeugung der Ergebnisse durch einen umgebenden `list()`-Aufruf). In Python 2.X (nicht in Python 3.X) funktioniert `zip()` bei Angabe mehrerer iterierbarer Objekte mit derselben Länge ähnlich wie `map()` mit `None` als erstem Argument.

Integrierte Funktionen in Python 2.X

Der vorherige Abschnitt zeigt semantische Unterschiede zwischen integrierten Funktionen, die in Python 3.X *und* 2.X verfügbar sind. Dieser Abschnitt zeigt inhaltliche Unterschiede zwischen den beiden Python-Zweigen.

Integrierte Python 3.X-Funktionen, die Python 2.X nicht unterstützt

Python 2.X verfügt generell nicht über die folgenden integrierten Funktionen von Python 3.X:

`ascii()`
: Funktioniert wie `repr()` in Python 2.X.

`exec()`
: In Python 2.X gibt es eine Anweisungform mit ähnlicher Semantik.

`memoryview()`
: Ab Python 2.7 zur 3.X-Kompatibilität eingeführt.

`print()`
: Im Modul `__builtin__` von Python 2.X enthalten, ist aber ohne `__future__`-Importe syntaktisch nicht direkt verwendbar, da es eine entsprechende Anweisung für die Ausgabe gibt und dieses Wort in Python 2.X reserviert ist (siehe Abschnitt »print-Anweisungen«, Seite 82).

Integrierte Python 2.X-Funktionen, die Python 3.X nicht unterstützt

Python 2.X bietet die folgenden zusätzlichen integrierten Funktionen, von denen einige in anderer Form in Python 3.X existieren:

`apply(`*`funk`*`,` *`pargs`* `[,` *`sargs`* `])`
: Ruft ein beliebiges aufrufbares Objekt *funk* (Funktion, Methode, Klasse usw.) auf und übergibt die Positionsargumente im Tupel *pargs* sowie die Schlüsselwortargumente im Dictionary *sargs*. Liefert das Ergebnis des Aufrufs von *funk*.

  In Python 3.X entfernt. Verwenden Sie stattdessen die Syntax zum Entpacken der Argumente: *funk*`(*`*pargs*`, **`*sargs*`)`. Diese Form mit ** wird auch in Python 2.X bevorzugt, da sie allgemeiner und enger an Funktionsdefinitionen mit Sternchen angelehnt ist (siehe Abschnitt »Ausdrucksanweisungen«, Seite 80).

`basestring()`
: Die Basisklasse (super) für herkömmliche und Unicode-Strings (nützlich für `isinstance()`-Tests).

  In Python 3.X werden alle Textformen (8 Bit und Unicode) mit dem Typ `str` abgebildet.

`buffer(`*`objekt`* `[,` *`offset`* `[,` *`size`* `]])`
: Liefert ein neues Buffer-Objekt für ein entsprechendes *`objekt`* (siehe Python 2.X Library Reference).

  Dieser Aufruf wurde in Python 3.X entfernt. Die neue integrierte Funktion `memoryview()` bietet eine ähnliche Funktionalität in 3.X und ist zur Aufwärtskompatibilität auch in Python 2.7 verfügbar.

`cmp(`*`X`*`,` *`Y`*`)`
: Liefert einen Integer-Wert,der entweder negativ, null oder positiv ist für *`X`* `<` *`Y`*, *`X`* `==` *`Y`* bzw. *`X`* `>` *`Y`*.

  In Python 3.X wurde diese Funktion entfernt, kann aber folgendermaßen simuliert werden: `(`*`X`* `>` *`Y`*`) - (`*`X`* `<` *`Y`*`)`. Allerdings entfallen in Python 3.X die meisten Anwendungsfälle für `cmp()` (Vergleichsfunktionen bei Sortierungen und die `__cmp__()`-Methode von Klassen).

`coerce(`*`X`*`,` *`Y`*`)`
: Liefert ein Tupel mit den beiden numerischen Argumenten *`X`* und *`Y`*, die zuvor in einen gemeinsamen Typ konvertiert wurden.

  In Python 3.X wurde dieser Aufrufe entfernt. (Der Hauptanwendungsfall waren klassische Klassen in Python 2.X.)

`execfile(`*`dateiname`* `[,` *`globals`* `[,` *`locals`* `]])`
: Wie `eval()`, führt jedoch den gesamten Code einer Datei aus, deren Name im String *`dateiname`* (anstatt eines Ausdrucks) angegeben wird. Im Gegensatz zu Importen wird dabei kein neues Modulobjekt für die Datei angelegt. Der Rückgabewert ist `None`. Namensräume für den Code in *`dateiname`* werden genauso wie bei `eval()`behandelt.

  In Python 3.X lässt sich dies folgendermaßen simulieren: `exec(open(`*`dateiname`*`).read())`.

`file(`*`dateiname`*` [, `*`modus`*` [, `*`puffergroesse`*` ]])`
: Ein Alias für die integrierte Funktion `open()` und erweiterbare Klassennamen des integrierten Typs `file`.

In Python 3.X wurde der Name `file` entfernt: Verwenden Sie `open()`für den Zugriff auf Dateien und das `io`-Modul der Standardbibliothek, um diese anzupassen (`io` wird in 3.X von `open()` eingesetzt und ist in 2.X ab Version 2.6 verfügbar).

`input([`*`eingabeaufforderung`*` ])` *(ursprüngliche 2.X-Form)*
: Gibt *`eingabeaufforderung`* aus, falls angegeben. Anschließend wird eine Eingabezeile vom *stdin*-Stream gelesen (`sys.stdin`), als Python-Code ausgewertet und das Ergebnis ausgegeben. In 2.X entspricht das `eval(raw_input(`*`eingabeaufforderung`*`))`. Tipp: Werten Sie damit keine Code-Strings zweifelhafter Herkunft aus, da diese als Programmcode ausgeführt werden.

Da `raw_input()` in Python 3.X in `input()` umbenannt wurde, steht die ursprüngliche Python 2.X-Methode `input()` nicht mehr zur Verfügung, kann aber folgendermaßen simuliert werden: `eval(input(`*`eingabeaufforderung`*`))`.

`intern(`*`string`*`)`
: Nimmt *`string`* in die Tabelle »internierter Strings« auf und liefert diesen zurück. Internierte Strings sind »unsterblich« und dienen der Leistungsoptimierung (Sie können mit Hilfe des schnelleren `is` auf Identität geprüft werden anstatt der Gleichheitsprüfung mit `==`).

In Python 3.X wurde dieser Aufruf in `sys.intern()` verschoben. Importieren Sie das Modul sys, um ihn zu nutzen und lesen Sie Abschnitt »Modul sys«, Seite 186 für ausführlichere Informationen.

`long(`*`X`*` [, `*`basis`*` ])`
: Konvertiert eine Zahl oder einen String *`X`* in einen Long-Integer um. *`basis`* kann nur angegeben werden, falls *`X`* ein String ist. Bei Angabe von `0` wird die Basis anhand des Inhalts des Strings bestimmt. Ansonsten wird sie als Basis für die Konvertierung verwendet. Ebenfalls der Klassenname eines erweiterbaren Typs.

In Python 3.X unterstützt der Integer-Typ `int` eine beliebige Genauigkeit und subsumiert daher den `long`-Typ aus Python 2.X. Verwenden Sie in Python 3.X `int()`.

`raw_input([` *`eingabeaufforderung`* `])`
: Das ist in Python 2.X der Name der im vorherigen Abschnitt beschriebenen Python 3.X-Funktion `input()`: Gibt *`eingabeaufforderung`* aus, liest und liefert die nächste Eingabezeile, wertet diese aber nicht aus.

  Verwenden Sie in Python 3.X die integrierte Funktion `input()`.

`reduce(`*`funk`*`,` *`iterierbar`* `[,` *`anfang`* `])`
: Wendet die Funktion *funk*, die zwei Argumente erwartet, nacheinander auf die Elemente aus *`iterierbar`* an, um die Sammlung auf einen einzigen Wert zu reduzieren. Bei Angabe von *`anfang`* wird dieser *`iterierbar`* vorangestellt.

  In Python 3.X ist diese integrierte Funktion als `functools.reduce()`verfügbar. Importieren Sie hierzu das Modul `functools`.

`reload(`*`modul`*`)`
: Lädt das bereits importierte *`modul`* erneut, parst es erneut und führt es im aktuellen Namensraum des Moduls erneut aus. Dabei werden die vorherigen Werte der Modulattribute vor Ort geändert. *`modul`* muss auf ein existierendes Modulobjekt verweisen und darf kein neuer Name oder ein String sein. Nützlich im interaktiven Modus, wenn Sie ein Modul nach einer Änderung neu laden möchten, ohne Python neu zu starten. Liefert das Objekt *`modul`* zurück. Siehe auch die Tabelle `sys.modules`, in der importierte Module abgelegt werden (und gelöscht werden können, um einen Neuimport zu erzwingen).

  In Python 3.X ist diese integrierte Funktion als `imp.reload()`verfügbar. Importieren Sie hierzu das Modul `imp`.

`unichr(`*`I`*`)`
: Liefert einen Unicode-String mit dem Zeichen, dessen Unicode-Codepoint der Integer *I* entspricht (`unichr(97)` liefert beispielsweise den String `u'a'`). Das Gegenstück zu `ord()` für Unicode-Strings und die Unicode-Version von `chr()`. Das Argument

muss im Bereich 0...65.535 (einschließlich) liegen oder es wird ein ValueError ausgelöst.

In Python 3.X bilden herkömmliche Strings Unicode-Zeichen ab: Verwenden Sie stattdessen den Aufruf chr() (ord('\xe4') liefert beispielsweise 228, chr(228) und chr(0xe4) ergeben beide 'ä').

unicode([*objekt* [, *kodierung* [, *fehler*]]])
: Arbeitet ähnlich wie die 3.X-Funktion str()(siehe str() im vorherigen Abschnitt). Liefert mit nur *einem* Argument eine höhere String-Ausgabe für *objekt*, aber als 2.X-Unicode-String (kein *str*). Mit *mehr als einem* Argument wird eine Unicode-Dekodierung des Strings *objekt* mit dem Codec für *kodierung* durchgeführt. Die Fehlerbehandlung erfolgt *fehler* entsprechend. Standardmäßig erfolgt die Fehlerbehandlung im strengen Modus, in dem alle Kodierungsfehler einen ValueError auslösen.

Siehe auch das Modul codecs in der Python Library Reference zu Dateien, die Kodierungen unterstützen. In 2.X können Objekte die Methode __unicode__() bereitstellen, die den Unicode-String für unicode(*X*)liefert.

In Python 3.X gibt es keinen eigenen Typ für Unicode – der Typ str repräsentiert alle Arten von Text (8 Bit und Unicode), der Typ bytes repräsentiert binäre 8-Bit-Byte-Daten. Verwenden Sie herkömmliche str-Strings für Unicode-Text, bytes.decode() oder str() zum Dekodieren von Rohbytes in Unicode mit einer entsprechenden Kodierung und herkömmliche open()-Dateiobjekte für die Verarbeitung von Unicode-Textdateien.

xrange([*start* ,] *stop* [, *schrittweite*])
: Wie range(), speichert jedoch nicht die gesamte Liste auf einmal (sondern erzeugt immer nur einen Integer). Nützlich in for-Schleifen mit großem Umfang und wenig Speicher. Optimierte Speichernutzung, bietet aber keinerlei Geschwindigkeitsvorteile.

In Python 3.X wurde die ursprüngliche range()-Funktion so geändert, dass sie ein iterierbares Objekt liefert anstatt eine

Ergebnisliste im Speicher zu erzeugen, und subsumiert somit `xrange()`aus Python 2.X, das entfernt wurde.

Außerdem hat sich der `open()`-Aufruf für Dateien in Python 3.X grundlegend geändert, so dass eine getrennte Betrachtung der Python 2.X-Variante angebracht ist. (In Python 2.X bietet `codecs.open()` viele Merkmale von `open()` in Python 3.X, einschließlich der Umwandlung in Unicode-Kodierungen beim Datentransfer):

`open(`*`dateiname`* `[,` *`modus`* `, [` *`puffergroesse`* `]])`

Liefert ein neues `file`– Objekt, das mit der externen Datei mit dem Namen *`dateiname`* (String) verknüpft ist. Löst einen `IOError` aus, falls die Datei nicht geöffnet werden konnte. Der Dateiname bezieht sich auf das aktuelle Arbeitsverzeichnis, außer er enthält einen Verzeichnispfad als Präfix. Die ersten beiden Argumente sind üblicherweise gleichbedeutend mit denen der C-Funktion `fopen()`, die Datei wird über das `stdio`-System verwaltet. Bei `open()`werden die Daten der Datei in Ihrem Skript immer als herkömmlicher `str`-String repräsentiert, der die Bytes aus der Datei enthält. (`codecs.open()` interpretiert den Dateiinhalt als kodierten Unicode-Text, der als `unicode`-Objekt abgebildet wird.)

`modus` ist standardmäßig `'r'`. Mögliche Werte sind `'r'` für die Eingabe, `'w'` für die Ausgabe (Datei wird zuerst geleert), `'a'` zum Anhängen an eine vorhandene Datei und `'rb'`, `'wb'` oder `'ab'` für Binärdateien (Konvertierung von Zeilenenden aus bzw. in `\n` wird unterdrückt). Auf den meisten Systemen kann an den Modus ein + angehängt werden, um eine Datei im Aktualisierungsmodus zu öffnen (z.B. `'r+'` zum Lesen/Schreiben und `'w+'` zum Lesen/Schreiben, wobei die Datei zunächst geleert wird).

Der Standardwert für *`puffergroesse`* ist implementierungsabhängig und kann `0` für ungepuffert, `1` für Zeilenpufferung, negativ für den Systemstandard oder eine bestimmte Größe sein. Gepufferte Datenübertragungen werden unter Umständen nicht sofort abgeschlossen (kann mit der Methode `flush()` des Dateiobjekts erzwungen werden). Siehe auch das io-Modul in der Python-Standardbibliothek: eine Alternative zu `file` in 2.X und der herkömmlichen Dateischnittstelle für `open()` in 3.X.

Integrierte Ausnahmen

Dieser Abschnitt beschreibt die in Python vordefinierten Ausnahmen, die entweder von Python oder während der Programmausführung vom Code aus ausgelöst werden können. Es werden in erster Linie die integrierten Ausnahmen von Python 3.3 dargestellt – das neue Klassen für systembezogene Fehler einführt, die die bis dahin generischen Klassen mit Zustandsinformationen ablösen. Der Abschnitt bietet aber auch Informationen, die für die meisten Python-Versionen gelten. Versionspezifische Unterschiede finden Sie in den Unterabschnitten zu Python 3.2 und 2.X am Ende dieses Abschnitts.

Seit Python 1.5 sind alle integrierten Ausnahmen *Klassenobjekte* (davor waren es Strings). Integrierte Ausnahmen werden im integrierten Gültigkeitsnamensraum bereitgestellt (siehe Abschnitt »Namensraum und Gültigkeitsregeln«, Seite 111). Vielen integrierte Ausnahmen umfassen Zustandsinformationen mit Einzelheiten zur jeweiligen Ausnahme. Benutzerdefinierte Ausnahmen werden üblicherweise von diesen integrierten Klassen abgeleitet (siehe Abschnitt »Die raise-Anweisung«, Seite 106).

Superklassen: Kategorien

Die folgenden Ausnahmen werden nur als Superklassen für andere Ausnahmen verwendet:

`BaseException`
: Die Wurzelsuperklasse für alle integrierten Ausnahmen. Sie ist nicht für die direkte Ableitung durch benutzerdefinierte Klassen gedacht. Verwenden Sie stattdessen `Exception`. Wenn Sie `str()` für eine Instanz dieser Klasse aufrufen, wird eine Darstellung der bei Erzeugung der Instanz übergebenen Konstruktorargumente zurückgeliefert (oder ein Leerstring, falls diese Argumente weggelassen wurden). Diese Instanzkonstruktorargumente werden im Instanzattribut `args` als Tupel gespeichert und zur Verfügung gestellt. Subklassen erben dieses Protokoll.

`Exception`
: Die Wurzelsuperklasse für alle integrierten und nicht zum Beenden des Systems führenden Ausnahmen. Eine direkte Subklasse von `BaseException`.

  Alle benutzerdefinierten Ausnahmen sollten von dieser Klasse abgeleitet werden (erben). Diese Ableitung ist für benutzerdefinierte Ausnahmen in Python 3.X erforderlich. Python 2.6 und 2.7 setzen das für Klassen neues Stils voraus, erlauben aber auch eigenständige Ausnahmeklassen.

  Mit `try`-Anweisungen, die sich auf diese Ausnahme beziehen, fangen Sie alle Ausnahmen außer jenen Ereignissen ab, die zum Beenden des Systems führen – da diese Klasse die Superklasse für alle Ausnahmen außer `SystemExit`, `KeyboardInterrupt` und `GeneratorExit` ist (diese drei leiten sich direkt von `BaseException` ab).

`ArithmeticError`
: Ausnahmekategorie für arithmetische Fehler: Superklasse von `OverflowError`, `ZeroDivisionError` und `FloatingPointError` sowie Subklasse von `Exception`.

`BufferError`
: Wird ausgelöst, wenn eine gepufferte Operation nicht durchgeführt werden kann. Subklasse von `Exception`.

`LookupError`
: Indexfehler bei Sequenzen und Mappings: Superklasse für `IndexError` und `KeyError`. Wird auch bei einigen Fehlern ausgelöst, die bei der Suche nach Unicode-Kodierungen auftreten. Subklasse von `Exception`.

`OSError` (Python 3.3-Version)
: Wird ausgelöst, wenn eine Systemfunktion einen Systemfehler auslöst, einschließlich IO-Fehlern und Fehlern bei Dateioperationen. Ab Python 3.3 ist diese Ausnahme eine Wurzelklasse für eine Reihe neuer aussagekräftiger systembezogener Ausnahmen, die im Abschnitt »Spezifische OSError-Ausnahmen«, Seite 179, aufgeführt sind und generische Ausnahmen mit Zustandsinformationen aus Version 3.2 und früher subsumieren (im

Abschnitt »Integrierte Ausnahmen in Python 3.2«, Seite 183, beschrieben).

In Python 3.3 ist `OSError` eine Subklasse von `Exception` und umfasst gemeinsame Informationsattribute zu Systemfehlern: `errno` (numerischer Code); `strerror` (String-Meldung); `winerror` (unter Windows); und `filename` (für Ausnahmen in Bezug auf Dateipfade). In 3.3 integriert diese Klasse `EnvironmentError`, `IOError`, `WindowsError`, `VMSError`, `socket.error`, `select.error` und `mmap.error` und ist ein Synonym für `os.error`. Siehe Letzteres im Abschnitt »Systemmodul os«, Seite 197, für zusätzliche Informationen zu den Attributen.

Spezifische Ausnahmen

Die folgenden Klassen sind spezifischere Ausnahmen, die tatsächlich ausgelöst werden. Außerdem sind`NameError`, `RuntimeError`, `SyntaxError`, `ValueError` und `Warning` sowohl spezifische Ausnahmen als auch Superklassen für Kategorien anderer integrierter Ausnahmen:

`AssertionError`
: Wird ausgelöst, wenn eine `assert`-Anweisung `False` ergibt.

`AttributeError`
: Wird ausgelöst, wenn Zugriff bzw. Zuweisung eines Attributs fehlschlagen.

`EOFError`
: Wird ausgelöst, wenn von `input()` (oder `raw_input()` in Python 2.X) das unmittelbare Ende einer Datei erreicht wird. Lesemethoden für Dateiobjekte liefern am Dateiende stattdessen ein leeres Objekt und lösen diese Ausnahme nicht aus.

`FloatingPointError`
: Wird ausgelöst, wenn Fließkommaoperationen fehlschlagen.

`GeneratorExit`
: Wird ausgelöst, wenn die `close()`-Methode eines Generator aufgerufen wird. Erbt direkt von `BaseException` anstatt von `Exception`, da es sich nicht um einen Fehler handelt.

`ImportError`
: Wird ausgelöst, wenn eine `import`- oder `from`-Anweisung ein Modul oder Attribut nicht finden kann. Ab Python 3.3 enthalten Instanzen die Attribute `name` und `path` für das Modul, das den Fehler ausgelöst hat, die als Schlüsselwortargumente an den Konstruktor übergeben werden.

`IndentationError`
: Wird für fehlerhafte Einrückungen im Quellcode ausgelöst. Abgeleitet von `SyntaxError`.

`IndexError`
: Wird ausgelöst, wenn Sequenzpositionen außerhalb des zulässigen Bereichs liegen (bei Abruf und Zuweisung). Slice-Indices werden stillschweigend an den zulässigen Bereich angepasst. Ist ein Index kein Integer, wird ein `TypeError` ausgelöst.

`KeyError`
: Wird bei Verweisen auf nicht vorhandene Mappingschlüssel ausgelöst (beim Abruf). Bei der Zuweisung zu nicht existierenden Schlüsseln wird dieser Schlüssel angelegt.

`KeyboardInterrupt`
: Wird ausgelöst, wenn Benutzer die Unterbrechungstaste drücken (üblicherweise Strg-C oder Entf). Während der Ausführung wird regelmäßig auf Unterbrechungen geprüft. Diese Ausnahme erbt direkt von `BaseException`, damit sie nicht unbeabsichtigt von Code für `Exception` abgefangen wird und so verhindert, dass der Interpreter beendet wird.

`MemoryError`
: Wird bei einer behebbaren Ausschöpfung des Arbeitsspeichers ausgelöst. Wenn ein Programm mit zu viel Speicherbedarf der Auslöser war, wird ein Stacktrace ausgegeben.

`NameError`
: Wird ausgelöst, wenn ein unqualifizierter Name lokal oder global nicht gefunden werden konnte.

`NotImplementedError`
: Wird ausgelöst, wenn erwartete Protokolle nicht definiert wurden. Abstrakte Klassenmethoden können diese Ausnahme aus-

lösen, wenn sie die Neudefinition einer Methode erfordern. Abgeleitet von `RuntimeError`. (Nicht zu verwechseln mit `NotImplemented`, einem speziellen integrierten Objekt, das von manchen Operatorüberladungsmethoden zurückgeliefert wird, wenn bestimmte Operandentypen nicht unterstützt werden. Siehe Abschnitt »Methoden zur Operatorüberladung«, Seite 124.)

`OverflowError`

Wird bei übermäßig großen Ergebnissen arithmetischer Operationen ausgelöst. Kann bei Integer nicht auftreten, da diese eine beliebige Präzision unterstützen. Aufgrund der Beschränkungen der zugrunde liegenden Sprache C werden die meisten Fließkommaoperationen ebenfalls nicht auf einen Überlauf hin überprüft.

`ReferenceError`

Wird im Zusammenhang mit *schwachen Referenzen* ausgelöst: Tools für die Pflege von Referenzen auf Objekte, die ihre Beseitigung bei der Garbage Collection nicht verhindern (z.B. Caches). Siehe das `weakref`-Modul in der Python-Standardbibliothek.

`RuntimeError`

Eine selten genutzte Auffangausnahme.

`StopIteration`

Wird ausgelöst, wenn der letzte Wert in einem Iterator-Objekt erreicht ist. Wird von der integrierten Methode `next(`*I*`)` und der Methode *I*`.__next__()` ausgelöst (*I*`.next()` in Python 2.X).

Ab Python 3.3 haben Instanzen ein `value`-Attribut, das entweder ein explizites positionelles Konstruktorargument reflektiert oder automatisch mit dem Rückgabewert der `return`-Anweisung einer Generatorfunktion belegt wird, die die Iteration beendet. Dieser Wert ist standardmäßig `None` und auch im `args`-Tupel einer Ausnahme enthalten und wird von automatischen Iterationen nicht genutzt. Da Generatorfunktionen vor 3.3 *keine* Werte zurückliefern müssen (und Syntaxfehler erzeugen, falls sie das dennoch versuchen), ist die Verwendung dieser

Erweiterung nicht mit früheren 2.X- und 3.X-Versionen kompatibel. Siehe auch Abschnitt »Die yield-Anweisung«, Seite 92.

`SyntaxError`
: Wird ausgelöst, wenn Parser auf einen Syntaxfehler stoßen. Dies kann während Importoperationen, Aufrufen von `eval()` und `exec()` sowie beim Lesen von Code aus einer Skriptdatei der obersten Ebene oder der Standardeingabe geschehen. Instanzen dieser Klasse verfügen über die Attribute `filename`, `lineno`, `offset` und `text` für den Zugriff auf Detailinformationen. Die `str()`-Methode der Ausnahmeinstanz liefert nur die einfache Meldung.

`SystemError`
: Wird für interne Interpreterfehler ausgelöst, die nicht kritisch genug sind, um den Interpreter zu beenden (aber gemeldet werden sollen).

`SystemExit`
: Wird durch einen Aufruf von `sys.exit(N)`ausgelöst. Wird diese Ausnahme nicht behandelt, beendet der Python-Interpreter die Ausführung und gibt keinen Stack-Traceback aus. Wenn der übergebene Wert *N* ein Integer ist, bestimmt dieser den Systembeendigungsstatus des Programms (wird an die Beendigungsfunktion von C weitergereicht). Falls `None` übergeben oder *N* weggelassen wird, ist der Beendigungsstatus `0` (Erfolg). Für jeden anderen Typ wird der Objektwert ausgegeben und der Beendigungsstatus ist `1` (Fehler). Direkt von `BaseException` abgeleitet, damit die Ausnahme nicht versehentlich von Code als `Exception` abgefangen wird und dadurch die Beendigung des Interpreters verhindert. Siehe auch `sys.exit()` im Abschnitt »Modul sys«, Seite 186.

`sys.exit()`löst diese Ausnahme aus, damit Handler für Aufräumoperationen (`finally`-Klauseln von `try`-Anweisungen) ausgeführt werden und ein Debugger ein Skript ausführen kann, ohne die Kontrolle zu verlieren. Die Funktion `os._exit()` beendet bei Bedarf sofort (z.B. in einem Kindprozess nach einem Aufruf von `fork()`). Siehe auch das Modul `atexit` in der Standardbibliothek zur Angabe von Beendigungsfunktionen.

`TabError`
: Wird ausgelöst, wenn eine unzulässige Mischung aus Leerzeichen und Tabulatoren im Quellcode gefunden wurde. Abgeleitet von `IndentationError`.

`TypeError`
: Wird ausgelöst, wenn eine Operation oder Funktion auf ein Objekt des falschen Typs angewendet wird.

`UnboundLocalError`
: Wird bei Referenzen auf lokale Namen ausgelöst, denen noch kein Wert zugewiesen wurde. Abgeleitet von `NameError`.

`UnicodeError`
: Wird bei Unicode-bezogenen Kodierungs- oder Dekodierungsfehlern ausgelöst. Superklassenkategorie und Subklasse von `ValueError`. Tipp: Manche Unicode-Tools lösen auch einen `LookupError` aus.

`UnicodeEncodeErrorUnicodeDecodeErrorUnicodeTranslateError`
: Werden bei Unicode-bezogenen Verarbeitungsfehlern ausgelöst. Subklassen von `UnicodeError`.

`ValueError`
: Wird ausgelöst, wenn eine integrierte Operation oder Funktion ein Argument des richtigen Typs, aber mit einem falschen Wert erhält, und diese Situation nicht durch eine spezifischere Ausnahme wie `IndexError` abgebildet werden kann.

`ZeroDivisionError`
: Wird bei Divisionen oder Modulo-Operationen ausgelöst, deren rechter Operand `0` ist.

Spezifische OSError-Ausnahmen

Ab Python 3.3 kennzeichnen die folgenden Subklassen von `OSError` Systemfehler und entsprechend den Systemfehlercodes in `EnvironmentError` früherer Python-Versionen (siehe Abschnitt »Integrierte Ausnahmen in Python 3.2«, Seite 183). Siehe auch `OSError` im Abschnitt »Superklassen: Kategorien«, Seite 173 zu den Informationsattributen, die die Subklassen gemeinsam haben:

`BlockingIOError`
: Wird ausgelöst, wenn eine Operation ein Objekt blockieren würde, für das eine blockierungsfreie Operation festgelegt wurde. Bietet das zusätzliche Attribut `characters_written` – die Anzahl der Zeichen, die vor der Blockierung in den Stream geschrieben wurden.

`ChildProcessError`
: Wird ausgelöst, wenn eine Operation mit einem Kindprozess fehlgeschlagen ist.

`ConnectionError`
: Superklasse für die verbindungsbezogenen Ausnahmen `BrokenPipeError`, `ConnectionAbortedError`, `ConnectionRefusedError` und `ConnectionResetError`.

`BrokenPipeError`
: Wird bei dem Versuch ausgelöst, auf eine Pipe zu schreiben, während das andere Ende geschlossen wurde, oder bei dem Versuch auf einen Socket zu schreiben, der für Schreibvorgänge geschlossen wurde.

`ConnectionAbortedError`
: Wird ausgelöst, wenn ein Verbindungsversuch vom Peer abgebrochen wurde.

`ConnectionRefusedError`
: Wird ausgelöst, wenn ein Verbindungsversuch vom Peer verweigert wurde.

`ConnectionResetError`
: Wird ausgelöst, wenn die Verbindung vom Peer zurückgesetzt wurde.

`FileExistsError`
: Wird bei dem Versuch ausgelöst, eine Datei oder ein Verzeichnis zu erstellen, das bereits existiert.

`FileNotFoundError`
: Wird ausgelöst, wenn eine Datei oder ein Verzeichnis angefordert wird, das nicht existiert.

`InterruptedError`
: Wird ausgelöst, wenn ein Systemaufruf von einem eingehenden Signal unterbrochen wird.

`IsADirectoryError`
: Wird ausgelöst, wenn eine Dateioperation wie z.B. `os.remove()` mit einem Verzeichnis versucht wird.

`NotADirectoryError`
: Wird ausgelöst, wenn eine Verzeichnisoperation wie etwa `os.listdir()` mit einer Datei versucht wird, die kein Verzeichnis ist.

`PermissionError`
: Wird ausgelöst für Operationen, die ohne die entsprechenden Zugriffsrechte ausgeführt werden (z.B. Dateisystemberechtigungen).

`ProcessLookupError`
: Wird ausgelöst, wenn ein Prozess nicht existiert.

`TimeoutError`
: Wird bei Zeitüberschreitung einer Systemfunktion auf Systemebene ausgelöst.

Ausnahmen aus der Kategorie Warnungen

Die folgenden Ausnahmen werden als Warnungskategorien verwendet:

`Warning`
: Die Superklasse für alle folgenden Warnungen, eine direkte Subklasse von `Exception`.

`UserWarning`
: Warnungen, die von Benutzercode ausgelöst wurden.

`DeprecationWarning`
: Warnungen vor veralteten Features.

`PendingDeprecationWarning`
: Warnungen vor Features, die in Zukunft veraltet sein werden.

`SyntaxWarning`
: Warnungen vor fragwürdiger Syntax.

`RuntimeWarning`
: Warnungen vor fragwürdigem Laufzeitverhalten.

`FutureWarning`
: Warnungen vor Konstrukten, die künftig einer semantischen Änderung unterliegen.

`ImportWarning`
: Warnungen vor wahrscheinlichen Fehlern beim Modulimport.

`UnicodeWarning`
: Warnungen im Zusammenhang mit Unicode.

`BytesWarning`
: Warnungen im Zusammenhang mit `bytes` und Buffer-Objekten (Memory-View-Objekten).

`ResourceWarning`
: Eingeführt ab Python 3.2, Superklasse für Warnungen hinsichtlich der Ressourcennutzung.

Warning Framework

Warnungen werden ausgegeben, wenn zukünftige Sprachänderungen die Funktionalität von vorhandenem Code in künftigen Python-Versionen und anderen Kontexten beeinträchtigen könnten. Warnungen können so konfiguriert werden, dass dadurch Meldungen ausgegeben, Ausnahmen ausgelöst oder ignoriert werden. Das Warning Framework kann genutzt werden, um Warnungen durch Aufruf der Funktion `warnings.warn()` abzusetzen:

```
warnings.warn("Verwendung überholt", DeprecationWarning)
```

Außerdem können Sie Filter hinzufügen, um bestimmte Warnungen zu unterdrücken. Sie können einen regulären Ausdruck auf eine Meldung oder Modulnamen anwenden, um Warnungen bis zu einem beliebigen Verallgemeinerungsgrad zu unterdrücken. So können Sie beispielsweise eine Warnung über die Verwendung des veralteten regex-Moduls unterdrücken:

```
import warnings
warnings.filterwarnings(action = 'ignore',
                        message='.*regex module*',
                        category=DeprecationWarning,
                        module = '__main__')
```

Dieser Filter betrifft nur Warnungen der Klasse DeprecationWarning, die im Modul __main__ ausgelöst werden und wendet darauf einen regulären Ausdruck an, um jene Meldungen auszufiltern und zu ignorieren, die sich auf das Modul regex beziehen. Warnungen können nur einmalig oder bei jeder Ausführung des beanstandeten Codes ausgegeben oder in Ausnahmen umgewandelt werden, durch die das Programm angehalten wird (falls diese nicht abgefangen werden). Weitere Informationen finden Sie in der Dokumentation des Moduls warnings im Python-Handbuch (Version 2.1 und später). Siehe auch das Argument -W im Abschnitt »Python-Optionen«, Seite 4.

Integrierte Ausnahmen in Python 3.2

Bis einschließlich Python 3.2 gibt es die folgenden zusätzlichen Ausnahmen. Ab Python 3.3 wurden diese in OSError zusammengefasst. Diese Ausnahmen blieben in Version 3.3 aus Kompatibilitätsgründen erhalten, könnten aber in zukünftigen Versionen entfernt werden:

EnvironmentError
: Die Kategorie für Ausnahmen, die außerhalb von Python ausgelöst werden: Superklasse für IOError und OSError, Subklasse von Exception. Die ausgelöste Instanz enthält die Informationsattribute errno und strerror (und möglicherweise filename bei dateipfadbezogenen Ausnahmen), die auch in args enthalten und den Systemfehlercode sowie eine Meldung angeben.

IOError
: Wird ausgelöst bei I/O- oder dateibezogenen Fehlern. Abgeleitet von EnvironmentError mit den in dieser Liste bereits beschriebenen Zustandsinformationen.

`OSError` (Python 3.2-Version)
: Wird bei Fehlern des Moduls `os` ausgelöst (der `os.error`-Ausnahme). Abgeleitet von `EnvironmentError` mit den in dieser Liste bereits beschriebenen Zustandsinformationen.

`VMSError`
: Wird bei VMS- spezifischen Fehlern ausgelöst. Subklasse von `OSError`.

`WindowsError`
: Wird bei Windows-spezifischen Fehlern ausgelöst. Subklasse von `OSError`.

Integrierte Ausnahmen in Python 2.X

Die verfügbaren Ausnahmen sowie die Hierarchie der Ausnahmeklassen unterscheidet sich in Python 2.X geringfügig von der Beschreibung für 3.X in den vorhergehenden Abschnitten. Unter anderem gilt in Python 2.X:

- `Exception` ist die oberste Wurzelklasse (nicht `BaseException`, die in Python 2.X nicht existiert).
- `StandardError` ist eine zusätzliche `Exception`-Subklasse und Wurzelklasse für alle integrierten Ausnahmen außer `SystemExit`.

Siehe die Bibliothekshandbücher für 2.X zu umfassenden Informationen zu Ihrer Version.

Integrierte Attribute

Manche Objekte exportieren spezielle Attribute, die von Python vordefiniert sind. Die folgende Liste ist nicht abschließend, weil es viele typenspezifischen Attribute gibt. Siehe die Einträge für spezielle Typen in der Python Library Reference:[16]

---

16 Ab Python 2.1 können Sie auch beliebige benutzerdefinierte Attribute durch die einfache Zuweisung von Werten zu *Funktionsobjekten* hinzufügen, siehe Abschnitt »Funktionsstandardwerte und Attribute«, Seite 90. Python 2.X unterstützt auch die speziellen Attribute *`I`*`.__methods__` und *`I`*`.__members__`: Listen mit Methoden- und Datenmembern einiger integrierten Typen. Diese wurden in Python 3.X entfernt. Verwenden Sie die integrierte Funktion `dir()`.

`X.__dict__`
: Dictionary zum Speichern der beschreibbaren (veränderbaren) Attribute von Objekt *X*.

`I.__class__`
: Klassenobjekt, von dem die Instanz *I* erzeugt wurde. Ab Version 2.2 gilt dies auch für Typen, und die meisten Objekte verfügen über ein `__class__`-Attribut (z.B. `[].__class__ == list == type([])`).

`C.__bases__`
: Tupel mit den Basisklassen von *C*, wie im Header der Klassenanweisung von *C* angegeben.

`C.__mro__`
: Der berechnete MRO-Pfad durch den Klassenbaum einer Klasse neuen Stils *C* (siehe Abschnitt »Klassen neuen Stils: MRO«, Seite 120).

`X.__name__`
: Der Name von Objekt *X* als String. Bei Klassen der Name im Header der Anweisung. Bei Modulen der im Import verwendete Name bzw. `"__main__"` für das Modul auf der obersten Ebene eines Programms (z.B. die Hauptdatei zum Starten des Programms).

Module der Standardbibliothek

Die Module der Standardbibliothek sind immer verfügbar, müssen aber für die Verwendung in Client-Modulen importiert werden. Verwenden Sie hierfür eines der folgenden Formate:

- `import` *`modul`* – Namen aus dem Modul werden qualifiziert angegeben (*`modul.name`*).
- `from` *`modul`* `import` *`name`* – Bestimmte Namen aus dem Modul können unqualifiziert verwendet werden (*`name`*).

- `from` *`modul`* `import *` – Alle Namen aus dem Modul können unqualifiziert verwendet werden (*name*).

Um beispielsweise den Namen `argv` im Modul `sys` zu verwenden, müssen Sie entweder `import sys` und den Namen `sys.argv` verwenden oder `from sys import argv` und den Namen `argv` nutzen. Die vollständige Reform *`modul.name`* wird in hier nur im Header von Inhaltslisten verwendet, um in mehrseitigen Listings den Kontext klarzustellen. In Beschreibungen wird häufig nur *name* verwendet.

Es gibt Hunderte von Modulen in der Standardbibliothek, die mindestens genauso vielen Änderungen unterworfen sind wie die Sprache selbst. Entsprechend sind die folgenden Abschnitte *nicht vollständig* und dokumentieren nur allgemein die gebräuchlichsten Namen in den gebräuchlichsten Modulen. Eine umfassendere Referenz der Module der Standardbibliothek finden Sie in der Python Library Reference.

Für alle Module im folgenden Abschnitt gilt:

- Die genannten exportierten Namen, auf die Klammern folgen, sind *Funktionen*, die aufgerufen werden müssen. Die anderen sind einfache Attribute (d.h. Variablennamen in Modulen, die Sie abrufen, aber nicht aufrufen können).
- Die Modulbeschreibungen dokumentieren den Status des jeweiligen Moduls in *Python 3.X*, gelten aber generell für 3.X und 2.X (soweit nicht anders beschrieben). Weitere Informationen zu den versionsspezifischen Unterschieden finden Sie in den Python-Handbüchern.

Modul sys

Das Modul sys enthält *interpreterbezogene Tools*: Elemente, die mit dem Interpreter oder dem entsprechenden Prozess zu tun haben – sowohl in Python 3.X als auch in 2.X. Außerdem bietet das Modul Zugriff auf einige Umgebungskomponenten wie die Kommandozeile, Standard-Streams usw. Siehe auch `os` im Abschnitt »Systemmodul os«, Seite 197, zu zusätzlichem prozessbezogenen Werkzeugen:

`sys.argv`
: String-Liste mit den Befehlszeilenargumenten: `[`*`skriptname, argumente`*`...]`. Ähnlich wie das Array `argv` in C. `argv[0]` ist entweder der Dateiname des Skripts (möglicherweise mit dem vollständigen Pfad), der String `'-c'` für die Befehlszeilenoption `-c`, der Pfadname eines Moduls für die Option `-m`, `'-'` für die Option - oder ein Leerstring, wenn kein Skriptname bzw. keine Befehlszeilenoption übergeben wurde. Siehe auch den Abschnitt »Angabe des Programms«, Seite 6.

`sys.byteorder`
: Gibt die native Byte-Reihenfolge an (z.B. `'big'` für Big-Endian, `'little'` für Little-Endian).

`sys.builtin_module_names`
: Tupel mit den String-Namen der in diesem Python-Interpreter kompilierten C-Modulen.

`sys.copyright`
: String mit dem Copyright-Hinweis des Python-Interpreters.

`sys.displayhook(`*`wert`*`)`
: Wird von Python aufgerufen, um Ergebniswerte in interaktiven Sitzungen anzuzeigen. Weisen Sie `sys.displayhook` einer Funktion mit einem Argument zu, um die Ausgabe anzupassen.

`sys.dont_write_bytecode`
: Solange dieses Attribut `True` ist, versucht Python nicht, beim Import von Quellmodulen *.pyc*- oder *.pyo*-Dateien zu schreiben (siehe auch die Befehlszeilenoption `-B` im Abschnitt »Verwendung der Python-Befehlszeile«, Seite 3, um dies beim Start festzulegen).

`sys.excepthook(`*`typ, wert, traceback`*`)`
: Wird von Python aufgerufen, um Informationen zu nicht abgefangenen Ausnahmen auf *stderr* anzuzeigen. Weisen Sie `sys.excepthook` eine Funktion mit drei Argumenten zu, um die Anzeige von Ausnahmen anzupassen.

`sys.exc_info()`
: Liefert ein Tupel mit drei Werten, die die momentan behandelte Ausnahme beschreiben: (*typ*, *wert*, *traceback*). Dabei ist *typ* die Klasse der Ausnahme, *wert* die Instanz der ausgelösten Ausnahmeklasse und das Objekt *traceback* bietet Zugriff auf den Laufzeitaufruf-Stack im Zustand zu dem Zeitpunkt, als die Ausnahme auftrat. Bezogen auf den aktuellen Thread. Subsumiert `exc_type`, `exc_value` und `exc_traceback` in Python 1.5 und später (die alle drei in Python 2.X existieren, aber in Python 3.X vollständig entfernt wurden). Für weitere Informationen zur Verarbeitung von Traceback-Objekten siehe das `traceback`-Modul in der Python Library Reference. Siehe auch Abschnitt »Die try-Anweisung«, Seite 103, für weitere Informationen zur Ausnahmen.

`sys.exec_prefix`
: Weisen Sie diesem Attribut einen String mit dem sitespezifischen Verzeichnispräfix des Speicherorts zu, an dem die plattformabhängigen Python-Dateien installiert sind. Standardmäßig */usr/local* oder Kompilierungsargument. Wird verwendet, um gemeinsam genutzte Bibliotheksmodule (in *<exec_prefix>/lib/python<version>/lib-dynload*) und Konfigurationsdateien zu lokalisieren.

`sys.executable`
: String mit dem vollständigen Dateipfadnamen des Python-Interpreters, der den aufrufenden Code ausführt.

`sys.exit([ N ])`
: Beendet einen Python-Prozess mit dem Status *N* (Standard `0`) durch Auslösen der integrierten Ausnahme `SystemExit` (die in einer `try`-Anweisung abgefangen und bei Bedarf ignoriert werden kann). Siehe auch `SystemExit` im Abschnitt »Integrierte Ausnahmen«, Seite 173, für weitere Einzelheiten zur Verwendung und die Funktion `os._exit()` (im Abschnitt »Systemmodul os«, Seite 197) für ein verwandtes Tool, das die Ausführung ohne Ausnahmebehandlung sofort beendet (nützlich in Kindprozessen nach `os.fork()`). Siehe außerdem das `atexit`-Modul in der Python-Standardbibliothek für eine allgemeine Spezifikation von Abschlussfunktionen.

`sys.flags`
: Werte der Python-Befehlszeilenoptionen, ein Attribut pro Option (siehe Python-Handbücher).

`sys.float_info`
: Attribute mit Informationen zur Python-Fließkommaimplementierung (siehe Python-Handbücher).

`sys.getcheckinterval()`
: Liefert bis einschließlich Python 3.1 das »Prüfintervall« das Interpreters (siehe `setcheckinterval()` weiter unten in dieser Liste). Ab Python 3.2 abgelöst von `getswitchinterval()`.

`sys.getdefaultencoding()`
: Liefert den Namen der von der Unicode-Implementierung aktuell verwendeten Standard-String-Kodierung.

`sys.getfilesystemencoding()`
: Liefert den Namen der für die Konvertierung von Unicode-Dateinamen in Systemdateinamen verwendete Kodierung. `None`, wenn die Standardkodierung des Systems verwendet wird.

`sys._getframe([` *`tiefe`* `])`
: Liefert ein Frame-Objekt von Python-Aufruf-Stack (siehe Python Library Reference).

`sys.getrefcount(`*`objekt`*`)`
: Liefert den aktuellen Wert des Referenzzählers für *`objekt`* (+1 für das Argument des Aufrufs selbst).

`sys.getrecursionlimit()`
: Liefert die Grenze für die maximale Tiefe des Python-Aufruf-Stacks. Siehe auch `setrecursionlimit()`weiter unten in dieser Liste.

`sys.getsizeof(`*`objekt`* `[,` *`standard`* `])`
: Liefert die Größe von *`objekt`* in Bytes. Das Objekt kann ein Objekt beliebigen Typs sein. Alle integrierten Objekte liefern korrekte Ergebnisse, aber die Ergebnisse von Erweiterungen von Drittanbietern sind implementierungsspezifisch. *`standard`* ist der Wert, der zurückgeliefert wird, falls der Objekttyp die Schnittstelle zum Abrufen der Größe nicht implementiert.

`sys.getswitchinterval()`
Liefert ab Python 3.2 die aktuelle Einstellung für das Thread-Switching-Intervall des Interpreters (siehe `setswitchinterval()` weiter unten in dieser Liste). Verwenden Sie bis einschließlich Python 3.1 `getcheckinterval()`.

`sys.getwindowsversion()`
Gibt ein Objekt zurück, das die aktuell ausgeführte Windows-Version beschreibt (siehe Python-Handbücher).

`sys.hexversion`
Versionsnummer von Python, als einzelner Integer kodiert (wird am besten mit der integrierten Funktion `hex()` angezeigt. Nimmt mit jeder neuen Version zu.

`sys.implementation`
Ab Python 3.3 ein Objekt mit Informationen über die Implementierung des aktuell ausgeführten Python-Interpreters (Name, Version usw.). Siehe Python-Handbücher.

`sys.int_info`
Attribute mit Informationen zur Integer-Implementierung von Python (siehe Python-Handbücher).

`sys.intern(`*`string`*`)`
Fügt *`string`* in die Tabelle der »internierten« Strings ein und liefert den internierten String oder eine Kopie zurück. Interne Strings bieten einen kleinen Leistungsvorteil beim Nachschlagen in Dictionaries: Wenn sowohl die Schlüssel in einem Dictionary als auch der für die Suche verwendete Schlüssel interniert sind, können Schlüsselvergleiche (nach dem Hashing) durch den Vergleich von Referenzen anstatt von Strings vorgenommen werden. Normalerweise werden die in Python-Programmen verwendeten Namen automatisch interniert, und die Dictionaries zum Speichern von Modul-, Klassen- und Instanzattributen haben internierte Schlüssel.

`sys.last_type`, `sys.last_value`, `sys.last_traceback`
Typ-, Wert- und Traceback-Objekt der letzten nicht abgefangenen Ausnahme (in erster Linie für Postmortem-Debugging).

`sys.maxsize`

Ein Integer mit dem maximalen Wert, den eine Variable vom Typ `Py_ssize_t` aufnehmen kann. Üblicherweise entspricht das auf 32-Bit-Plattformen `2**31 - 1` bzw. `2**63 - 1` auf 64-Bit-Plattformen.

`sys.maxunicode`

Ein Integer mit dem größten unterstützten Codepoint für ein Unicode-Zeichen. Ab Python 3.3 ist dieser Wert dank des flexiblen String-Speichersystems mit variablen Größen immer `1114111` (`0x10FFFF` hexadezimal). Vor Version 3.3 hängt dieser Wert von der Konfigurationsoption ab, die bestimmt, ob Unicode-Zeichen als UCS-2 oder UCS-4 gespeichert werden und ist entsprechend `0xFFFF` bzw. `0x10FFFF`.

`sys.modules`

Dictionary der bereits geladenen Module. Pro Modul gibt es einen *`name`*`:`*`objekt`*-Eintrag. Tipp: Dieses Dictionary kann geändert werden, um künftige Importe zu beeinflussen (`del sys.modules['`*`name`*`']` erzwingt beispielsweise das erneute Laden eines Moduls beim nächsten Import).

`sys.path`

String-Liste mit dem Suchpfad für den Modulimport. Wird mit der Shell-Variablen `PYTHONPATH` initialisiert sowie jeglichen *.pth*-Pfaddateien und installationsabhängigen Standards. Tipp: Dieses Attribut und die Liste können beide geändert werden, um künftige Importe zu beeinflussen (`sys.path.append('C:\\dir')` fügt beispielsweise ein Verzeichnis dynamisch zum Modulsuchpfad hinzu).

Das erste Element `path[0]` ist das Verzeichnis mit dem Skript, über das der Python-Interpreter aufgerufen wurde. Falls das Skriptverzeichnis nicht verfügbar ist (z.B. der Interpreter interaktiv gestartet oder das Skript von der Standardeingabe gelesen wurde), ist `path[0]` ein Leerstring. Python sucht dann zuerst im aktuellen Arbeitsverzeichnis nach Modulen. Das Skriptverzeichnis wird vor den Einträgen aus `PYTHONPATH` eingefügt. Siehe auch Abschnitt »Die import-Anweisung«, Seite 95.

`sys.platform`

String, der das System identifiziert, auf dem Python ausgeführt wird: `'win32'`, `'darwin'`, `'linux2'`, `'cygwin'`, `'os2'`, `'freebsd8'`, `'sunos5'`, `'PalmOS3'` usw. Nützlich für Bedingungen in plattformabhängigem Code.

Entspricht für alle derzeitigen Windows-Varianten `'win32'` . Allgemeinere Tests können Sie mit `sys.platform[:3]=='win'` oder `sys.platform.startswith('win')` durchführen. Ab Python 3.3 haben alle Linux-Plattformen den Wert `'linux'`, aber Skripten sollten auf ähnliche Weise mit *`str`*`.startswith('linux')` prüfen, da dieser String früher `'linux2'` oder `'linux3'` war.

`sys.prefix`

String mit dem sitespezifischen Verzeichnispräfix für den Speicherort, an dem die plattformabhängigen Python-Dateien installiert sind. Standardmäßig */usr/local* oder ein Argument bei der Kompilierung. Bibliotheksmodule von Python werden im Verzeichnis *<prefix>/lib/python<version>* installiert, plattformabhängige Header-Dateien in *<prefix>/include/python<version>* gespeichert.

`sys.ps1`

String mit den Zeichen der primären Eingabeaufforderung im interaktiven Modus: Ist standardmäßig >>>, wenn kein anderer Wert zugewiesen wurde.

`sys.ps2`

String mit den Zeichen der sekundären Eingabeaufforderung für die Fortsetzung zusammengesetzter Anweisungen im interaktiven Modus: standardmäßig `...`, wenn kein anderer Wert zugewiesen wurde.

`sys.setcheckinterval(`*`wiederholungen`*`)`

Ab Python 3.2 abgelöst von `setswitchinterval()` (siehe in dieser Liste). Die Funktion existiert weiterhin, sie hat jedoch keine Bedeutung mehr, da die Implementierung für das Thread-Switching und asynchrone Tasks neu geschrieben wurde.

Bis einschließlich Python 3.1 wird über diese Funktion mit *`wiederholungen`* festgelegt, wie oft der Interpreter prüft, ob periodische Tasks zu erledigen sind (z.B. Threads umschalten, Signalbehandlung). *wiederholungen* wird in Instruktionen der virtuellen Maschine gemessen (Standardwert ist `100`). Typischerweise wird eine Python-Anweisung in mehrere Instruktionen für die virtuelle Maschine übersetzt. Geringere Werte maximieren die Ansprechbarkeit von Threads, maximieren aber gleichzeitig auch den Overhead für das Thread-Switching.

`sys.setdefaultencoding(`*name*`)`
: Entfernt in Python 3.2. Legt die aktuelle Standardkodierung für Strings, die von der Unicode-Implementierung genutzt wird, auf *name* fest. Ist für den Einsatz mit dem Modul `site` gedacht und nur während des Starts verfügbar.

`sys.setprofile(`*funk*`)`
: Legt *funk* als Systemprofilfunktion fest: Profiler-Hook (wird nicht für jede Zeile ausgeführt). Weitere Informationen finden Sie in der Python Library Reference.

`sys.setrecursionlimit(`*tiefe*`)`
: Setzt die maximale Tiefe des Python-Aufruf-Stacks auf *tiefe*. Dieser Grenzwert verhindert, dass endlose Rekursionen einen Überlauf auf dem C-Stack und damit einen Absturz von Python verursachen. Unter Windows ist der Standardwert `1.000`, aber dieser Wert kann variieren. Für Funktionen mit tiefer Rekursion können unter Umständen höhere Werte erforderlich sein.

`sys.setswitchinterval(`*intervall*`)`
: Ab Python 3.2 legt diese Funktion das Thread-Switching-Intervall des Interpreters auf *intervall* in Sekunden fest. Es handelt sich um einen Fließkommawert (0.005 entspricht zum Beispiel 5 Millisekunden), der die ideale Dauer der den gleichzeitig ausgeführten Python-Threads zugewiesenen Zeit-Slices bestimmt. Der tatsächliche Wert kann höher sein, insbesondere beim Einsatz interner Funktionen oder Methoden mit langer Laufzeit, wenn die Auswahl des für den Ablauf des Intervalls geplanten Threads vom Betriebssystem getroffen wird (der Python-Interpreter hat keinen eigenen Scheduler).

  Bis einschließlich Python 3.1 verwenden Sie stattdessen `setcheckinterval()` (ebenfalls in dieser Liste).

`sys.settrace(`*`funk`*`)`
Setzt die System-Trace-Funktion auf *funk*. Dies ist der Callback-Hook für Änderungen der Programmstelle oder des Zustands, der von Debuggern usw. verwendet wird. Weitere Informationen finden Sie in der Python Library Reference.

`sys.stdin`
Ein vorab geöffnetes Dateiobjekt, anfangs mit dem Standardeingabestream *stdin* verbunden. Diesem Attribut kann ein beliebiges Objekt mit `read`-Methoden zugewiesen werden, um in einem Skript die Eingabe umzuleiten (z.B. `sys.stdin = MeinObj()`). Wird für Interpreter-Eingaben verwendet, einschließlich der integrierten Funktion `input()` (und `raw_input()` in Python 2.X).

`sys.stdout`
Ein vorab geöffnetes Dateiobjekt, anfangs mit dem Standardausgabestream *stdout* verbunden. Diesem Attribut kann ein beliebiges Objekt mit `write`-Methoden zugewiesen werden, um in einem Skript die Ausgabe umzuleiten (z.B. `sys.stdout=open('log', 'a')`). Wird für manche Eingabeaufforderungen und die integrierte Funktion `print()` (print-Anweisung in Python 2.X) eingesetzt. Verwenden Sie `PYTHONIOENCODING`, um bei Bedarf die plattformabhängige Kodierung zu überschreiben, (siehe Abschnitt »Umgebungsvariablen in Python«, Seite 8) und `-u` für ungepufferte Streams (siehe Abschnitt »Python-Optionen«, Seite 4).

`sys.stderr`
Ein vorab geöffnetes Dateiobjekt, anfangs mit dem Standardfehlerstream *stderr* verbunden. Diesem Attribut kann ein beliebiges Objekt mit `write`-Methoden zugewiesen werden, um in einem Skript `stderr` umzuleiten (z.B. `sys.stderr=`*`wrappedsocket`*). Wird für Interpreter-Eingabeaufforderungen und Fehler verwendet.

`sys.__stdin__`, `sys.__stdout__`, `sys.__stderr__`
Originalwerte von `stdin`, `stderr` und `stdout` beim Programmstart (z.B. als letzter Ausweg zum Zurücksetzen der Werte; normalerweise sollten Sie die alten Werte zwischenspeichern,

wenn Sie beispielsweise `sys.stdout` umleiten, und den ursprünglichen Wert in einer `finally`-Klausel wiederherstellen). Hinweis: Für GUI-Anwendungen ohne Konsole unter Windows können diese Werte `None` sein.

`sys.thread_info`
: Attribute mit Informationen zur Thread-Implementierung in Python. Neu in Python 3.3 (siehe Python-Handbücher).

`sys.tracebacklimit`
: Maximale Anzahl von Traceback-Ebenen, die bei nicht abgefangenen Ausnahmen ausgegeben werden. Standardwert ist `1.000`, soweit nicht anders zugewiesen.

`sys.sys.version`
: String mit der Versionsnummer des Python-Interpreters.

`sys.version_info`
: Tupel mit fünf Komponenten der Versionskennung: Major, Minor, Micro, Release Level und Serial. Für Python 3.0.1 entspricht das `(3, 0, 1, 'final', 0)`. In den jüngsten Versionen ist dieses Attribut ein benanntes Tupel, auf dessen Komponenten Sie entweder als Tupel-Elemente oder Attributnamen zugreifen können. In Python 3.3.0 wird `sys.version_info(major=3, minor=3, micro =0, releaselevel='final', serial=0)`angezeigt. Weitere Informationen finden Sie in der Python Library Reference.

`sys.winver`
: Versionsnummer für die Bildung von Registry-Schlussel auf Windows-Plattformen (nur unter Windows verfügbar, siehe die Python Library Reference).

Modul string

Das *string*-Modul definiert Konstanten und Variablen für die Verarbeitung von *String-Objekten*. Siehe auch Abschnitt »Strings«, Seite 25 für weitere Informationen zur Template-Substitution von Strings und zu den in diesem Modul definierten Formatierungswerkzeugen `Template` und `Formatter`.

Funktionen und Klassen

Ab Python 2.0 stehen die meisten Funktionen in diesem Modul auch als *Methoden* von String-Objekten zur Verfügung. Methodenbasierte Aufrufe sind effizienter, in 2.X vorzuziehen und in 3.X die einzige Option. Siehe Abschnitt »Strings«, Seite 25 für weitere Details sowie eine Liste aller verfügbaren String-Methoden, die an dieser Stelle nicht wiederholt wird. In diesem Abschnitt werden nur jene Elemente vorgestellt, die exklusiv im *string*-Modul vorkommen:

`string.capwords(s , sep=None)`
: Teilt das Argument `s` mit `s.split()` in einzelne Wörter auf, schreibt mit `s.capitalize()` den Anfangsbuchstaben jedes Worts groß und setzt die so entstandenen Wörter mit `s.join()` zusammen. Wird das optionale Argument `sep` nicht angegeben oder hat den Wert `None`, werden Folgen von Whitespace-Zeichen durch ein einzelnes Leerzeichen ersetzt, Whitespace am Anfang und am Ende des Strings wird entfernt. Ansonsten wird `sep` verwendet, um die Wörter voneinander zu trennen und wieder zusammenzufügen.

`string.maketrans(`*`quelle, ziel`*`)`
: Liefert eine für die Übergabe an `bytes.translate()` geeignete Übersetzungstabelle, die jedes Zeichen in *`quelle`* in das entsprechende Zeichen an derselben Position in *`ziel`* übersetzt. *`quelle`* und *`ziel`* müssen dieselbe Länge haben.

`string.Formatter`
: Klasse, die die Erstellung benutzerdefinierter Formatierer mit demselben Mechanismus unterstützt wie die Methode `str.format()` (beschrieben im Abschnitt »String-Formatierungsmethode«, Seite 31).

`string.Template`
: Klasse für die Template-Substitution in Strings (beschrieben im Abschnitt »Template-String-Substitution«, Seite 35).

Konstanten

`string.ascii_letters`
    Der String `ascii_lowercase` + `ascii_uppercase`.

`string.ascii_lowercase`
    Der String `'abcdefghijklmnopqrstuvwxyz'`; unabhängig von den lokalen Ländereinstellungen, wird auch in Zukunft nicht verändert.

`string.ascii_uppercase`
    Der String `'ABCDEFGHIJKLMNOPQRSTUVWXYZ'`; unabhängig von den lokalen Ländereinstellungen, wird auch in Zukunft nicht verändert.

`string.digits`
    Der String `'0123456789'`.

`string.hexdigits`
    Der String `'0123456789abcdefABCDEF'`.

`string.octdigits`
    Der String `'01234567'`.

`string.printable`
    Kombination aus `digits`, `ascii_letters`, `punctuation` und `whitespace`.

`string.punctuation`
    String mit den Zeichen, die in der aktuellen Ländereinstellung als Interpunktionszeichen betrachtet werden.

`string.whitespace`
    String mit Leerzeichen, Tabulator, Zeilenvorschub, Wagenrücklauf, vertikalem Tabulator und Seitenvorschub: `' \t\n\r\v\f'`.

Systemmodul os

Das Modul os ist die primäre Schnittstelle für die Dienste des *Betriebssystems* (Operating System, OS) sowohl in Python 3.X als auch in 2.X. Es bietet eine allgemeine Unterstützung für das jeweilige

Betriebssystem sowie eine standardisierte, plattformunabhängige Sammlung von Werkzeugen. Das Modul `os` umfasst Tools für Umgebungen, Prozesse, Dateien, Shell-Befehle und vieles mehr. Es enthält außerdem das Untermodul `os.path` mit einer portierbaren Schnittstelle für die Bearbeitung von Verzeichnissen.

Skripten, die `os` und `os.path` für die Systemprogrammierung nutzen, sind generell über die meisten Python-Plattformen hinweg *portierbar*. Allerdings sind manche Exporte aus `os` nicht auf allen Plattformen verfügbar (z.B. gibt es `os.fork()` unter Unix und Cygwin, aber nicht in der Standard-Windows-Version von Python). Das sich die Portierbarkeit solcher Aufrufe im Laufe der Zeit ändern kann, sollten Sie die Python Library Reference für weitere Informationen zur jeweiligen Plattform zurate ziehen.

Die folgenden Abschnitte stellen häufig verwendete Tools aus diesem Modul vor. *Diese Liste ist nicht abschließend*: siehe das Handbuch für die Python-Standardbibliothek für ausführliche Informationen zu den auf manchen Plattformen bis über 200 Tools in diesen Modul sowie zu den Unterschieden zwischen den Versionen, auf die an dieser Stelle nicht eingegangen wird. Die folgenden Unterabschnitte orientieren sich an den Funktionsbereichen dieses großen Moduls:

- *Administrationswerkzeuge*: modulbezogene Exporte
- *Portierbarkeitskonstanten*: Konstanten für Verzeichnisse und Suchpfade
- *Shell-Befehle*: Befehlszeilen und Dateien ausführen
- *Umgebungswerkzeuge*: Umgebung und Kontext der Ausführung
- *Dateideskriptorwerkzeuge*: Dateien anhand ihres Deskriptors verarbeiten
- *Dateipfadwerkzeuge*: Dateien anhand ihres Pfadnamens verarbeiten
- *Prozesssteuerung*: Prozesse erzeugen und verwalten
- *Modul os.path*: Dienste für Verzeichnispfadnamen

Siehe auch folgende *verwandten Systemmodule* in der Python-Standardbibliothek, die in den Python-Handbüchern behandelt werden (soweit nicht anders vermerkt): `sys` – interpreterbezogene Tools (siehe Abschnitt »Modul sys«, Seite 186); `subprocess` – Steuerung gestarteter Befehle (siehe Abschnitt »Modul subprocess«, Seite 244); `threading` und `queue` – Multithreading-Tools (siehe Abschnitt »Thread-Module«, Seite 247); `socket` – Networking und IPC (siehe Abschnitt »Internetmodule und Tools«, Seite 237); `glob` – Dateinamenserweiterungen (z.B. `glob.glob('*.py')`); `tempfile` – temporäre Dateien; `signal` – Signalbehandlung; `multiprocessing` – Threading-artige API for Prozesse; und `getopt`, `optparse` und – ab 3.2 – `argparse` – Verarbeitung von Befehlszeilen.

Administrationswerkzeuge

Im Folgenden finden Sie verschiedene modulbezogene Exporte:

`os.error`

Alias für die integrierte Ausnahme `OSError`, siehe Abschnitt »Integrierte Ausnahmen«, Seite 173. Wird ausgelöst für alle Fehler, die im Zusammenhang mit dem Modul `os` auftreten. Diese Ausnahme verfügt über zwei Attribute: `errno`, der numerische Fehlercode laut POSIX (z.B. der Wert der C-Variablen `errno`), und `strerror`, die entsprechende Fehlermeldung des Betriebssystem, wie von den zugrunde liegenden C-Funktionen formatiert (z.B. von `perror()`, `os.strerror()`). Bei Ausnahmen, die einen Dateipfadnamen betreffen (z.B. `chdir()`, `unlink()`), enthält die Ausnahmeinstanz außerdem das Attribut `filename` mit dem übergebenen Dateinamen. Siehe das Modul `errno` in der Python Library Reference für die Namen zu den im Betriebssystem definierten Fehlercodes.

`os.name`

Name der betriebssystemspezifischen Module, deren Namen auf die oberste Ebene von `os` kopiert werden (z.B. `posix`, `nt`, `mac`, `os2`, `ce` oder `java`). Siehe auch `sys.platform` im Abschnitt »Modul sys«, Seite 186.

`os.path`
: Verschachteltes Modul für portierbare Dateinamenswerkzeuge. So ist z.B. `os.path.split()` ein plattformunabhängiges Tool für Verzeichnisnamen, das auf allen Plattformen die entsprechende Aktion durchführt.

Portierbarkeitskonstanten

Dieser Abschnitt beschreibt *Werkzeuge für die Portierung von Dateien*, für Verzeichnisse und Suchpfade, Zeilenvorschübe und vieles mehr. Sie werden automatisch mit dem der verwendeten Plattform entsprechenden Wert belegt und sind sowohl für das Parsen sowie für den Aufbau plattformabhängiger Strings nützlich. Siehe auch Abschnitt »Modul os.path«, Seite 215:

`os.curdir`
: String für das aktuelle Verzeichnis (z.B. `.` unter Windows und POSIX, `:` auf Macintosh).

`os.pardir`
: String für das übergeordnete Verzeichnis (z.B. `..` for POSIX, `::` auf Macintosh).

`os.sep`
: String mit dem Trennzeichen für Verzeichnisse (z.B. / für Unix, \ unter Windows oder : auf Macintosh).

`os.altsep`
: Alternatives Trennzeichen oder `None` (z.B. / unter Windows).

`os.extsep`
: Trennzeichen zwischen Dateinamen und Dateinamenserweiterung (z.B. .).

`os.pathsep`
: Trennzeichen für Suchpfadkomponenten, wie etwa in den Shell-Variablen `PATH` und `PYTHONPATH` (z.B. ; unter Windows, : unter Unix).

`os.defpath`
: Standardsuchpfad für Aufrufe von `os.exec*p*`, wenn es keine `PATH`-Einstellung in der Shell gibt.

`os.linesep`
: Zeilenende-String auf der verwendeten Plattform (z.B. `\n` for POSIX, `\r` for Mac OS und `\r\n` unter Windows). Nicht erforderlich zum Schreiben von Dateien im Textmodus – verwenden Sie hierfür die automatische Übersetzung von `'\n'` des Dateiobjekts (siehe `open()` im Abschnitt »Integrierte Funktionen«, Seite 143).

`os.devnull`
: Dateipfad des Nullgeräts (um Text zu verwerfen). `'/dev/null'` für POSIX und `'nul'` unter Windows (auch im Untermodul `os.path`).

Shell-Befehle

Diese Funktionen führen *Befehlszeilen oder Dateien* im zugrunde liegenden Betriebssystem aus. In Python 2.X umfasst dieses Modul die Aufrufe `os.popen2/3/4`, die in Python 3.X durch `subprocess.Popen` ersetzt wurden – ein Tool, das generell eine subtilere Kontrolle über die aufgerufenen Befehle bietet (siehe Abschnitt »Modul subprocess«, Seite 244). Tipp: Verwenden Sie diese Tools nichts, um Shell-Befehlsstrings zweifelhafter Herkunft zu starten, da dadurch jeder für den Python-Prozess zulässige Befehl ausgeführt werden kann:

`os.system(`*`befehl`*`)`
: Führt den String *`befehl`* als Shell-Befehlszeile in einem Subshell-Prozess aus. Liefert den Rückgabecode des aufgerufenen Prozesses. Im Gegensatz zu `popen()` wird keine Verbindung zu den Standard-Streams von *`befehl`* über Pipes hergestellt. Tipp: Fügen Sie ein `&` am Ende von *`befehl`* hinzu, um den Befehl unter Unix im Hintergrund auszuführen (z.B. `os.system('python main.py &')`); Verwenden Sie unter Windows den DOS-Befehl `start`, um Programme auf einfache Weise zu starten (z.B. `os.system('start datei.html')`).

`os.startfile(`*`dateipfadname`*`)`
: Führt eine Datei mit der mit dem Dateityp verknüpften Anwendung aus. Entspricht einem Doppelklick auf die Datei in Windows Explorer oder der Übergabe des Dateinamens als Argu-

ment an den Windows-Befehl `start` (z.B. mit `os.system('start` *`pfad`*`'))`. Die Datei wird in der verknüpften Anwendung geöffnet, der Aufruf wartet nicht das Ende der Ausführung ab, es wird auch generell kein Windows-Konsolenfenster geöffnet (*Eingabeaufforderung*). Nur in Windows, eingeführt in Version 2.0.

`os.popen(`*`befehl`*` , mode='r', buffering=None)`

Öffnet eine Pipe zur bzw. von der Shell-Befehlszeile *`befehl`*, um Daten zu senden bzw. zu empfangen. Liefert ein geöffnetes Dateiobjekt, über das Sie entweder vom Standardausgabestream *stdout* (`mode 'r'`, Standard) von *`befehl`* lesen können oder auf den Standardeingabestream *stdin* (`mode 'w'`) von *`befehl`* schreiben können. Beispielsweise liest `dirlist = os.popen('ls -l *.py').read()` die Ausgabe des Unix-Befehls `ls`.

`befehl` ist ein beliebiger Befehls-String, den Sie in der Konsole bzw. Shell Ihres Systems eingeben können. `mode` kann `'r'` oder `'w'` sein und ist standardmäßig `'r'`. `buffering` hat dieselbe Bedeutung wie bei der integrierten Funktion `open()`. *`befehl`* wird unabhängig ausgeführt. Sein Beendigungsstatus wird von der `close()`-Methode des Dateiobjekts zurückgeliefert – für den Beendigungsstatus `0` (keine Fehler) erhalten Sie `None`. Nutzen Sie `readline()` oder die Iteration des Dateiobjekts, um die Ausgabe zeilenweise zu lesen (und Operationen so möglicherweise umfassender ineinander zu verschachteln).

Python 2.X bietet außerdem die Varianten `popen2()`, `popen3()` und `popen4()`, um eine Verbindung zu den anderen Streams des gestarteten Befehls herzustellen (`popen2()` liefert z.B. ein Tupel (*`kind_stdin, kind_stdout`*)). In Python 3.X wurden diese Aufrufe entfernt. Verwenden Sie stattdessen `subprocess.Popen()`. Das Modul `subprocess` ab Version 2.4 bietet Skripten die Möglichkeit, neue Prozesse zu starten, eine Verbindung zu den Streams herzustellen und die Rückgabecodes abzurufen (siehe Abschnitt »Modul subprocess«, Seite 244).

`os.spawn*(`*`args...`*`)`

Eine Gruppe von Funktionen zum Starten von Programmen und Befehlen. Siehe Abschnitt »Prozesssteuerung«, Seite 211, weiter unten sowie die Python Library Reference für weitere Informationen. Das Modul `subprocess` bietet eine Alternative zu diesen Aufrufen (siehe Abschnitt »Modul subprocess«, Seite 244).

Umgebungswerkzeuge

Diese Attribute exportieren den *Ausführungskontext*: Shell-Umgebung, aktuelles Verzeichnis usw.:

`os.environ`
: Ein Dictionary-artiges Objekt mit den Shell-Umgebungsvariablen: `os.environ['USER']` liefert beispielsweise den Wert der Variable `USER` in der Shell (entspricht `$USER` in Unix und `%USER%` in Windows). Wird beim Programmstart initialisiert. Änderungen an `os.environ` durch Schlüsselzuweisungen werden außerhalb von Python durch einen Aufruf der C-Funktion `putenv()` exportiert und von jedem Prozess geerbt, der danach auf beliebige Weise gestartet wird, ebenso wie von beliebigem gelinkten C-Code. Siehe auch die Python-Handbücher für die `bytes`-Umgebungsschnittstelle `os.environb` ab Python 3.2.

`os.putenv(`*`varname`*`, `*`wert`*`)`
: Legt die Shell-Umgebungsvariable *`varname`* auf den angegebenen *`wert`* fest. Wirkt sich auf Subprozesse aus, die mit `system()`, `popen()`, `spawnv()`, `fork()` und `execv()` und anderen Funktionen gestartet wurden. Zuweisungen zu Schlüsseln von `os.environ` rufen automatisch `os.putenv()` auf. Aufrufe von `os.putenv()` aktualisieren dagegen nicht `os.environ`, so dass `os.environ` vorzuziehen ist.

`os.getenv(`*`varname`*`, default=None)`
: Liefert den Wert der Umgebungsvariablen *`varname`*, falls diese existiert, ansonsten *`default`*. Momentan wird hierdurch lediglich das bereits geladene Umgebungs-Dictionary mit `os.environ.get(`*`varname,default`*`)`indiziert. *`varname`*, *`default`* und das Ergebnis sind jeweils ein `str`; siehe auch die Python-Handbücher für Unicode-Kodierungsregeln sowie `os.getenvb()` für das `bytes`-Gegenstück ab Python 3.2.

`os.getcwd()`
: Liefert das aktuelle Arbeitsverzeichnis als String.

`os.chdir(`*`pfad`*`)`
: Ändert das aktuelle Arbeitsverzeichnis für diesen Prozess in *`pfad`* – einen String mit einem Verzeichnisnamen. Darauf folgende Dateioperationen werden relativ zu diesen neuen Arbeitsverzeichnis ausgeführt. Tipp: Hierdurch wird nicht `sys.path` für Modulimporte aktualisiert, obwohl der erste Eintrag ein generischer Bezeichner für das aktuelle Arbeitsverzeichnis sein kann.

`os.strerror(`*`code`*`)`
: Liefert die dem Fehlercode *`code`* entsprechende Fehlermeldung.

`os.times()`
: Liefert ein Tupel mit fünf Elementen mit Informationen zur verstrichenen CPU-Zeit des aufrufenden Prozesses in Sekunden (als Fließkommazahlen): (*`benutzer-zeit`*, *`system-zeit`*, *`kind-benutzer-zeit`*, *`kind-system-zeit`*, *`verstrichene-echtzeit`*). Siehe auch Abschnitt »Modul time«, Seite 240.

`os.umask(`*`maske`*`)`
: Legt die numerische `umask` auf den Wert *`maske`* fest und liefert den ursprünglichen Wert zurück.

`os.uname()`
: Liefert ein Tupel mit Strings, die das Betriebssystem beschreiben: (*`systemname`*, *`nodename`*, *`release`*, *`version`*, *`rechner`*).

Dateideskriptorwerkzeuge

Die folgenden Funktionen verarbeiten *Dateien anhand des entsprechenden Dateideskriptors*, wobei *`dd`* der Dateideskriptor als Integer ist. Auf Dateideskriptoren des `os`-Moduls basierende Dateien sind für elementare Dateioperationen gedacht und nicht gleichbedeutend mit den `stdio`-*Dateiobjekten*, die von der integrierten Funktion `open()` zurückgeliefert werden. Normalerweise sollten Sie *Dateiobjekte*, nicht die *Dateideskriptoren* für die meisten Dateioperationen verwenden. Siehe `open()` im Abschnitt »Integrierte Funktionen«, Seite 143, für weitere Informationen. Bei Bedarf können Sie mit `os.fdopen()` und der `fileno()`–Methode des Dateiobjekts zwischen den beiden Formen konvertieren. In Python 3.X akzeptiert außerdem die integrierte Funktion `open()` auch einen Dateideskriptor.

> Die hier beschriebenen *Dateideskriptoren* unterscheiden sich von *Klassendeskriptoren* (siehe Abschnitt »Methoden für Deskriptoren«, Seite 138). Beachten Sie außerdem, dass in Python 3.4 Dateideskriptoren so geändert wurden, dass sie standardmäßig von Subprozessen *nicht geerbt werden* und die beiden neuen Aufrufe `get_inheritable(`*dd*`)` und `set_inheritable(`*dd*`, `*boolean*`)` in `os` bieten, um diesen Standard zu verwalten.

`os.close(`*dd*`)`
: Schließt den Dateideskriptor *dd* (kein Dateiobjekt).

`os.dup(`*dd*`)`
: Liefert ein Duplikat von Dateideskriptor *dd*.

`os.dup2(`*dd*`, `*dd2*`)`
: Kopiert Dateideskriptor *dd* auf *dd2* (schließt *dd2* zuerst, falls geöffnet).

`os.fdopen(`*dd*`, `** args*`, `*** kwargs*`)`
: Liefert das integrierte `stdio`-*Dateiobjekt*, das mit dem Dateideskriptor *dd* verknüpft ist (ein Integer). Alias für die integrierte Funktion `open()`, der dieselben Argumente akzeptiert – außer dass das erste Argument von `fdopen()` immer ein Integer-Dateideskriptor sein muss (siehe `open()` im Abschnitt »Integrierte Funktionen«, Seite 143). Eine Konvertierung von dateideskriptorbasierten Dateien in Dateiobjekte wird normalerweise automatisch von der integrierten Funktion `open()` vorgenommen. Tipp: Verwenden Sie *dateiobjekt*`.fileno()`, um ein Dateiobjekt in einen Dateideskriptor dazu konvertieren.

`os.fstat(`*dd*`)`
: Liefert den Status für Dateideskriptor *dd* (wie `os.stat()`).

`os.ftruncate(dd, laenge)`
: Schneidet die dem Dateideskriptor *dd* entsprechende Datei auf die maximale Länge von *laenge* Bytes ab.

`os.isatty(dd)`
: Liefert `True`, wenn Dateideskriptor *dd* geöffnet und mit einem tty-artigen (interaktiven) Gerät verbunden ist, ansonsten `False` (kann in älteren Python-Versionen `1` oder `0` zurückgeben).

`os.lseek(dd, pos, modus)`
: Legt die aktuelle Position des Dateideskriptors *dd* auf *pos* fest (für wahlfreien Zugriff). `modus` kann `0` sein, um die Position relativ zum Dateibeginn festzulegen; `1` für relativ zur aktuellen Position oder `2`, um die Position relativ zum Dateiende anzugeben.

`os.open(dateiname, flags [, mode=0o777], [dir_fd=None])`
: Öffnet eine dateideskriptorbasierte Datei und gibt den Dateideskriptor zurück – ein Integer, den Sie an andere Dateioperationen des `os`-Moduls übergeben können, kein `stdio`-Dateiobjekt. Nur für elementare Dateioperationen gedacht, nicht äquivalent zur integrierten Funktion `open()`, die für die meisten Dateioperationen vorzuziehen ist (siehe Abschnitt »Integrierte Funktionen«, Seite 143).

  dateiname ist ein String mit dem Pfadnamen der Datei, der auch relativ angegeben werden kann. *flags* ist eine Bitmaske: Verwenden Sie | für Kombinationen aus plattformneutralen und plattformspezifischen Flag-Konstanten, die im `os`-Modul (siehe Tabelle 18) definiert sind. `mode` ist standardmäßig `0o777` (oktal), der aktuelle Wert für `umask` wird zuerst ausmaskiert. `dir_fd` ist neu in Python 3.3 und unterstützt Pfade relativ zu Dateideskriptoren für Verzeichnisse (siehe Python-Handbücher). Tipp: Verwenden Sie `os.open()`zusammen mit `os.O_EXCL`, um Dateien für die Synchronisation von Prozessen oder gleichzeitige Aktualisierungen portierbar zu sperren.

`os.pipe()`
: Erstellt eine anonyme Pipe. Siehe Abschnitt »Prozesssteuerung«, Seite 211.

`os.read(dd, n)`
: Liest maximal *n* Bytes von Dateideskriptor *dd* und gibt diese als String zurück.

`os.write(dd, str)`
: Schreibt alle Bytes in String `str` in den Dateideskriptor *dd*.

Tabelle 18: Auszug aus den mit ODER kombinierbaren Flags für os.open (alle os.flag)

O_APPEND	O_EXCL	O_RDONLY	O_TRUNC
O_BINARY	O_NDELAY	O_RDWR	O_WRONLY
O_CREAT	O_NOCTTY	O_RSYNC	
O_DSYNC	O_NONBLOCK	O_SYNC	

Dateipfadwerkzeuge

Die folgenden Funktionen *verarbeiten Dateien* anhand ihrer Pfadnamen, den Sie jeweils über den String *pfad* angeben. Siehe auch Abschnitt »Modul os.path«, Seite 215. In Python 2.X umfasst dieses Modul auch Tools für temporäre Dateien, die in Python 3.X durch das Modul `tempfile` ersetzt wurden. Ab Python 3.3 haben einige dieser Werkzeuge ein zusätzliches optionales Argument `dir_fd` bekommen (auf das an dieser Stelle nicht eingegangen wird), um Pfade relativ zu Dateideskriptoren für Verzeichnisse zu unterstützen. Einzelheiten hierzu finden Sie in den Python-Handbücher.

`os.chdir(pfad)os.getcwd()`
: Werkzeuge für das aktuelle Arbeitsverzeichnis. Siehe Abschnitt »Umgebungswerkzeuge«, Seite 203.

`os.chmod(pfad, modus)`
: Ändert den Zugriffsmodus der Datei *pfad* auf den numerischen `modus`.

`os.chown(pfad, uid, gid)`
: Ändert die Eigentümer-/Gruppen-IDs von *pfad* auf die numerische `uid/gid`.

`os.link(`*`quellpfad, zielpfad`*`)`
Erzeugt einen harten Link auf die Datei *`quellpfad`* mit dem Namen *`zielpfad`*.

`os.listdir(`*`pfad`*`)`
Liefert eine Liste der Namen aller Einträge im Verzeichnis *`pfad`*. Eine schnelle und portierbare Alternative zum Aufruf von `glob.glob (`*`muster`*`)` und zur Ausführung von Shell-Verzeichnisbefehlen mit `os.popen()`. Siehe auch das Modul `glob` in den Python-Handbüchern zu Dateinamenserweiterungen und `os.walk()` weiter unten in diesem Abschnitt zum Durchlaufen eines vollständigen Verzeichnisbaums.

In Python 3.X wird dieser Aufruf weitergereicht und liefert `bytes` anstatt von `str`, um die Unicode-Dekodierung von Dateinamen nach dem Plattformstandard zu unterdrücken (dieses Verhalten gilt auch für `glob.glob()` und `os.walk()`). Ab Python 3.2 ist *`pfad`* ohne Angabe standardmäßig das aktuelle Arbeitsverzeichnis ».«.

`os.lstat(`*`pfad`*`)`
Wie `os.stat()`, folgt jedoch nicht symbolischen Links.

`os.mkfifo(`*`pfad`*` [, mode=0o666])`
Erzeugt eine *FIFO* (eine benannte Pipe) mit dem String *`pfad`* als Kennzeichner und den im numerischen Argument *`mode`* angegebenen Zugriffsrechten (öffnet diese aber nicht). Der Standardmodus ist `0o666` (oktal), der aktuelle Wert für `umask` wird zunächst aus `mode` ausmaskiert. Ab 3.3 akzeptiert dieser Aufruf außerdem das optionale Schlüsselwortargument `dir_fd`.

FIFOs sind Pipes, die im Dateisystem beheimatet sind und wie reguläre Dateien geöffnet und verarbeitet werden können, unterstützen jedoch den synchronisierten Zugriff zwischen voneinander unabhängig gestarteten Clients und Servern über einen gemeinsamen Dateinamen. FIFOs existieren, bis sie gelöscht werden. Dieser Aufruf steht derzeit unter Unix-artigen Plattformen einschließlich Cygwin unter Windows zur Verfügung, aber nicht im Standard-Windows-Python. Mit Sockets können Sie häufig ähnliche Ergebnisse erzielen (siehe das `socket`-Modul im Abschnitt »Internetmodule und Tools«, Seite 237, und den Python-Handbüchern).

`os.mkdir(`*pfad* `[,` *modus* `])`
: Erstellt ein Verzeichnis mit dem Namen *pfad* und dem angegebenen *modus*. Der Standardmodus ist `0o777` (oktal).

`os.makedirs(`*pfad* `[,` *modus* `])`
: Rekursive Funktion zur Erstellung von Verzeichnissen. Wie `mkdir()`, erzeugt aber auch alle erforderlichen Zwischenverzeichnisse. Löst eine Ausnahme aus, falls das Zielverzeichnis existiert oder nicht erstellt werden kann. `modus` ist standardmäßig `0o777` (oktal). Ab Python 3.2 gibt es für diesen Aufruf ein zusätzliches optionales Argument `exists_ok`, siehe Python-Handbuch.

`os.readlink(`*pfad*`)`
: Liefert den durch den symbolischen Link *pfad* referenzierten Pfad.

`os.remove(`*pfad*`)os.unlink(`*pfad*`)`
: Entfernen (löschen) die Datei mit dem Namen *pfad*. `remove()` ist identisch mit `unlink()`. Siehe auch `rmdir()` und `removedirs()` in dieser Liste zum Entfernen von Verzeichnissen.

`os.removedirs(`*pfad*`)`
: Rekursive Funktion zum Entfernen von Verzeichnissen. Ähnlich wie `rmdir()`. Wenn das Zielverzeichnis erfolgreich entfernt wurde, werden jedoch auch die übergeordneten Pfadsegmente geleert, bis entweder der gesamte Pfad gelöscht wurde oder ein Fehler auftritt. Löst eine Ausnahme aus, wenn das Zielverzeichnis nicht gelöscht werden konnte.

`os.rename(`*quellpfad*`,` *zielpfad*`)`
: Benennt *quellpfad* in *zielpfad* um (verschiebt die Datei). Siehe auch `os.replace()` ab Python 3.3 in den Python-Handbüchern.

`os.renames(`*alterpfad*`,` *neuerpfad*`)`
: Rekursive Funktion zum Umbenennen von Verzeichnissen oder Dateien. Wie `rename()`, versucht jedoch, alle für den neuen Pfadnamen erforderlichen Zwischenverzeichnisse zu erstellen.

Nach der Umbenennung werden die ganz rechts stehenden Pfadsegmente des alten Namens mit `removedirs()`beseitigt.

`os.rmdir(`*`pfad`*`)`
: Entfernt (löscht) ein Verzeichnis mit dem Namen *pfad*.

`os.stat(`*`pfad`*`)`
: Führt einen `sta`-Systemaufruf für *pfad* aus. Liefert ein Tupel mit Integer-Werten mit systemnahen Dateiinformationen (dessen Elemente von Tools im Standardbibliotheksmodul `stat` definiert und verarbeitet werden).

`os.symlink(`*`quellpfad, zielpfad`*`)`
: Erstellt einen symbolischen Link auf die Datei *quellpfad* mit dem Namen *zielpfad*.

`os.utime(`*`pfad`*` , (`*`zugriff, modifikation`*` ))`
: Legt die Zeit für den letzten Zugriff bzw. die letzte Änderung der Datei *pfad* fest.

`os.access(`*`pfad, modus`*`)`
: Lesen Sie die Python Library Reference oder die Unix-Manpages für entsprechende Informationen.

`os.walk( ...)`

```
os.walk(wurzel
  [, topdown=True
  [, onerror=None]
  [, followlinks=False]]])
```

Erzeugt die Dateinamen in einem Verzeichnisbaum, wobei der Baum entweder von oben nach unten oder von unten nach oben durchlaufen wird. Gibt für jedes Verzeichnis des Baums innerhalb des (möglicherweise relativen) Verzeichnispfads im String *wurzel* (einschließlich *wurzel*) ein Tupel mit drei Elementen (auch *Tripel* genannt) zurück: (*verzpfad, verznamen, dateinamen*).

- *verzpfad* ist ein String mit dem Pfad des Verzeichnisses.
- *verznamen* ist eine Liste der Namen der Unterverzeichnisse in *verzpfad* (exklusive `.` und `..`).
- *dateinamen* ist eine Liste mit den Namen der Dateien in *verzpfad*.

Beachten Sie, dass die Namen in den Listen keine Pfadkomponenten enthalten. Den gesamten Pfad für eine Datei oder ein Verzeichnis in *verzpfad* (beginnend mit *wurzel*) erhalten Sie mit `os.path.join(`*verzpfad, name*`)`.

Hat das optionale Argument `topdown` den Wert `True` oder wird nicht angegeben, so wird das Tripel für ein Verzeichnis *vor* den Tripeln seiner Unterverzeichnisse erzeugt (die Verzeichnisse werden von oben nach unten durchlaufen). Wenn `topdown` den Wert `False` hat, wird das Tripel für ein Verzeichnis *nach* den Tripeln seiner Unterverzeichnisse erzeugt (die Verzeichnisse werden von unten nach oben durchlaufen). Für das optionale Argument `onerror` können Sie eine Funktion angeben, die mit einem Argument aufgerufen wird, einer Instanz von `os. error`. Standardmäßig folgt `os.walk` keinen symbolischen Links für Verzeichnisse. Um dieses Verhalten auf Systemen zu aktivieren, die solche Links unterstützen, legen Sie für `followlinks` den Wert `True` fest.

Wenn `topdown` den Wert `True` hat, können Sie die Liste *verznamen* selbst direkt verändern, um die Suche zu steuern. `os.walk()` rekursiert nur in jene Unterverzeichnisse, deren Namen in *verznamen* verbleiben. Auf diese Weise können Sie die Suche einschränken, eine bestimmte Reihenfolge festlegen usw.

Python 2.X bietet den Aufruf `os.path.walk()` mit einer ähnlichen Funktionalität zum Durchlaufen von Baumstrukturen – allerdings mit einer Event-Handler-Callback-Funktion statt eines Generators. In Python 3.X wurde `os.path.walk()` aufgrund seiner Redundanz entfernt. Verwenden Sie stattdessen `os.walk()`. Siehe auch das Modul `glob` in den Python-Handbüchern zur Dateinamenserweiterung (z.B. `glob.glob(r'*\*\*.py')`).

Prozesssteuerung

Mit den folgenden Funktionen können Sie *Prozesse und Programme* erzeugen und verwalten. Siehe auch Abschnitt »Shell-Befehle«, Seite 201 für alternative Möglichkeiten, Programme und Dateien zu starten. Tipp: Verwenden Sie diese Tools nicht, um Shell-Befehls-strings zweifelhafter Herkunft zu starten, da diese sämtliche in einem Python-Prozess zulässigen Befehle ausführen können:

`os.abort()`
: Sendet ein `SIGABRT`-Signal an den aktuellen Prozess. Unter Unix wird daraufhin standardmäßig ein Coredump erzeugt. Unter Windows liefert der Prozess sofort den Beendigungscode `3` zurück.

`os.execl(`*`pfad`*`, `*`arg0`*`, `*`arg1`*` ,...)`
: Entspricht `execv(`*`pfad`*`, (`*`arg0`*`, `*`arg1`*`,...))`.

`os.execle(`*`pfad`*`, `*`arg0`*`, `*`arg1`*` ,..., `*`env`*`)`
: Entspricht `execve(`*`pfad`*`, (`*`arg0`*`, `*`arg1`*`,...), `*`env`*`)`.

`os.execlp(`*`pfad`*`, `*`arg0`*`, `*`arg1`*` ,...)`
: Entspricht `execvp(`*`pfad`*`, (`*`arg0`*`, `*`arg1`*`,...))`.

`os.execve(`*`pfad`*`, `*`args`*`, `*`env`*`)`
: Wie `execv()`, jedoch ersetzt das Dictionary *env* die Shell-Variablen Umgebung. *env* muss eine Zuordnung von Strings auf Strings vornehmen.

`os.execvp(`*`pfad`*`, `*`args`*`)`
: Wie `execv(`*`pfad`*`, `*`args`*`)`, bildet aber die Suchaktionen der Shell nach einer ausführbaren Datei in einer Verzeichnisliste nach. Die Verzeichnisliste wird von `os.environ['PATH']`abgerufen.

`os.execvpe(`*`pfad`*`, `*`args`*`, `*`env`*`)`
: Eine Mischung aus `execve()` und `execvp()`. Die Verzeichnisliste wird von `os.environ['PATH']`abgerufen.

`os.execv(`*`pfad`*`, `*`args`*`)`
: Führt die ausführbare Datei *pfad* mit dem Befehlszeilenargument *args* aus und ersetzt dabei das aktuelle Programm in diesem Prozess (den Python-Interpreter). *args* kann ein Tupel und eine Liste mit Strings sein, die der Konvention nach mit dem Namen der ausführbaren Datei beginnt (`argv[0]`). Dieser Funktionsaufruf kehrt niemals zurück, außer es kommt beim Start des neuen Programms zur einen Fehler.

`os._exit(n)`
: Beendet den Prozess unmittelbar mit dem Status *n*, ohne die üblichen Schritte zum Beenden des Programms durchzuführen. Wird standardmäßig nur innerhalb eines Kindprozesses nach einem `fork` verwendet. Normalerweise sollten Sie Prozesse mit `sys.exit(n)`beenden.

`os.fork()`
: Startet einen Kindprozess (eine virtuelle Kopie des aufrufenden Prozesses, der parallel ausgeführt wird). Der Kindprozess erhält den Rückgabewert `0`, der Elternprozess dagegen die Prozess-ID des Kindes. Nicht verfügbar in Standard-Windows-Python, aber in Cygwin Python (`popen()`, `system()`, `spawnv()` und das `subprocess`-Modul sind generell besser portierbar).

`os.getpid()os.getppid()`
: Liefern die Prozess-ID des aktuellen (aufrufenden) Prozesses. `getppid()` liefert die ID des Elternprozesses.

`os.getuid()os.geteuid()`
: Liefern die Benutzer-ID des Prozesses. `geteuid` liefert die effektive Benutzer-ID.

`os.kill(pid, sig)`
: Sendet das Signal *sig* an den Prozess mit der ID *pid*, wodurch dieser (mit bestimmten Signalen) potentiell abgebrochen wird. Zu Signalkonstanten und zur Registrierung von Signal-Handlern siehe auch das Modul `signal` der Standardbibliothek in den Python-Handbüchern.

`os.mkfifo(pfad [, modus ])`
: Siehe den bereits behandelten Abschnitt »Dateipfadwerkzeuge«, Seite 207 (benannte Dateien für die Synchronisation von Prozessen).

`os.nice(inkrement)`
: Erhöht den »Nice«-Wert des Prozesses um *inkrement* (verringert seine CPU-Priorität).

`os.pipe()`
: Liefert ein Tupel mit Dateideskriptoren (*lesedd, schreibdd*) zum Lesen und Schreiben einer neuen anonymen (unbenann-

ten) Pipe. Für die Interprozesskommunikation verwandter Prozesse.

`os.plock(`*`op`*`)`
: Sperrt Programmsegmente im Speicher. *op* (definiert in `<sys./lock.h>`) bestimmt, welche Segmente gesperrt werden.

`os.spawnv(`*`modus, pfad, args`*`)`
: Führt das Programm *pfad* in in einem neuen Prozess aus und übergibt diesem die in *args* angegebenen Argumente als Befehlszeile. *args* kann eine Liste oder ein Tupel sein. *modus* ist eine operationale Konstante aus den folgenden Namen, die ebenfalls im Modul `os` definiert sind: `P_WAIT`, `P_NOWAIT`, `P_NOWAITO`, `P_OVERLAY` und `P_DETACH`. Unter Windows ungefähr gleichbedeutend mit einer Kombination aus `fork()` und `execv()`. (`fork()` ist im Gegensatz zu `popen()` und `system()` in Standard-Windows-Python nicht verfügbar.) Für eine umfassendere Alternative zu diesem Aufruf siehe auch das `subprocess`-Modul der Standardbibliothek (siehe Abschnitt »Modul subprocess«, Seite 244).

`os.spawnve(`*`modus, pfad, args, env`*`)`
: Wie `spawnv()`, übergibt jedoch den Inhalt des Mappings *env* als Shell-Umgebung des gestarteten Programms (ansonsten würde es die Umgebung seiner Eltern erben).

`os.wait()`
: Wartet auf den Abschluss eines Kindprozesses. Liefert ein Tupel mit der ID und dem Beendigungsstatus des Kindprozesses.

`os.waitpid(`*`pid, optionen`*`)`
: Wartet auf den Abschluss des Kindprozesses mit der ID *pid*. *optionen* ist im Normalfall `0` oder `os.WNOHANG`, um ein Aufhängen zu verhindern, falls kein Status verfügbar ist. Wenn *pid* den Wert `0` hat, bezieht sich die Anforderung auf ein beliebiges Kind der Prozessgruppe des aktuellen Prozesses. any child in the process group of the current process. Siehe auch die in der Python Library Reference dokumentierten Funktionen zum Prüfen des Prozessbeendigungsstatus (z.B. `WEXITSTATUS(`*`status`*`)`zum Abruf des Beendigungscodes).

Modul os.path

Das Modul os.path bietet zusätzliche Dienste für *Verzeichnispfadnamen* und Portierbarkeitswerkzeuge. Es handelt sich um ein eingebettetes Modul: Seine Namen sind innerhalb des Moduls `os` im Submodul `os.path` eingebettet (die Funktion `exists` können Sie beispielsweise aufrufen, indem Sie `os` importieren und den Namen `os.path.exists` verwenden).

Die meisten Funktionen in diesem Modul erwarten das Argument *pfad*, einen String mit dem Verzeichnispfadnamen einer Datei (z.B. `'C:\dir1\spam.txt'`). Verzeichnispfade werden üblicherweise den Konventionen der verwendeten Plattform entsprechend festgelegt und ohne Angabe eines Verzeichnispräfix relativ zum aktuellen Arbeitsverzeichnis interpretiert. Tipp: Schrägstriche funktionieren üblicherweise auf allen Plattformen als Verzeichnistrennzeichen. In Python 2.X umfasst dieses Modul das Tool `os.path.walk()`, das in Python 3.X durch `os.walk()` ersetzt wurde (siehe Abschnitt »Dateipfadwerkzeuge«, Seite 207).

`os.path.abspath(`*pfad*`)`
: Liefert eine normalisierte absolute Version von *pfad*. Auf den meisten Plattformen entspricht das `normpath(join(os.getcwd(),` *pfad*`))`.

`os.path.basename(`*pfad*`)`
: Entspricht der zweiten Hälfte des von `split(`*pfad*`)`gelieferten Paares.

`os.path.commonprefix(`*liste*`)`
: Liefert das längste gemeinsame Pfadpräfix aller Pfade in *liste* (Zeichen für Zeichen).

`os.path.dirname(`*pfad*`)`
: Entspricht der ersten Hälfte des von `split(`*pfad*`)`gelieferten Paares.

`os.path.exists(`*pfad*`)`
: `True`, wenn der String *pfad* der Name eines existierenden Dateipfades ist.

`os.path.expanduser(`*pfad*`)`
: Liefert einen String mit *pfad*, in dem die ~-Benutzernamenelemente durch den vollständigen Pfad ersetzt wurden.

`os.path.expandvars(`*pfad*`)`
: Liefert einen String mit *pfad* , in dem die $-Umgebungsvariablen durch den vollständigen Pfad ersetzt wurden.

`os.path.getatime(`*pfad*`)`
: Liefert den Zeitpunkt des letzten Zugriffs auf *pfad* (Sekunden seit der Epoche).

`os.path.getmtime(`*pfad*`)`
: Liefert den Zeitpunkt der letzten Veränderung von *pfad* (Sekunden seit der Epoche).

`os.path.getsize(`*pfad*`)`
: Liefert die Größe der Datei *pfad* in Bytes.

`os.path.isabs(`*pfad*`)`
: `True`, wenn der String *pfad* ein absoluter Pfad ist.

`os.path.isfile(`*pfad*`)`
: `True`, wenn der String *pfad* eine reguläre Datei ist.

`os.path.isdir(`*pfad*`)`
: `True`, wenn der String *pfad* ein Verzeichnis ist.

`os.path.islink(`*pfad*`)`
: `True`, wenn der String *pfad* ein symbolischer Link ist.

`os.path.ismount(`*pfad*`)`
: `True`, wenn der String *pfad* ein Mount Point ist.

`os.path.join(`*pfad1*`[,`*pfad2*`[, ...]])`
: Intelligente Verbindung einer oder mehrerer Pfadkomponenten (unter Einhaltung der plattformspezifischen Trennzeichenkonventionen zwischen den einzelnen Teilen).

`os.path.normcase(`*pfad*`)`
: Normalisiert die Schreibweise eines Pfadnamens. Keine Auswirkungen unter Unix. Auf Dateisystemen, die nicht zwischen Groß-/Kleinschreibung unterscheiden, wird der Name in Klein-

buchstaben umgewandelt. Unter Windows wird außerdem / durch \ ersetzt.

`os.path.normpath(`*pfad*`)`
: Normalisiert einem Pfadnamen. Entfernt redundante Trennzeichen und Aufwärtsverweise. Unter Windows wird / durch \ ersetzt.

`os.path.realpath(`*pfad*`)`
: Liefert den kanonischen Pfad des angegebenen Dateinamens und entfernt sämtliche symbolischen Links.

`os.path.samefile(`*pfad1*, *pfad2*`)`
: `True`, wenn sich beide Pfadnamenargumente auf dieselbe Datei bzw. dasselbe Verzeichnis beziehen.

`os.pfad.sameopenfile(`*fp1*, *fp2*`)`
: `True`, wenn sich beide Dateiobjekte auf dieselbe Datei beziehen.

`os.path.samestat(`*stat1*, *stat2*`)`
: `True`, wenn sich beide `stat`-Tupel auf dieselbe Datei beziehen.

`os.path.split(`*pfad*`)`
: Teilt *pfad* in (*head*, *tail*), wobei *tail* die letzte Komponente des Pfadnamens ist und *head* alles bis hin zu *tail*. Entspricht dem Tupel (`dirname(`*pfad*`)`, `basename(`*pfad*`)`).

`os.path.splitdrive(`*pfad*`)`
: Teilt *pfad* in das Paar ('*laufwerk:*', *rest*) (unter Windows).

`os.path.splitext(`*pfad*`)`
: Teilt *pfad* in (*root*, *ext*), wobei die letzte Komponente von *root* kein . enthält und *ext* leer ist oder mit einem . beginnt.

`os.path.walk(`*pfad*, *besucher*, *daten*`)`
: In Python 2.X eine Alternative zu `os.walk()`, die anstatt eines Verzeichnisgenerators die Verzeichnis-Handler-Callback-Funktion *besucher* mit den Zustandsdaten *daten* erwartet. In Python 3.X entfernt: Verwenden Sie `os.walk()`, nicht `os.path.walk()`.

Mustervergleichsmodul re

Das Modul re ist die Standardschnittstelle für *Mustervergleiche* (engl. Pattern Matching) mit regulären Ausdrücken sowohl in Python 3.X als auch in 2.X. Reguläre Ausdrücke (RE, Regular Expression) sowie der damit zu vergleichende Text werden als Strings angegeben. Dieses Modul muss importiert werden.

Modulfunktionen

Mit den Tools der Schnittstelle auf der obersten Modulebene können Sie unmittelbar Vergleiche vornehmen, Muster (Patterns) vorkompilieren und die in den folgenden Abschnitten definierten Pattern-Objekte (*pobj*) und Match-Objekte (*mobj*) erzeugen.

re.compile(*muster* [, *flags*])
: Kompiliert den RE-String *muster* in ein Pattern-Objekt (*pobj*) für den späteren Vergleich. Die *flags* (kombinierbar mit dem bitweisen |-Operator) umfassen die folgenden auf der obersten Ebene des re-Modul verfügbaren Optionen:

re.A oder re.ASCII oder (?a)
: Bewirkt, das \w, \W, \b, \B, \s und \S nur ASCII- und keine vollständigen Unicode-Vergleiche durchführen. Diese Option ist nur bei Unicode-Mustern relevant und wird für Byte-Muster ignoriert. Beachten Sie, dass zu Gunsten der Abwärtskompatibilität das Flag re.U immer noch existiert (ebenso wie sein Synonym re.UNICODE sowie das eingebettete Gegenstück ?u), diese aber in Python 3.X redundant sind, da für Strings standardmäßig Unicode-Vergleiche durchgeführt werden (und Unicode-Vergleiche für Bytes nicht zulässig sind).

re.I oder re.IGNORECASE oder (?i)
: Groß-/Kleinschreibung wird ignoriert.

re.L oder re.LOCALE oder (?L)
: Macht \w, \W, \b, \B, \s, \S, \d und \D von der aktuell eingestellten Ländereinstellung abhängig (Standardwert in Python 3.X ist Unicode).

pobj.findall(*string* [, *pos* [, *endpos*]])
pobj.finditer(*string* [, *pos* [, *endpos*]])

Entspricht den genannten Funktionen im re-Modul, wobei *pattern* implizit ist und *pos* bzw. *endpos* den Start-/Endindex für die Suche angeben. Die ersten beiden können Match-Objekte (*mobj*) erzeugen.

Match-Objekte

Match-Objekte (*mobj*) werden von erfolgreichen match()- und search()-Operationen zurückgeliefert und haben die folgenden Attribute (siehe die Python Library Reference für zusätzliche, weniger gebräuchliche Attribute):

mobj.pos, *mobj*.endpos

Werte von pos und endpos, die an search oder match übergeben wurden.

mobj.re

RE-Pattern-Objekt, dessen match oder search dieses Match-Objekt erzeugt hat (siehe den zugehörigen pattern-String).

mobj.string

An match oder search übergebener String.

mobj.group([*g* [, *g*]*)

Liefert Teilstrings, die eingeklammerten Gruppen im Muster entsprechen. Akzeptiert null oder mehrere *Gruppennummern* oder *Gruppennamen* als Argument *g*, impliziert durch Muster (R) bzw. (?P<*name*>*R*). Bei Angabe eines Arguments ist das Ergebnis der Teilstring, der der Gruppe mit dem angegebenen Kennzeichner entspricht. Für mehrere Argumente wird ein Tupel mit einem übereinstimmenden Teilstring pro Argument geliefert. Ohne Argumente wird der komplette erkannte Teilstring zurückgeliefert. Wenn eine beliebige Gruppennummer 0 ist, entspricht der Rückgabewert dem gesamten übereinstimmenden String. Ansonsten wird der übereinstimmende String der entsprechenden eingeklammerten Gruppe zurückgegeben. Die Gruppenmuster werden von links nach rechts mit 1...N durchnummeriert.

`mobj.groups()`
: Liefert ein Tupel mit allen Gruppen der Übereinstimmung. Nicht an der Übereinstimmung beteiligt Gruppen haben den Wert `None`.

`mobj.groupdict()`
: Liefert ein Dictionary mit allen benannten Untergruppen der Übereinstimmung, mit den Namen der Untergruppen als Schlüssel.

`mobj.start([ g ])`, `mobj.end([ g ])`
: Start- bzw. Endindex des mit Gruppe *g* übereinstimmenden Teilstrings (oder des gesamten übereinstimmenden Strings, wenn keine *gruppe*). Für ein Match-Objekt *M* gilt: `M.string[M.start(g):M.end(g)] == M.group(g)`.

`mobj.span([ g ])`
: Liefert das Tupel `(mobj.start(g), mobj.end(g))`.

`mobj.expand(template)`
: Erzeugt den String, der sich durch eine Backslash-Substitution des Strings *template* ergibt, wie mit der `sub`-Methode. Escape-Sequenzen wie `\n` werden in die entsprechenden Zeichen konvertiert und numerische Rückverweise (z.B. `\1`, `\2`) sowie benannte Rückverweise (z.B. `\g<1>`, `\g<name>`) werden durch die entsprechende Gruppe ersetzt.

Muster-Syntax

Muster-Strings werden durch die Verkettung von Formen angegeben (siehe Tabelle 19) sowie durch Escape-Frequenzen für Zeichenklassen (siehe Tabelle 20). Python-Escape-Sequenzen (z.B. `\t` für Tabulator) können ebenfalls verwendet werden. Muster-Strings werden mit Text-Strings verglichen und liefern ein Boolesches Vergleichsergebnis sowie gruppierte Teil-Strings, die mit Teilmustern in Klammern übereinstimmen:

```
>>> import re
>>> pobj = re.compile('hallo[ \t]*(.*)')
>>> mobj = pobj.match('hallo welt!')
>>> mobj.group(1)
'welt!'
```

In Tabelle 19 ist *C* ein beliebiges Zeichen, *R* eine beliebige reguläre Ausdrucksform in der linken Spalte der Tabelle, *m* und *n* sind Integer-Werte. Alle Formen erkennen üblicherweise den größtmöglichen Teil des Strings. Die Ausnahme bilden die »genügsamen« Formen, die den kleinstmöglichen Text erkennen, solange das gesamte Muster mit dem Ziel-String übereinstimmt).

Tabelle 19: Muster-Syntax für reguläre Ausdrücke

<table>
<tr><th>Form</th><th>Beschreibung</th></tr>
<tr><td>.</td><td>Beliebiges Zeichen (einschließlich Newline, wenn das Flag DOTALL angegeben wird).</td></tr>
<tr><td>^</td><td>Entspricht dem Anfang des Strings (jeder Zeile im MULTILINE-Modus).</td></tr>
<tr><td>$</td><td>Entspricht dem Ende des Strings (jeder Zeile im MULTILINE-Modus).</td></tr>
<tr><td>C</td><td>Jedes nicht spezielle Zeichen steht für sich selbst.</td></tr>
<tr><td>R*</td><td>Null oder mehrere Übereinstimmungen mit dem vorangehenden regulären Ausdruck R (so viele wie möglich).</td></tr>
<tr><td>R+</td><td>Eine oder mehrere Übereinstimmungen mit dem vorangehenden regulären Ausdruck R (so viele wie möglich).</td></tr>
<tr><td>R?</td><td>Null oder eine Übereinstimmungen mit dem vorangehenden regulären Ausdruck R</td></tr>
<tr><td>R{m}</td><td>Entspricht genau m Wiederholungen des vorangehenden regulären Ausdrucks R.</td></tr>
<tr><td>R{m,n}</td><td>Entspricht m bis n Wiederholungen des vorangehenden regulären Ausdrucks R.</td></tr>
<tr><td>R*?, R+?, R??, R{m,n}?</td><td>Entspricht *, + und ?, sucht aber so wenige Zeichen/Wiederholungen wie möglich; genügsame Form.</td></tr>
<tr><td>[...]</td><td>Definiert eine Zeichenklasse: [a-zA-Z] stimmt z.B. mit allen Buchstaben überein (siehe auch Tabelle 20).</td></tr>
<tr><td>[^...]</td><td>Definiert eine komplementäre Zeichenklasse: Stimmt überein, wenn das Zeichen nicht in der Menge enthalten ist.</td></tr>
<tr><td>\</td><td>Maskiert Sonderzeichen (z.B. *?+|()) und leitet besondere Sequenzen ein (siehe Tabelle 20). Muss den Python-Regeln entsprechend als \\ oder r'\\'geschrieben werden.</td></tr>
<tr><td>\\</td><td>Entspricht dem Literal \. Muss den Python-Regeln entsprechend als \\\\ in Mustern oder r'\\'geschrieben werden.</td></tr>
<tr><td>\nummer</td><td>Erkennt den Inhalt der Gruppe mit der entsprechenden Nummer: r'(.+) \1' erkennt '42 42'.</td></tr>
<tr><td>R|R</td><td>Alternative: Erkennt den linken oder rechten R.</td></tr>
<tr><td>RR</td><td>Verkettung: Erkennt beide Rs.</td></tr>
</table>

Tabelle 19: Muster-Syntax für reguläre Ausdrücke (Fortsetzung)

Form	**Beschreibung**
(*R*)	Erkennt beliebige RE innerhalb von () und grenzt eine *Gruppe* ab (behält den erkannten Teilstring bei).
(?:*R*)	Entspricht (*R*), grenzt aber keine Gruppe ab.
(?=*R*)	Vorausschauende Zusicherung: Passt, wenn *R* als nächstes passt, schreitet aber nicht im String voran (in 'X(?=Y)' wird X erkannt, wenn Y darauf folgt).
(?!*R*)	Negative vorausschauende Zusicherung: Passt, wenn *R* nicht als nächstes passt. Umkehrung von (?=*R*).
(?P<*name*>*R*)	Erkennt eine beliebige RE in() und grenzt diese als benannte Gruppe ab (z.B. definiert r'(?P<id>[a-zA-Z_]\w*)' eine Gruppe mit dem Namen id).
(?P=*name*)	Erkennt beliebigen Text, der von der zuvor definierten Gruppe *name* erkannt wird.
(?#...)	Kommentar, wird ignoriert.
(?*letter*)	*letter* ist a, i, L, m, s, x oder u. Setzt Flag (re.A, re.I, re.L usw.) für gesamte RE.
(?<=*R*)	Positive rückwirkende Zusicherung: Passt nach einem Treffer von *R* mit fester Breite.
(?<!*R*)	Negative rückwirkende Zusicherung: Passt nur, wenn zuvor kein Treffer von *R* mit fester Breite erzielt wurde.
(?(*id*/*name*) *ja-muster*| *nein-muster*)	Vergleich mit dem Muster *ja-muster*, falls die Gruppe mit *id* oder *name* existiert. Ansonsten mit dem optionalen *nein-muster*.

Das Verhalten von \b, \B, \d, \D, \s, \S, \w und \W in Tabelle 20 richtet sich nach den verwendeten Flags und ist standardmäßig in Python 3.X Unicode-basiert, außer wenn ASCII (?a) verwendet wird. Tipp: Nutzen Sie Raw Strings (r'\n'), um Backslashes in den Escape-Sequenzen in Tabelle 20 zu verwenden.

Tabelle 20: Spezialsequenzen in regulären Ausdrücken

Sequenz	**Beschreibung**
nummer	Entspricht Text aus der Gruppe *nummer* (ab 1)
\A	Passt nur am Anfang des Strings
\b	Leerstring an Wortgrenzen
\B	Leerstring, der nicht an einer Wortgrenze vorkommt
\d	Beliebige Dezimalziffer (entspricht [0-9])

Tabelle 20: Spezialsequenzen in regulären Ausdrücken (Fortsetzung)

Sequenz	Beschreibung
`\D`	Alles außer Dezimalziffern (entspricht `[^0-9]`)
`\s`	Beliebiges Whitespace-Zeichen (entspricht `[ \t\n\r\f\v]`)
`\S`	Alles außer Whitespace-Zeichen (entspricht `[^ \t\n\r\f\v]`)
`\w`	Beliebiges alphanumerisches Zeichen
`\W`	Alles außer alphanumerischen Zeichen
`\Z`	Passt nur am Ende des Strings

Module für die Persistenz von Objekten

Drei Module aus der Standardbibliothek dienen der *Persistenz von Objekten* (Speicherung von Objekten):

`dbm` (`anydbm` in Python 2.X)
: Schlüsselbasierte Dateispeicher für Strings.

`pickle` (and `cPickle` in Python 2.X)
: Serialisiert/deserialisiert Objekte im Speicher in/aus Datei-Streams.

`shelve`
: Schlüsselbasierte persistente Objektspeicher: Objekte werden in `dbm`-Dateien im `pickle`-Format gespeichert.

Das `shelve`-Modul implementiert persistente Objektspeicher. `shelve` verwendet seinerseits das `pickle`-Modul, um im Speicher befindliche Python Objekte in lineare Strings zu konvertieren (zu serialisieren), sowie das `dbm`-Modul, um diese linearen Strings in schlüsselbasierten Dateien zu speichern. Alle drei Module können direkt verwendet werden.

In Python 2.X hat `dbm` den Namen `anydbm`. Das `cPickle`-Modul ist eine optimierte Version von `pickle`, die direkt importiert werden kann und, falls vorhanden, automatisch von `shelve` eingesetzt wird. In Python 3.X wurde `cPickle` in `_pickle` umbenannt und wird, falls vorhanden, automatisch von pickle verwendet – es muss nicht direkt importiert werden und wird von shelve angefordert.

Beachten Sie außerdem, dass in Python 3.X die Berkeley DB-Schnittstelle (bsddb) für dbm nicht immer mit Python ausgeliefert wird, sondern als externe Open Source-Erweiterung verfügbar ist, die bei Bedarf separat installiert werden muss (zu Ressourcen siehe die Python 3.X Library Reference).

Module shelve und dbm

dbm ist eine einfache *Textdatei für den schlüsselbasierten Zugriff*: Strings werden anhand des String-Schlüssels gespeichert und abgerufen. Das dbm-Modul wählt die in ihrem Python-Interpreter verfügbare Implementierung schlüsselbasierter Dateien und bietet eine Dictionary-artige API für Skripten.

shelve ist eine *Objektdatei für den schlüsselbasierten Zugriff*: Sie wird wie eine einfache *dbm*-Datei verwendet, das Modul hat lediglich einen anderen Namen und die gespeicherten *Werte* können beinahe jede Art von Python-Objekten sein (die *Schlüssel* müssen in jedem Fall Strings sein). In vielerlei Hinsicht verhalten sich dbm-Dateien und Shelves wie *Dictionaries*, die vor ihrer Verwendung geöffnet und nach erfolgten Änderungen wieder geschlossen werden müssen. Alle Operationen für Mappings sowie einige Dictionary-Methoden werden unterstützt und automatisch mit externen Dateien verknüpft.

Dateien öffnen

Für shelve importieren Sie die Bibliothek und rufen open() auf, um eine neue shelve-Datei zu erzeugen oder eine vorhandene zu öffnen:

```
import shelve
file = shelve.open(dateiname
                   [, flag='c'
                   [, protocol=None
                   [, writeback=False]]])
```

Für dbm importieren Sie die Bibliothek und rufen open() auf, um eine neue dbm-Datei zu erzeugen oder eine vorhandene zu öffnen. Dabei wird die jeweils verfügbare Unterstützungsbibliothek für dbm eingesetzt: dbm.bsd, dbm.gnu, dbm.ndbm oder dbm.dumb (letztere ist eine Ausweichlösung, die immer zur Verfügung steht):

```
import dbm
file = dbm.open(dateiname
          [, flag='r'
          [, mode]])
```

dateiname kann sowohl bei shelve als auch bei dbm ein String mit dem relativen oder absoluten Namen einer externen Datei sein, in der die Daten gespeichert werden.

flag ist in shelve und dbm identisch (shelve reicht das Argument weiter an dbm). Es kann den Wert 'r' haben, um eine vorhandene Datenbank nur zum Lesen zu öffnen (dbm-Standard); 'w', um eine vorhandene Datenbank zum Lesen und zum Schreiben zu öffnen; 'c', um eine Datenbank, falls nicht vorhanden, zu erstellen (shelve-Standard); oder 'n', wodurch immer eine neue leere Datenbank erzeugt wird. Das Modul dbm.dumb (wird in 3.X standardmäßig verwendet, wenn keine andere Bibliothek installiert ist) ignoriert flag – die Datenbank wird immer zum Aktualisieren geöffnet und, falls nicht vorhanden, neu erstellt.

Für dbm können Sie das optionale Argument mode angeben, das dem Unix-Modus der Datei entspricht. Es wird nur verwendet, wenn die Datenbank neu angelegt werden muss, der Standardwert ist oktal 0o666.

Für shelve wird das Argument protocol von shelve an pickle weitergegeben. Es gibt die Pickling-Protokollnummer an, (beschrieben im Abschnitt »Modul pickle«, Seite 229) mit der Shelve-Objekte gespeichert werden. Der Standardwert ist 0 in Python 2.X und derzeit 3 in Python 3.X.

Standardmäßig werden Änderungen an Objekten, die aus Shelves abgerufen wurden, nicht automatisch auf Festplatte gespeichert. Wenn der optionale Parameter writeback den Wert True hat, werden alle Einträge, auf die Sie zugreifen, im Speicher gecacht und beim Schließen zurückgeschrieben. Das vereinfacht Änderungen an veränderbaren Einträgen im Shelve, erfordert aber Speicher für den Cache und verlangsamt das Schließen, weil die entsprechenden Einträge zurück geschrieben werden müssen. Um Shelves manuell zu aktualisieren, weisen Sie einfach die Objekte erneut den entsprechenden Schlüsseln zu.

Dateioperationen

Nach der Erstellung haben `shelve` und `dbm` nahezu identische, Dictionary-artige Schnittstellen:

```
datei[schluessel] = wert
```

Speichern: Erstellt oder ändert den Eintrag für den String *schluessel*. *wert* ist für `dbm` ein String, für `shelve` ein nahezu beliebiges Objekt.

```
wert = datei[schluessel]
```

Abrufen: Lädt den *wert* für den Eintrag mit dem angegebenen *schluessel*. `shelve` rekonstruiert das ursprüngliche Objekt im Speicher.

```
anzahl = len(datei)
```

Größe: Liefert die Anzahl der gespeicherten Einträge.

```
index = datei.keys()
```

Index: liefert die gespeicherten Schlüssel als iterierbares Objekt (als Liste in 2.X).

```
for schluessel in datei: ...
```

Iteration: Schlüsseliterator, kann in einem beliebigen Iterationskontext verwendet werden.

```
gefunden = schluessel in datei     # In 2.X auch has_key()
```

Suche: `True`, wenn es einen Eintrag für *schluessel* gibt.

```
del file[schluessel]
```

Löschen: Entfernt den Eintrag für *schluessel*.

```
datei.close()
```

Manuelles Schließen. Bei manchen zugrunde liegenden dbm-Schnittstellen erforderlich, um die Aktualisierungen auf Festplatte zu speichern.

Modul pickle

Das Modul pickle ist ein Werkzeug für die *Serialisierung von Objekten*: Es konvertiert nahezu beliebige im Speicher befindliche Python-Objekte in lineare Byte-Streams und umgekehrt. Diese Byte-Streams können auf ein beliebiges dateiartiges Objekt geleitet werden, das über die erwarteten read-/write-Methoden verfügt. Diese Streams werden von shelve intern zur Abbildung der Daten verwendet. Beim »Unpickling« wird das ursprüngliche Objekt im Speicher wieder mit demselben Wert, aber mit einer neuen Identität (Speicheradresse) erzeugt.

Siehe den vorangehenden Hinweis über die optimierten Module cPickle in Python 2.X und _pickle in Python 3.X. Siehe außerdem die Methode makefile von socket-Objekten für die Übertragung serialisierter Objekte über Netzwerke ohne manuelle Socket-Aufrufe (siehe Abschnitt »Internetmodule und Tools«, Seite 237, und Python-Handbücher).

Pickling-Schnittstellen

Das Modul unterstützt die folgenden Aufrufe:

```
P = pickle.Pickler(dateiobjekt [, protocol=None])
```

Erstellt einen neuen Pickler für die Speicherung in einem Ausgabedateiobjekt.

```
P.dump(objekt)
```

Schreibt ein Objekt in die Datei bzw. den Stream des Picklers.

```
pickle.dump(objekt, dateiobjekt [, protocol=None])
```

Kombination der beiden vorherigen: Serialisiert das Objekt in die Datei.

```
string = pickle.dumps(objekt [, protocol=None])
```

Liefert die Pickle-Repräsentation des Objekts als String (in Python 3.X ein bytes-String).

Unpickling-Schnittstellen

Das Modul unterstützt die folgenden Aufrufe:

```
U = pickle.Unpickler(dateiobjekt,
                     encoding="ASCII", errors="strict")
```

Erstellt einen Unpickler zum Laden aus einem Eingabedateiobjekt.

```
objekt = U.load()
```

Liest ein Objekt aus der Datei bzw. dem Stream des Unpicklers.

```
objekt = pickle.load(dateiobjekt,
                     encoding="ASCII", errors="strict")
```

Kombination der beiden vorherigen: Deserialisiert ein Objekt aus der Datei.

```
objekt = pickle.loads(string,
                      encoding="ASCII", errors="strict")
```

Liest Objekt aus einem String (in Python 3.X ein bytes- oder kompatibler String).

Hinweise zum Gebrauch von pickle

- In Python 3.X sollten Dateien, die zum Speichern von Pickle-Objekten verwendet werden, für alle Protokolle immer im Binärmodus geöffnet werden, da der Pickler bytes-Strings erzeugt und Dateien im Textmodus das Schreiben von bytes nicht unterstützen (in 3.X kodieren und dekodieren Dateien im Textmodus Unicode-Text).
- In Python 2.X müssen Dateien, die zum Speichern von Pickle-Objekten verwendet werden, für alle Protokolle >= 1 immer im Binärmodus geöffnet werden, um die Übersetzung von Zeilenenden in den binären Pickle-Daten zu unterdrücken. Protokoll 0 ist ASCII-basiert, so dass Dateien sowohl im Text- als auch im Binärmodus geöffnet werden können, solange man dabei konsistent verfährt.

- *dateiobjekt* ist ein geöffnetes Dateiobjekt oder ein beliebiges anderes Objekt, das die durch die Schnittstelle aufgerufenen Attribute eines Dateiobjekts implementiert. `Pickler` ruft die Dateimethode `write()` mit einem String-Argument auf. `Unpickler` ruft die Dateimethode `read()` mit einem Bytezähler und `readline()` ohne Argumente auf.
- `protocol` ist ein optionales Argument, das das Format für die Pickle-Daten wählt und sowohl im `Pickler`-Konstruktor als auch in den Funktionen `dump()` und `dumps()` des Moduls verfügbar ist. Das Argument kann einen Wert zwischen `0`...`3` haben, wobei höhere Protokollnummern üblicherweise effizienter sind, aber eventuell auch nicht kompatibel zu Unpicklern früherer Python-Versionen sind. Das Standardprotokoll in Python 3.X ist `3` (auch in Version 3.4), das aber vom Python 2.X-Unpickler nicht verarbeitet werden kann. Das Standardprotokoll in Python 2.X is `0`, das zur weniger effizient, dafür aber am besten portierbar ist. Bei Angabe von `-1` wird automatisch das höchste unterstützte Protokoll verwendet. Beim *Unpickling* wird das Protokoll durch die Inhalte der Pickle-Daten vorgegeben.
- Die optionalen Schlüsselwortargumente `encoding` und `errors` des Unpicklers gibt es nur in Python 3.X. Sie werden verwendet, um 8-Bit-String-Instanzen zu deserialisieren, die mit Python 2.X serialisiert wurden. Die Standardwerte sind `'ASCII'` bzw. `'strict'`. Siehe `str()` im Abschnitt »Integrierte Funktionen«, Seite 143, für ähnliche Tools.
- `Pickler` und `Unpickler` sind exportierte Klassen, die durch Ableitung angepasst werden können. Siehe die Python Library Reference für verfügbare Methoden.

> Ab Python 3.4 gibt es ein optimiertes `protocol` für Pickle mit der Nummer `4`, standardmäßig kommt aber nach wie vor `3` zum Einsatz. Siehe die aktuellen »What's New«-Dokumente.

tkinter - GUI-Modul und Tools

`tkinter` (`Tkinter` in Python 2.X und ein Modulpaket in Python 3.X) ist eine portierbare Bibliothek für den Aufbau *grafischer Benutzeroberflächen* (Graphical User Interface, GUI), die als ein Modul der Standardbibliothek mit Python ausgeliefert wird. `tkinter` bietet eine objektbasierte Schnittstelle für die Open Source-Bibliothek Tk und implementiert ein natives Look-and-Feel für in Python geschriebene GUIs unter Windows, X-Windows und Mac OS. Es ist portierbar, einfach zu verwenden, gut dokumentiert, weit verbreitet, ausgereift und wird gut unterstützt. Andere portierbare GUI-Optionen für Python, wie z.B. *wxPython* und *PyQT* sind externe Erweiterungen mit einer umfangreicheren Sammlung an Widgets, die in der Regel aber auch komplexere Anforderungen an die Programmierung stellen.

tkinter-Beispiel

In `tkinter`-Skripten sind *Widgets* konfigurierbare Klassen (z.B. `Button`, `Frame`), *Optionen* sind Schlüsselwortargumente (z.B. `text="press"`) und *Komposition* bezieht sich auf die Einbettung von Objekten, nicht auf Pfadnamen (z.B. `Label(top,...)`):

```
from tkinter import *              # Widgets, Konstanten

def msg():                         # Callback-Handler
    print('hallo stdout...')

top = Frame()                      # Container erstellen
top.pack()
Label(top, text='Hallo Welt').pack(side=TOP)
widget = Button(top, text='Drücken', command=msg)
widget.pack(side=BOTTOM)
top.mainloop()
```

Wichtige tkinter-Widgets

Tabelle 21 zeigt die wichtigsten Widget-Klassen im `tkinter`-Modul. Das sind Python-Klassen, die abgeleitet und in andere Objekte eingebettet werden können. Um ein Bildschirmelement zu erzeugen, erstellen Sie eine Instanz der entsprechenden Klasse, konfigurieren sie und ordnen sie mit einer der Geometriemanager-Schnittstellenmethoden an (z.B. `Button(text='hallo').pack()`). Zusätzlich zu den Klassen in Tabelle 21 bietet das `tkinter`-Modul eine große Sammlung an vordefinierten Namen (Konstanten), mit denen Sie Widgets konfigurieren können (z.B. `RIGHT`, `BOTH`, `YES`). Diese Konstanten werden automatisch aus `tkinter.constants` geladen (`Tkconstants` in Python 2.X).

Tabelle 21: Wichtige Widget-Klassen im Modul tkinter

Widget-Klasse	Beschreibung
`Label`	Einfacher Meldungsbereich
`Button`	Einfaches Button-Widget mit Beschriftung
`Frame`	Container zum Einfügen und Anordnen anderer Widgets
`Toplevel`, `Tk`	Fenster auf oberster Ebene, die vom Fenstermanager verwaltet werden
`Message`	Feld (Label) für die Anzeige von mehrzeiligem Text
`Entry`	Einfaches, einzeiliges Texteingabefeld
`Checkbutton`	Button-Widget mit zwei Zuständen für die Auswahl mehrerer Optionen
`Radiobutton`	Button-Widget mit zwei Zuständen für die Auswahl einer einzelnen Option
`Scale`	Slider-Widget mit skalierbaren Positionen
`PhotoImage`	Bildobjekt für die Platzierung von Bildern mit voller Farbauflösung auf anderen Widgets
`BitmapImage`	Bildobjekt für die Platzierung von Bitmap-Bildern auf anderen Widgets
`Menu`	Mit einem `Menubutton` oder einem Fenster der obersten Ebene verknüpfte Optionen
`Menubutton`	Button, der ein `Menu` mit wählbaren Optionen/Untermenüs öffnet
`Scrollbar`	Scrollleiste für andere Widgets (z.B. `Listbox`, `Canvas`, `Text`)
`Listbox`	Liste mit auswählbar Namen
`Text`	Widget für das mehrzeilige Lesen/Bearbeiten von Text mit Unterstützung für Schriften etc.
`Canvas`	Grafische Zeichenfläche: Linien, Kreise, Fotos, Text etc.
`OptionMenu`	*Zusammengesetzt*: Pull-down-Auswahlliste
`PanedWindow`	Multipane-Fensterschnittstelle
`LabelFrame`	Frame-Widget mit Label
`Spinbox`	Widget für Mehrfachauswahl
`ScrolledText`	Python 2.X-Name (in Python 3.X im Modul `tkinter.scrolledtext` verfügbar); *Zusammengesetzt*: Text mit Scrollleiste

Tabelle 21: Wichtige Widget-Klassen im Modul tkinter (Fortsetzung)

Widget-Klasse	Beschreibung
`Dialog`	Python 2.X-Name (in Python 3.X im Modul `tkinter.dialog` verfügbar); *Alt*: Erzeugt allgemeine Dialoge (siehe die neueren Aufrufe für allgemeine Dialoge im nächsten Abschnitt)

Allgemeine Dialogaufrufe

Modul tkinter.messagebox (tkMessageBox in Python 2.X)

```
showinfo(title=None, message=None, **optionen)
showwarning(title=None, message=None, **optionen)
showerror(title=None, message=None, **optionen)
askquestion(title=None, message=None, **optionen)
askokcancel(title=None, message=None, **optionen)
askyesno(title=None, message=None, **optionen)
askretrycancel(title=None, message=None, **optionen)
```

Modul tkinter.simpledialog (tkSimpleDialog in Python 2.X)

```
askinteger(titel, eingabeaufforderung, **kw)
askfloat(titel, eingabeaufforderung, **kw)
askstring(titel, eingabeaufforderung, **kw)
```

Modul tkinter.colorchooser (tkColorChooser in Python 2.X)

```
askcolor(color=None, **optionen)
```

Modul tkinter.filedialog (tkFileDialog in Python 2.X)

```
class Open
class SaveAs
class Directory
askopenfilename(**optionen)
asksaveasfilename(**optionen)
askopenfile(mode="r", **optionen)
asksaveasfile(mode="w", **optionen)
askdirectory(**optionen)
```

Die *optionen* für allgemeine Dialogaufrufe sind `defaultextension` (wird zum Dateinamen hinzugefügt, falls nicht explizit angegeben), `filetypes` (Sequenz von Tupeln (`label`, `muster`)), `initialdir` (Ausgangsverzeichnis, Klassen merken sich das), `initialfile` (Ausgangsdatei), `parent` (Fenster zum Platzieren der Dialogbox) und `title` (Titel der Dialogbox).

Zusätzliche tkinter-Klassen und Tools

Tabelle 22 zeigt einige gebräuchlichen tkinter-Schnittstellen und Werkzeuge jenseits der wichtigsten Widget-Klassen und Standarddialoge. Es handelt sich ausschließlich um Tools der Standardbibliothek, außer einiger weniger in der letzten Zeile (z.B. Pillow). Weitere Informationen finden Sie im Internet.

Tabelle 22: Zusätzliche tkinter-Tools

Kategorie	Verfügbare Tools
Mit tkinter verknüpfte Variablenklassen	`StringVar`, `IntVar`, `DoubleVar`, `BooleanVar` (im `tkinter`-Modul)
Methoden zur Geometrieverwaltung	Widget-Objektmethoden `pack()`, `grid()`, `place()`sowie Konfigurationsoptionen in Modulen
Zeitgebundene Callbacks	Widget-Methoden `after()`, `wait()` und `update()`; Datei-I/O-Callbacks
Andere tkinter-Tools	Zugriff auf Zwischenablage; Widget-Objektmethoden `bind()`/`Event` für die elementare Verarbeitung von Events; `config()`-Optionen für Widgets; Unterstützung für modale Dialogboxen
tkinter-Erweiterungen	*PMW*: weitere Widgets; *PIL* (*Pillow*): Bilder; Baum-Widgets, Schriftunterstützung, Drag-and-Drop, tix-Widgets, ttk-Widgets mit Themes etc.

Zuordnung Tcl/Tk zu Python/tkinter

Tabelle 23 vergleicht die `tkinter`-API von Python mit der zugrunde liegenden Tk-Bibliothek, wie sie von der Sprache Tcl bereitgestellt wird, den mittlerweile weit entfernten Wurzeln von Tk. Allgemein ausgedrückt werden Tcl-Befehls-Strings Python-Objekten zugeordnet. Genauer gesagt unterscheidet sich die Tk-GUI-Schnittstelle in Pythons `tkinter` folgendermaßen von Tcl:

Erzeugung
: Widgets werden durch Aufruf einer Widget-Klasse als Klasseninstanzobjekte erzeugt.

Master (Eltern)
: Eltern sind zuvor erstellte Objekte, die an die Konstruktoren von Widget-Klassen übergeben werden.

Widget-Optionen
: Optionen sind Schlüsselwortargumente für Konstruktoren oder `config()` bzw. indizierte Schlüssel.

Operationen
: Widget-Operationen (Aktionen) werden zu Objektmethoden von `tkinter`-Widget-Klassen.

Callbacks
: Callback-Handler können beliebige aufrufbare Objekte sein: Funktionen, Methoden, `lambda`, Klassen mit einer `__call__`-Methode usw.

Erweiterung
: Widgets können durch die Klassenvererbungsmechanismen von Python erweitert werden.

Komposition
: Oberflächen werden durch das Anfügen von Objekten erzeugt, nicht durch die Verkettung von Namen.

Verknüpfte Variablen
: Mit Widgets verknüpfte Variablen sind `tkinter`-Klassenobjekte mit Methoden.

Tabelle 23: Vergleich Tk zu tkinter

Operation	**Tcl/Tk**	**Python/tkinter**
Erzeugung	`frame .panel`	`panel = Frame()`
Master	`button .panel.quit`	`quit = Button(panel)`
Optionen	`button .panel.go -fg black`	`go = Button(panel, fg='black')`
Konfiguration	`.panel.go config -bg red`	`go.config(bg='red')` `go['bg'] = 'red'`
Aktionen	`.popup invoke`	`popup.invoke()`
Packen	`pack .panel -side left -fill x`	`panel.pack(side=LEFT, fill=X)`

Internetmodule und Tools

Dieser Abschnitt fasst die Unterstützung für *Internet-Scripting* in Python 3.X und 2.X zusammen. Er gibt einen kurzen Überblick über einige der am häufigsten verwendeten Internet-Module aus der Python-Standardbibliothek. *Dies soll nur ein repräsentative Auszug sein.* Eine umfassende Liste finden Sie in der Python Library Reference.

`socket`
: Elementare Unterstützung für die Netzwerkkommunikation (TCP/IP, UDP usw.). Schnittstellen zum Senden und Empfangen von Daten über Sockets im BSD-Stil: `socket.socket()` erzeugt ein Objekt mit Socket-Aufrufmethoden (z.B. *`objekt`*`.bind()`). Die meisten Protokoll- und Server-Module verwenden intern dieses Modul.

`socketserver` (`SocketServer` in Python 2.X)
: Framework für für allgemeine Thread- und Fork-basierte Netzwerkserver.

`xdrlib`
: Portierbare Kodierung von Binärdaten (siehe auch `socket`-Modul weiter oben).

`select`
: Schnittstellen zur `select()`-Funktion unter Unix und Windows. Wartet auf Aktivität in einem Element einer Reihe von Dateien oder Sockets. Wird häufig für das Multiplexing zwischen mehreren Streams oder die Implementierung von Zeitbegrenzungen verwendet. Funktioniert unter Windows nur mit Sockets, nicht mit Dateien.

`cgi`
: Unterstützung für serverseitige CGI-Skripten: `cgi.FieldStorage()` parst den Eingabestream; `cgi.escape()` (und `html.escape()` in neueren 3.X-Versionen) wendet HTML-Escape-Konventionen auf Ausgabestreams an. Zum Parsen und für den Zugriff auf Formularinformationen. Nachdem ein CGI-Skript *`form`*`=cgi.FieldStorage()` aufgerufen hat, ist *`form`* ein Dictionary-

artiges Objekt mit einem Eintrag pro Formularfeld (z.B. entspricht *form*["name"].value dem Text des Formularfeld name).

urllib.request (urllib, urllib2 in Python 2.X)
: Ruft Webseiten und die Ausgaben von Server-Skripten von Internetadressen (URLs) ab: urllib.request.urlopen(*url*) liefert ein dateiartiges Objekt mit read-Methoden, ebenso wie urllib.request.urlretrieve(*remote*, *lokal*). Unterstützt HTTP, HTTPS, FTP und URLs von lokalen Dateien.

urllib.parse (urlparse in Python 2.X)
: Zerlegt einen URL-String in Komponenten. Enthält außerdem Werkzeuge für die Maskierung von URL-Text: urllib.parse .quote_plus(*str*) führt eine URL-Kodierung für Text durch, der in HTML-Ausgabestreams eingefügt wird.

ftplib
: Module für FTP (File Transfer Protocol). ftplib bietet Schnittstellen für den Internetdateitransfer in Python-Programmen. Nach *ftp*=ftplib.FTP('*sitename*')enthält *ftp* Methoden für Login, den Wechsel des aktuellen Verzeichnisses, Abruf/Speichern von Dateien und Verzeichnislisten usw. Unterstützt Binär- und Textübertragung, funktioniert auf jedem Rechner mit Python und einer aktiven Internetverbindung.

poplib, imaplib, smtplib
: Module für die Protokolle POP, IMAP (Abruf von E-Mails), und SMTP (Versand von E-Mails).

email- Paket
: Parst und erzeugt E-Mail-Nachrichten mit Header und Anhängen. Unterstützt außerdem MIME für Inhalt und Header.

http.client (httplib in Python 2.X), nntplib, telnetlib
: Client-Module für die Protokolle HTTP (Web), NNTP (News) und Telnet.

http.server (CGIHTTPServer , SimpleHTTPServer in Python 2.X)
: Serverimplementierungen für HTTP-Request.

`xml`-Paket, `html`-Paket (`htmllib` in Python 2.X)
: Parst XML- und HTML-Dokumente sowie Inhalte von Webseiten. Das `xml`-Paket unterstützt die Parsermodelle DOM, SAX und ElementTree, einschließlich Expat-Parsing.

`xmlrpc`-Paket (`xmlrpclib` in Python 2.X)
: XML-RPC-Protokoll für den Aufruf von Remote-Methoden.

`uu`, `binhex`, `base64`, `binascii`, `quopri`
: Kodiert und dekodiert Binärdaten (und andere) für die Übertragung als Text.

Tabelle 24 stellt einige dieser Module nach Protokolltyp dar. Siehe die vorangehende Liste für Namen, die in 2.X anders lauten.

Tabelle 24: Ausgewählte Internetmodule in Python 3.X nach Protokoll

Protokoll	Allgemeine Funktion	Port	Python-Modul
HTTP	Webseiten	80	`http.client`, `urllib.request`, `xmlrpc.*`
NNTP	Usenet-News	119	`nntplib`
FTP-Daten (Standard)	Dateitransfer	20	`ftplib`, `urllib.request`
FTP-Steuerung	Dateitransfer	21	`ftplib`, `urllib.request`
SMTP	E-Mails versenden	25	`smtplib`
POP3	E-Mails abrufen	110	`poplib`
IMAP4	E-Mails abrufen	143	`imaplib`
Telnet	Befehlszeilen	23	`telnetlib`

Andere Module der Standardbibliothek

Dieser Abschnitt dokumentiert eine Auswahl zusätzlicher Module der Standardbibliothek, die mit Python zusammen installiert werden. Soweit nicht anders vermerkt, gelten die Informationen zu den hier genannten Tools für Python 3.X und 2.X. Weitere Informationen zu allen integrierten Werkzeugen finden Sie in der Python Library Reference und der PyPI-Website (beschrieben im Abschnitt

»Sonstige Hinweise«, Seite 258). Mehr über Module und Tools von Drittanbietern erfahren Sie über Ihre bevorzugte Suchmaschine.

Modul math

Das `math`-Modul exportiert Tools der Standard-*Mathematikbibliothek* von C für die Verwendung in Python. Tabelle 25 zeigt die Exporte des Moduls in Python 3.4 zusammen mit den sieben neuesten Ergänzungen in 3.2 und 3.3 in Fettschrift. Das Modul von Python 2.7 ist identisch, verfügt aber nicht über `log2` und `isfinite`. Der Inhalt dieser Tabelle kann in anderen Versionen geringfügig abweichen. Bis auf `pi` und `e` sind alle genannten Punkte aufrufbare Funktionen (die abschließenden runden Klammern wurden weggelassen).

Weitere Informationen finden Sie in der Python Library Reference. Für Argumente und Hinweise zu den Namen in dieser Tabelle importieren Sie `math` und führen `help(math.`*`name`*`)` aus. Mit `dir(math)` können Sie den Inhalt des Moduls anzeigen. Zu Werkzeugen für komplexe Zahlen siehe das Modul `cmath` der Standardbibliothek sowie das externe System *NumPy* (und andere) für fortgeschrittene numerische Techniken.

Tabelle 25: Exporte des math-Moduls in Python 3.4

`acos`	`acosh`	`asin`	`asinh`	`atan`
`atan2`	`atanh`	`ceil`	`copysign`	`cos`
`cosh`	`degrees`	`e`	**`erf`**	**`erfc`**
`exp`	**`expm1`**	`fabs`	`factorial`	`floor`
`fmod`	`frexp`	`fsum`	**`gamma`**	`hypot`
`isfinite`	`isinf`	`isnan`	`ldexp`	**`lgamma`**
`log`	`log10`	`log1p`	**`log2`**	`modf`
`pi`	`pow`	`radians`	`sin`	`sinh`
`sqrt`	`tan`	`tanh`	`trunc`	

Modul time

Hilfsmittel zum Thema *Uhrzeit und Datum*: Zugriff auf die Zeit, Formatierung und Pausen. Es folgt eine auszugsweise Liste von

Exporten aus dem `time`-Modul. Siehe auch Abschnitt »Modul datetime«, Seite 243, Abschnitt »Modul timeit«, Seite 242, und die Python Library Reference für weitere Informationen:

`time.clock()`
: Liefert die CPU-Zeit bzw. die seit dem Start des Prozesses bzw. seit dem ersten Aufruf von `clock()` verstrichene Zeit. Genauigkeit und Semantik hängen von der ehemaligen Plattform ab (siehe Python-Handbücher). Liefert Sekunden als Fließkommazahl. Nützlich für Benchmarking und zum Vergleich der Laufzeit alternativer Codeabschnitte.

`time.time()`
: Liefert eine Fließkommadarstellung der UTC-Zeit in Sekunden seit der Epoche. Unter Unix beginnt die Epoche 1970. Kann auf manchen Plattformen eine höhere Genauigkeit als `clock()` bieten (siehe Python-Handbücher).

`time.ctime(`*`sekunden`*`)`
: Konvertiert eine Zeit in Sekunden seit der Epoche in einen String, der die lokale Zeit darstellt (z.B. `ctime(time())`). Der Standardwert für das optionale Argument ist die aktuelle Zeit.

`time.sleep(`*`sekunden`*`)`
: Unterbricht die Ausführung des Prozesses (des aufrufenden Threads) für die angegebene Anzahl *sekunden*. *sekunden* kann eine Fließkommazahl sein, um Sekundenbruchteile abzubilden.

Die nächsten beiden Aufrufe sind erst ab *Python 3.3* verfügbar. Sie sind dazu gedacht, portierbare Timing-Daten zu liefern (sind aber unter Umständen nicht direkt vergleichbar mit den Aufrufen früherer Python-Versionen. Bei beiden Aufrufen ist der Referenzpunkt des Rückgabewerts nicht definiert. Daher ist nur die Differenz zwischen den Ergebnissen aufeinanderfolgender Aufrufe aussagekräftig:

`time.perf_counter()`
: Liefert den Wert eines Performance Counters in Sekundenbruchteilen, der als Uhr mit der höchstmöglichen Auflösung für die Messung kurzer Zeitintervallen definiert ist. Umfasst die im Ruhezustand verstrichene Zeit und ist systemweit. Ent-

spricht der tatsächlichen Zeit (»Wall Time«) und wird, falls vorhanden, standardmäßig vom `timeit`-Modul verwendet.

`time.process_time()`
: Liefert die Summe der System- und Benutzer-CPU-Zeit des aktuellen Prozesses in Sekundenbruchteilen. Erfassten nicht die im Ruhezustand verstrichene Zeit und bezieht sich definitionsgemäß nur auf den Prozess.

Modul timeit

Tools für die portierbare *Messung der Ausführungszeit* eines Code-Strings oder Funktionsaufrufs. Siehe Python-Handbücher für ausführliche Informationen.

Befehlszeilenschnittstelle:

```
py[thon] -m timeit [-n anzahl] [-r wiederholungen]
       [-s setup]* [-t] [-c] [-p] [-h] [anweisung]*
```

`anzahl` gibt an, wie oft die Anweisungen ausgeführt werden sollen (Standardwert ist eine berechnete Potenz von 10); *`wiederholungen`* ist die Anzahl der Durchläufe (Standardwert `3`); *`setup`* (null oder einmal, jeweils mit `-s`) ist Code, der jeweils vor den gemessenen Anweisungen ausgeführt wird; *`anweisung`* (null oder mehr) ist der Code, der gemessen werden soll; `-h` gibt die Hilfe dazu aus; `-t`, `-c` und `-p` bestimmen den zu verwendenden Timer – `time.time()`, `time.clock()` oder ab Python 3.3 `time.process_time()` (ansonsten ist `time.perf_counter()` ab 3.3 Standard). Die Ergebnisse zeigen die Bestzeit der mit *`wiederholungen`* festgelegten Durchläufe, wodurch vorübergehende Systemlastschwankungen neutralisiert werden.

Schnittstelle der Bibliotheks-API:

```
timeit.Timer(stmt='pass', setup='pass', timer=std)
```

Wird von den folgenden Hilfsfunktionen genutzt. Sowohl `stmt` als auch `setup` sind entweder ein Code-String (verwenden Sie `;` oder `\n`, um mehrere Anweisungen voneinander zu trennen, und Leerzeichen oder `\t` zur Einrückung) oder ein aufrufbares Objekt ohne Argumente. Der Standardwert *`std`* der `timer`-Funktion ist plattform- und versionsabhängig.

```
timeit.repeat(stmt='pass', setup='pass',
              timer=std, repeat=3, number=1000000)
```

Erstellt eine Timer-Instanz mit dem angegebenen Code für stmt und setup sowie der timer-Funktion und führt die repeat-Methode mit repeat Wiederholungen und number Ausführungen aus. Liefert eine Liste mit Messergebnissen. Bestimmen Sie das min() für die Bestzeit der repeat Wiederholungen.

```
timeit.timeit(stmt='pass', setup='pass',
              timer=std, number=1000000)
```

Erstellt eine Timer-Instanz mit dem angegebenen Code für stmt und setup sowie der timer-Funktion und führt die timeit-Methode mit number Ausführungen aus. Führt setup einmalig aus und liefert die Zeit, die erforderlich ist, um stmt genau number-mal auszuführen.

Modul datetime

Werkzeuge für die *Verarbeitung von Datumswerten*: Subtraktion, Addition von Tagen zu Datumswerten usw. Siehe auch Abschnitt »Modul time«, Seite 240 und die Python Library Reference für weitere Informationen und Tools.

```
>>> from datetime import date, timedelta
>>> date(2013, 11, 15) - date(2013, 10, 29) # Differenz
datetime.timedelta(17)

>>> date(2013, 11, 15) + timedelta(60)       # Zukunft
datetime.date(2014, 1, 14)
>>> date(2013, 11, 15) - timedelta(410)      # Vergangenheit
datetime.date(2012, 10, 1)
```

Modul random

Verschiedene *Werkzeuge für Zufallszahlen*: Zufallszahlen, zufällige Reihenfolgen und die zufällige Auswahl aus einer Reihe von Elementen. Siehe Python-Handbücher für ausführliche Informationen.

```
>>> import random
>>> random.random()          # Zufälliger float zwischen [0, 1]
0.7082048489415967
>>> random.randint(1, 10)    # Zufälliger int zwischen [x, y]
8
```

```
>>> L = [1, 2, 3, 4]
>>> random.shuffle(L)          # L zufällig sortieren (verändert
das Objekt)
>>> L
[2, 1, 4, 3]
>>> random.choice(L)           # Element zufällig auswählen
4
```

Modul json

Hilfsmittel für die Übersetzung von Python-Dictionaries und Listenstrukturen in JSON-Text (und umgekehrt). JSON ist ein portierbares *Datenaustauschformat*, das von Systemen wie MongoDB (via BSON) und Androids SL4A (in JSON-RPC) verwendet wird. Siehe auch Pythons native Objektserialisierung im Abschnitt »Modul pickle«, Seite 229; XML-Unterstützung im Abschnitt »Internetmodule und Tools«, Seite 237; und andere Datenbankkonzepte im Abschnitt »Pythons SQL-Datenbank-API«, Seite 248.

```
>>> R = {'job': ['dev', 1.5], 'boss': {'wer': 'Bob'}}

>>> import json
>>> json.dump(R, open('json_speichern.txt', 'w'))
>>> open('json_speichern.txt').read()
'{"boss": {"wer": "Bob"}, "job": ["dev", 1.5]}'
>>> json.load(open('json_speichern.txt'))
{'boss': {'wer': 'Bob'}, 'job': ['dev', 1.5]}

>>> R = dict(titel='PyRef5A', pub='Buch', jahr=2014)
>>> J = json.dumps(R, indent=4)
>>> P = json.loads(J)
>>> P
{'jahr': 2014, 'titel': 'PyRef5A', 'pub': 'Buch'}
>>> print(J)
{
    "jahr": 2014,
    "titel": "PyRef5A",
    "pub": "Buch"
}
```

Modul subprocess

Tools für die Ausführung von *Befehlszeilen*, wobei Sie jeden der drei Streams anzapfen, Beendigungscodes abrufen und die Shell-Ausführung bestimmen können. Alternative zu einigen Tools des os-Moduls wie etwa `os.popen()` und `os.spawnv()`; siehe Abschnitt »Systemmodul os«, Seite 197, und die Python-Handbücher für weitere Informationen. Tipp: Verwenden Sie diese Werkzeuge nicht, um Shell-Befehls-Strings zweifelhafter Herkunft auszuführen, da Sie damit beliebige im Python-Prozess erlaubte Befehle ausführen können. Im folgenden Beispiel gibt das Skript *m.py* seine `sys.argv`-Befehlszeile aus:

```
>>> from subprocess import call, Popen, PIPE
>>> call('python m.py -x', shell=True)
['m.py', '-x']
0
>>> pipe = Popen('python m.py -x', stdout=PIPE)
>>> pipe.communicate()
(b"['m.py', '-x']\r\n", None)
>>> pipe.returncode
0
>>> pipe = Popen('python m.py -x', stdout=PIPE)
>>> pipe.stdout.read()
b"['m.py', '-x']\r\n"
>>> pipe.wait()
0
```

Modul enum

Dieses Modul wurde in Python 3.4 eingeführt und bietet eine standardmäßige Unterstützung für *Aufzählungen* – Sammlungen symbolischer Namen (*Members*), die mit eindeutigen konstanten Werten verknüpft sind – nicht zu verwechseln mit dem Aufruf `enumerate()` für die sequenzielle Nummerierung von Iteratorergebnissen (siehe Abschnitt »Integrierte Funktionen«, Seite 143):

```
>>> from enum import Enum
>>> class PyBuecher(Enum):
        ProgrammierenLernen1A = 2013
        KopfBisFuss1A = 2011
        KurzUndGut5A = 2014

>>> print(PyBuecher.KurzUndGut5A)
PyBuecher.KurzUndGut5A
>>> PyBuecher.KurzUndGut5A.name, PyBuecher.KurzUndGut5A.value
('KurzUndGut5A', 2014)
```

```
>>> type(PyBuecher.KurzUndGut5A)
<enum 'PyBuecher'>
>>> isinstance(PyBuecher.KurzUndGut5A, PyBuecher)
True
>>> for buch in PyBuecher: print(buch)
...
PyBuecher.ProgrammierenLernen1A
PyBuecher.KopfBisFuss1A
PyBuecher.KurzUndGut5A

>>> buecher = Enum('Buecher', 'PL1A KBF1A KUG5A')
>>> list(buecher)
[<Buecher.PL1A: 1>, <Buecher.KBF1A: 2>, <Buecher.KUG5A: 3>]
```

Modul struct

Das `struct`-Modul bietet eine Schnittstelle zum Parsen und Konstruieren *gepackter Binärdaten* als Strings, mit Formaten, die in Anlehnung an `struct`-Layouts der Sprache C entwickelt wurden. Wird häufig in Verbindung mit den beiden Modi für Binärdateien `'rb'` und `'wb'` von `open()` oder anderen binären Datenquellen verwendet. Siehe die Python Library Reference für den *`format`*-Datentyp und Endian-Codes.

`string` = `struct.pack(`*`format`*`, `*`v1`*`, `*`v2`*` , ...)`
: Liefert einen *`string`* (bytes in 3.X und `str` in 2.X) mit den Werten *`v1`*, *`v2`* usw., die dem String *`format`* entsprechend gepackt sind. Die Argumente müssen den für die Typcodes des *`format`*-Strings erforderlichen Werten exakt entsprechen. Der *`format`*-String kann mit dem ersten Zeichen die Byte-Reihenfolge des Ergebnisses bestimmen sowie Wiederholungsangaben für die einzelnen Typcodes festlegen.

`tupel` = `struct.unpack(`*`format`*`, `*`string`*`)`
: Entpackt den *`string`* (bytes in 3.X und `str` in 2.X) dem *`format`*-String entsprechend in ein Tupel mit Python-Objektwerten.

`struct.calcsize(`*`format`*`)`
: Liefert die Größe der `struct` (und damit des Byte-Strings) dem angegebenen Format *`format`* entsprechend.

Das folgende Beispiel zeigt, wie Sie mit `struct` in Python 3.X Daten packen und entpacken können (Python 2.X verwendet herkömmliche str-Strings anstatt von bytes; Python 3.X erfordert ab Version 3.2 bytes für s-Werte, nicht str. Im Folgenden ist '4si' gleichbedeutend mit char[4]+int in C):

```
>>> import struct
>>> data = struct.pack('4si', b'spam', 123)
>>> data
b'spam{\x00\x00\x00'
>>> x, y = struct.unpack('4si', data)
>>> x, y
(b'spam', 123)

>>> open('data', 'wb').write( struct.pack('>if', 1, 2.0))
8
>>> open('data', 'rb').read()
b'\x00\x00\x00\x01@\x00\x00\x00'
>>> struct.unpack('>if', open('data', 'rb').read())
(1, 2.0)
```

Thread-Module

Threads sind leichtgewichtige Prozesse, die globalen Speicher gemeinsam nutzen (d.h. Gültigkeitsbereiche, Objekte und Systeminterna) und *Funktionen parallel* (gleichzeitig) innerhalb desselben Prozesses ausführen. Pythons Thread-Module funktionieren plattformübergreifend und sind für die Ausführung nicht blockierender Aufgaben im Kontext von IO-Operationen und Benutzeroberflächen geeignet.

Siehe auch setcheckinterval() und setswitchinterval() im Abschnitt »Modul sys«, Seite 186 sowie das Modul multiprocessing der Standardbibliothek, das eine Thread-artige API für das portierbare Starten von Prozessen implementiert:

_thread (thread in Python 2.X)
: Einfaches und elementares Thread-Modul mit Tools zum Starten, Stoppen und Synchronisieren von parallel ausgeführten Funktionen. So starten Sie einen Thread: _thread.start_new_thread(*funktion*, *args* [, *sargs*]) führt *funktion* in einem neuen Thread aus, mit Positionsargumenten aus dem Tupel *args* und Schlüsselwortargumenten aus dem Dictionary *sargs*. start_new_thread ist ein Synonym für start_new (das in 3.X als obsolet

dokumentiert ist). Für die Synchronisation von Threads setzen Sie Thread-Locks ein: *lock*=thread.allocate_lock(); *lock*.acquire(); *update-objects*; *lock*.release().

threading
: Das Modul threading baut auf thread auf, um anpassbare Thread-orientierte Tools bereitszustellen: Thread, Condition, Semaphore, Lock, Timer, Daemon-Threads, Thread-Joins (warten, bis ein anderer Thread beendet wurde) usw. Sie können von Thread ableiten, um die Aktionsmethode run zu überladen. Bietet mehr Funktionalität als _thread, erfordert in einfacheren Anwendungsfällen aber auch mehr Code.

queue (Queue in Python 2.X)
: Eine Multiproducer-, Multiconsumer-FIFO-Warteschlange von Python-Objekten, die besonders für Thread-basierte Anwendungen nützlich ist. Sperrt automatisch die Operationen get() und put(), um den Zugriff auf Daten in der Warteschlange zu synchronisieren. Siehe die Python Library Reference.

Pythons SQL-Datenbank-API

Pythons portierbare SQL-basierte *relationale Datenbank*-API ermöglicht die Portierbarkeit von Skripten zwischen verschiedenen herstellerspezifischen SQL-Datenbankpaketen. Sie installieren einfach das jeweilige anbieterspezifische Erweiterungsmodul, Ihre Skripten schreiben Sie aber der portierbaren Datenbank-API entsprechend. Ihre Datenbankskripten in Standard-SQL werden größtenteils unverändert funktionieren, wenn Sie zu einem anderen zugrunde liegenden Herstellerpaket migrieren.

Beachten Sie, dass die meisten Datenbankerweiterungsmodule nicht Teil der Python-Standardbibliothek sind. Es handelt sich um Komponenten von *Drittanbietern*, die separat geladen und installiert werden müssen. Einzige Ausnahme: Das eingebettete prozessgebundene relationale Datenbankpaket SQLite ist in der *Standardbibliothek* im Modul sqlite3 enthalten und ist für die Speicherung vom Programmdaten und das Prototyping gedacht.

Siehe auch Abschnitt »Module für die Persistenz von Objekten«, Seite 225 für einfachere Alternativen für die Speicherung. Es gibt beliebte zusätzliche Datenbankwerkzeuge von Drittanbietern, darunter *MongoDBs* JSON-Dokumentspeicher, objektorientierte Datenbanken wie *ZODB* und andere ORMs wie *SQLAlchemy* und *SQLObject* sowie cloud-basierte APIs wie der Datenspeicher von *App Engine*.

Anwendungsbeispiele zur API

Das folgende Beispiel verwendet das SQLite-Modul der Standardbibliothek. Aus Platzgründen lassen wir einige Rückgabewerte aus. Die Verwendung mit Enterprise-Datenbanken wie MySQL, PostgreSQL und Oracle ist ähnlich, erfordert jedoch andere Verbindungsparameter sowie die Installation von Erweiterungsmodulen – und unterstützt eventuell anbieterspezifische (und damit nicht portierbare) SQL-Erweiterungen:

```
>>> from sqlite3 import connect
>>> conn = conn = connect(r'temp.db')
>>> curs = conn.cursor()

>>> curs.execute('create table angestellte (wer, job, bezah-
lung)')
>>> prefix = 'insert into angestellte values '
>>> curs.execute(prefix + "('Bob', 'dev', 100)")
>>> curs.execute(prefix + "('Sue', 'dev', 120)")

>>> curs.execute("select * from angestellte where bezahlung >
100")
>>> for (wer, job, bezahlung) in curs.fetchall():
...     print(wer, job, bezahlung)
...
Sue dev 120

>>> result = curs.execute("select wer, bezahlung from angestell-
te")
>>> result.fetchall()
[('Bob', 100), ('Sue', 120)]

>>> query = "select * from angestellte where job = ?"
>>> curs.execute(query, ('dev',)).fetchall()
[('Bob', 'dev', 100), ('Sue', 'dev', 120)]
```

Modulschnittstelle

Dieser und die folgenden Abschnitte zeigen einen *Ausschnitt* aus den Exporten. Siehe die vollständige API-Spezifikation unter *http://www.python.org* für weitere Einzelheiten. Tools auf der obersten Ebene der Modulschnittstelle (*dbmod*):

dbmod.`connect(`*parameter...*`)`
: Konstruktor für ein Verbindungsobjekt (*conn*), das eine Datenbankverbindung abbildet. Die Parameter sind anbieterspezifisch.

dbmod.`paramstyle`
: String, der die Formatierung der Parametermarkierung angibt (z.B. `qmark` = ?).

dbmod.`Warning`
: Ausnahme, die bei wichtigen Warnungen ausgelöst wird, wie etwa beim Abschneiden von Daten.

dbmod.`Error`
: Diese Ausnahme ist die Basisklasse für alle anderen Fehlerausnahmen.

Verbindungsobjekte

Verbindungsobjekte (*conn*) reagieren auf die folgenden Methoden:

conn.`close()`
: Schließt die Verbindung sofort (nicht erst beim Aufruf von `__del__`).

conn.`commit()`
: Übernimmt alle offenen Transaktionen in die Datenbank.

conn.`rollback()`
: Setzt die Datenbank auf den Anfang einer offenen Transaktion zurück. Wenn Sie eine Verbindung schließen, ohne die Änderungen zuvor zu übernehmen, wird implizit ein Rollback durchgeführt.

conn.cursor()
Liefert ein neues Cursor-Objekt (*curs*) zum Absetzen von SQL-Strings über die Verbindung.

Cursor-Objekte

Cursor-Objekte (*curs*) repräsentieren Datenbank-Cursor, mit denen der Kontext einer Abrufoperation verwaltet wird:

curs.description
Sequenz von Sequenzen mit jeweils sieben Elementen, die je eine Ergebnisspalte beschreiben: (*name*, *type_code*, *display_size*, *internal_size*, *precision*, *scale*, *null_ok*).

curs.rowcount
Liefert die Anzahl Zeilen, die die letzte execute*-Variante geliefert (für DQL-Anweisungen wie select) oder aktualisiert hat (für DML-Anweisungen wie update oder insert).

curs.callproc(*prozname* [, *parameter*])
Ruft eine Stored Procedure mit dem angegebenen Namen in der Datenbank auf. Die Parametersequenz muss je einen Eintrag für jedes Argument enthalten, das die Prozedur erwartet. Das Ergebnis wird als modifizierte Kopie der Eingaben geliefert.

curs.close()
Schließt den Cursor sofort (anstatt beim Aufruf von __del__).

curs.execute(*operation* [, *parameter*])
Präpariert eine Datenbankoperation (Abfrage oder Befehl) und führt diese aus. Parameter können als eine Liste von Tupeln angegeben werden, um mehrere Zeilen in einer einzigen Operation einzufügen (jedoch ist executemany() vorzuziehen).

curs.executemany(*operation*, *seq_der_parameter*)
Präpariert eine Datenbankoperation (Abfrage oder Befehl) und führt diese mit allen Parametersequenzen oder -Mappings in der Sequenz *seq_der_parameter* aus. Ähnlich wie mehrere execute()-Aufrufe.

`curs.fetchone()`
: Liefert die nächste Zeile eines Abfrageergebnisses als einzelne Sequenz oder `None`, falls keine weiteren Daten verfügbar sind. Nützlich bei großen Datenmengen oder langsamer Geschwindigkeit.

`curs.fetchmany([size= curs.arraysize])`
: Liefert die nächsten Zeilen eines Abfrageergebnisses als Sequenz mit Sequenzen (z.B. eine Liste mit Tupeln). Wenn keine weiteren Zeilen mehr verfügbar sind, wird eine leere Sequenz zurückgegeben.

`curs.fetchall()`
: Liefert alle (bzw. alle verbleibenden) Zeilen eines Abfrageergebnisses als Sequenz mit Sequenzen (z.B. eine Liste mit Tupeln).

Typobjekte und Konstruktoren

`Date(jahr, monat, tag)`
: Erzeugt ein Objekt mit einem Datumswert.

`Time(stunde, minute, sekunde)`
: Erzeugt ein Objekt mit einem Zeitwert.

`None`
: SQL-NULL-Werte werden bei der Ein- und Ausgabe von Python mit `None` dargestellt.

Weitere Tipps und Idiome

Dieser Abschnitt umreißt gebräuchliche Programmiermuster in Python und gibt zusätzliche Tipps zur Verwendung. Weitere Informationen zu den hier behandelten Themen finden Sie in der Python Library Reference, der Python Language Reference (*http://www.python.org/doc/*) sowie im Web.

Tipps zum Sprachkern

- `S[:]` erstellt eine flache Kopie der obersten Ebene einer beliebigen Sequenz; `copy.deepcopy(X)` erzeugt eine vollständige Kopie; `list(L)` und `D.copy()` kopieren Listen und Dictionaries (auch `L.copy()` für Listen ab Version 3.3).

- `L[:0]=iterierbar` fügt mehrere Elemente aus dem iterierbaren Objekt *iterierbar* am Anfang von Liste *L* ein und ändert diese.
- `L[len(L):]=iterierbar`, `L.extend(iterierbar)` und `L += iterierbar` fügen jeweils mehrere Elemente aus dem iterierbaren Objekt *iterierbar* am Ende von Liste *L* ein und ändern diese.
- `L.append(X)` und `X=L.pop()` können für die Implementierung von Stack-Operationen verwendet werden, wobei *X* die Stack-Elemente sind und das Ende der Liste die oberste Ebene des Stacks ist (und die Liste verändert wird).
- Verwenden Sie `for schluessel in D.keys()`, um durch Dictionaries zu iterieren bzw. ab Version 2.2 einfach `for schluessel in D`. In Python 3.X sind diese beiden Formen gleichbedeutend, da `keys()` ein iterierbares View-Objekt liefert.
- Verwenden Sie `for schluessel in sorted(D)`, um ab Version 2.4 Dictionary-Schlüssel in sortierter Reihenfolge zu durchlaufen. Die Form `K=D.keys(); K.sort(); for schluessel in K:` funktioniert ebenfalls in Python 2.X, aber nicht in Python 3.X, da `keys()`-Ergebnisse View-Objekte sind, keine Listen.
- `X=A or B or None` weist *X* das erste Objekt *A* oder *B* zu, das wahr ergibt, ansonsten `None` (falls beide falsch ergeben, d.h. `0` oder leer sind).
- `X,Y = Y,X` vertauscht die Werte von *X* und *Y*, ohne dass *X* einer temporären Variablen zugewiesen werden muss.
- `rot, gruen, blau = range(3)` weist eine Integer-Folge einer einfachen Namensaufzählung zu. Klassenattribute und Dictionaries können auch als Aufzählungen genügen. Ab Python 3.4 siehe das Modul `enum` der Standardbibliothek, das Aufzählungen explizit und mit großem Funktionsumfang unterstützt.
- Verwenden Sie `try/finally`-Anweisungen, um die Ausführung von beliebigem Beendigungscode sicherzustellen. Dies ist besonders bei gesperrten Operationen nützlich (z.B. Set-

zen eines Locks vor `try` und dessen Aufhebung im `finally`-Block).

- Verwenden Sie `with`-/`as`-Anweisungen, um die Ausführung von objektspezifischem Beendigungscode für Objekte sicherzustellen, die das Kontextmanagerprotokoll unterstützen (z.B. automatisches Schließen von Dateien, automatische Aufhebung von Thread-Locks).
- Verpacken Sie iterierbare Objekte in einen `list()`-Aufruf, um alle Ergebnisse interaktiv in Python 3.X anzuzeigen und um sicherzustellen, dass mehrfache Traversierungen korrekt funktionieren. Das gilt für `range()`, `map()`, `zip()`, `filter()`, `dict.keys()` und weitere.

Tipps zur Umgebung

- Verwenden Sie `if __name__ == '__main__':` zum Hinzufügen von Selbsttestcode oder für den Aufruf einer Hauptfunktion am Ende von Moduldateien. Die Bedingung ist nur erfüllt, wenn eine Datei ausgeführt wird, nicht beim Import als Bibliothekskomponente.
- Verwenden Sie *data* = `open(`*dateiname*`).read()`, um den Dateiinhalt in einem einzigen Ausdruck zu laden. Außerhalb von CPython sind unter Umständen explizite `close`-Aufrufe erforderlich, um die sofortige Freigabe von Systemressourcen zu erzwingen (z.B. innerhalb von Schleifen).
- Verwenden Sie ab Version 2.2 `for` *zeile* `in` *datei*, um Textdateien zeilenweise zu durchlaufen. (In älteren Versionen verwenden Sie stattdessen `for` *zeile* `in` *datei*`.xreadlines()`.)
- Befehlszeilenargumente fragen Sie mit `sys.argv` ab.
- Auf Einstellungen der Shell-Umgebung greifen Sie mit `os.environ` zu.
- Die Standardstreams sind: `sys.stdin`, `sys.stdout` und `sys.stderror`.
- So erhalten Sie eine Liste der Dateien, die einem bestimmten Muster entsprechen: `glob.glob(`*muster*`)`.

- So erhalten Sie eine Liste der Dateien und Unterverzeichnisse in einem Pfad (z.B. ».«): `os.listdir(`*pfad*`)`.
- Um in Python 3.X und 2.X einen gesamten Verzeichnisbaum zu durchlaufen, verwenden Sie `os.walk()`. (`os.path.walk()` ist nur in Python 2.X verfügbar.)
- Zum Ausführen von Shell-Befehlen innerhalb von Python-Skripten können Sie `os.system(`*befehlszeile*`)`, *ausgabe*`=os.popen(`*befehlszeile*`, 'r').read()`verwenden. Letztere Form liest die Standardausgabe des gestarteten Programms aus und kann auch dazu verwendet werden, das Ergebnis zeilenweise abzurufen, um Operationen ineinander zu verschachteln.
- Andere Streams gestarteter Befehle sind sowohl in Python 3.X als auch in 2.X über das `subprocess`-Modul zugänglich sowie über die Aufrufe `os.popen2/3/4()` in Python 2.X. Die Aufrufe `os.fork()/os.exec*()` haben auf Unix-artigen Plattformen einen ähnlichen Effekt.
- Auf Unix-artigen Plattformen können Sie aus einer Datei ein ausführbares Skript machen, indem Sie am Dateianfang eine Zeile wie `#!/usr/bin/env python` oder `#!/usr/local/bin/python` einfügen und der Datei mit dem Befehl `chmod` die Ausführungsberechtigung zuweisen.
- Unter Windows können Dateien dank der Verknüpfung registrierter Dateinamenserweiterungen direkt per Doppelklick ausgeführt werden. Ab Version 3.3 erkennt der Windows-Launcher auch `#!`-Zeilen im Unix-Stil: siehe Abschnitt »Verwendung des Python Launchers unter Windows«, Seite 10.
- `print()` und `input()` (bzw. `print` und `raw_input()` in Python 2.X) nutzen die Streams `sys.stdout` und `sys.stdin`: Weisen Sie diese Streams dateiartigen Objekten zu, um die Eingabe/Ausgabe intern umzuleiten, oder verwenden Sie in Python 3.X die Form `print(..., file=`*F*`)` (oder in Python 2.X die Form `print >>` *F*`, ...`).
- Legen Sie die Umgebungsvariable `PYTHONIOENCODING` auf `utf8` fest (oder eine andere Kodierung), wenn in Ihrem Skript Nicht-ASCII-Unicode-Text wie Dateinamen oder Dateiinhalte nicht korrekt ausgegeben werden.

Tipps zur Benutzung

- Verwenden Sie `from __future__ import` *featurename*, um experimentelle Sprachänderungen zu aktivieren, die existierenden Code beeinträchtigen können, aber dafür aber Versionskompatibilität bieten.
- Intuitive Annahmen über die Performance von Python-Programmen sind meistens falsch: Nehmen Sie immer Messungen vor, bevor Sie optimieren oder auf C migrieren. Verwenden Sie die Module `profile`, `time` und `timeit` (sowie `cProfile`).
- Siehe die Module `unittest` (*PyUnit*) und `doctest` für automatische Testtools, die mit der Python-Standardbibliothek ausgeliefert werden. `unittest` ist ein raffiniertes Klassen-Framework. `doctest` durchsucht Dokumentations-Strings nach Tests und Ausgaben, um interaktive Sitzungen erneut auszuführen.
- Die Funktion `dir([`*objekt*`])` ist nützlich für die Inspektion von Attributnamensräumen. `print(`*objekt*`.__doc__)` liefert die Docstring-Dokumentation im Rohformat.
- Die Funktion `help([`*objekt*`])` bietet interaktive Hilfe zu Modulen, Funktionen, Typen, Typmethoden und vielem mehr. `help(str)` zeigt beispielsweise die Hilfe zum Typ `str`. Und `help('`*modul*`')` bietet Hilfe zu Modulen, selbst wenn diese noch nicht importiert wurden. `help('`*thema*`')` zeigt die Hilfe zu Schlüsselwörtern und anderen Hilfethemen an (`'topics'` gibt eine Liste der Hilfethemen aus).
- Siehe das Bibliotheksmodul und das Skript `pydoc` von *PyDoc*, das mit Python ausgeliefert wird und mit dem Sie Dokumentations-Strings zu Modulen, Funktionen, Klassen und Methoden extrahieren und anzeigen können. `python -m pydoc -b` startet ab Version 3.2 die browserbasierte Schnittstelle von PyDoc (verwenden Sie ansonsten `-g` anstatt von `-b` für den GUI-Client-Modus).
- Für weitere Informationen zum Abschalten der Interpreter-Warnmeldungen bezüglich veralteter Komponenten siehe

Abschnitt »Warning Framework«, Seite 182, sowie `-W` im Abschnitt »Python-Optionen«, Seite 4 .

- Zu Distributionsoptionen für Python-Programme siehe *Distutils*, *eggs* sowie die nächsten Punkte dieser Aufzählung und andere.
- Zum Verpacken von Python-Programmen als eigenständige ausführbare Dateien (z.B. *.exe*-Dateien unter Windows) siehe *PyInstaller*, *py2exe*, *cx_freeze*, *py2app* und andere.
- Mit *NumPy*, *SciPy*, *Sage* und verwandten Erweiterungspaketen können Sie aus Python ein numerisches bzw. wissenschaftliches Programmierwerkzeug mit Vektorobjekten, mathematischen Bibliotheken usw. machen. Werfen Sie auch einen Blick auf das neue `statistics`-Modul der Standardbibliothek in Python 3.4.
- *ZODB* und andere bieten eine vollständige OODB-Unterstützung, mit der Sie native Python-Objekte schlüsselbasiert speichern können. Siehe *SQLObject*, *SQLAlchemy* und andere für ORMs, mit deren Hilfe Sie Klassen zusammen mit relationalen Tabellen verwenden können. Siehe *MongoDB* für eine JSON-basierte »NoSQL«-Datenbankoption.
- Zu Frameworks für die Webentwicklung mit Python siehe *Django*, *App Engine*, *Web2py*, *Zope*, *Pylons*, *TurboGears* und andere.
- *SWIG* (neben anderen) ist ein Tool, das automatisch Code für die Einbindung von vorhandenen C- und C++-Bibliotheken in Python-Skripten generiert.
- *IDLE* ist eine mit Python ausgelieferte Entwicklungs-GUI, die Editoren mit Syntaxhervorhebung, Objektbrowsern und Debug-Werkzeugen usw. bietet. Siehe auch *PythonWin*, *Komodo*, *Eclipse*, *NetBeans* und andere für weitere IDEs.
- Siehe die *Emacs*-Hilfe für Tipps zum Bearbeiten und Ausführen von Code im Texteditor Emacs. Auch die meisten anderen Editoren unterstützen Python (z.B. automatisches Einrücken, Einfärbung von Code), einschließlich *VIM* und *IDLE*. Siehe die Python-Seite zum Thema Editoren unter *http://www.python.org*.

- Portierung auf Python 3.X: Verwenden Sie in Python 2.X die Befehlszeilenoption `-3`, um Inkompatibilitätswarnungen auszugeben. Siehe außerdem das Skript *2to3*, das 2.X-Code größtenteils automatisch so konvertiert, dass dieser unter 3.X ausgeführt werden kann. Siehe auch *six*, ein System, das eine 2.X/3.X-Kompatibilitätsschicht bereitstellt; *3to2*, das sich zum Ziel gesetzt hat, 3.X-Code für die Ausführung auf 2.X-Interpretern zu konvertieren; und *pies*, das ebenfalls die Kompatibilität zwischen den Python-Zweigen vorantreibt.

Sonstige Hinweise

- Einschlägige Websites:

  http://www.python.org
  Python-Homepage

  http://oreilly.de
  Homepage des Verlags

  http://www.python.org/pypi
  Zusätzliche Python-Tools von Drittanbietern

  http://www.rmi.net/~lutz
  Die englischsprachige Website des Autors zum Buch

- Python-Philosophie: `import this`.
- In Python-Beispielen spricht man von `spam` und `eggs` anstatt von `foo` und `bar`.
- Always look on the bright side of life.

Index

B

C

J

K

L

V

W

X

Y

Z